中等职业教育课程改革"十四五"规划教材
校企合作财经商贸类专业精品教材

税费核算与智能申报

主　编　○　刘春艳　　肖　卉
副主编　○　谢园媛　　周　雯

立信会计出版社

图书在版编目(CIP)数据

税费核算与智能申报 / 刘春艳,肖卉主编. --上海:立信会计出版社,2025.2. -- ISBN 978-7-5429-7755-7

Ⅰ. F810.423;F812.42

中国国家版本馆 CIP 数据核字第 2024M9Z761 号

策划编辑　　王斯龙　郑文婧
责任编辑　　王斯龙
助理编辑　　郑文婧
美术编辑　　吴博闻

税费核算与智能申报
SHUIFEI HESUAN YU ZHINENG SHENBAO

出版发行	立信会计出版社			
地　　址	上海市中山西路 2230 号		邮政编码	200235
电　　话	(021)64411389		传　　真	(021)64411325
网　　址	www.lixinaph.com		电子邮箱	lixinaph2019@126.com
网上书店	http://lixin.jd.com		http://lxkjcbs.tmall.com	
经　　销	各地新华书店			
印　　刷	常熟市人民印刷有限公司			
开　　本	787 毫米×1092 毫米　　1/16			
印　　张	16.25			
字　　数	356 千字			
版　　次	2025 年 2 月第 1 版			
印　　次	2025 年 2 月第 1 次			
书　　号	ISBN 978-7-5429-7755-7/F			
定　　价	49.00 元			

如有印订差错,请与本社联系调换

前　　言

在现代社会,税收与企业关系极其密切,可以说税收与企业的生存发展相伴而行。如果企业能按照国家税收政策导向合理安排生产、经营、投资、理财等活动,企业即可获得税收利益,促进企业可持续发展;反之,则企业的发展会受到影响甚至企业会面临破产的局面。

近年来,我国不断深化税制改革,并不断完善现代税收体系,如:全面实行"营改增",国地税合并,彻底理顺了我国的流转税制度;开征环境保护税,并进行消费税、资源税、企业所得税等绿色税制的改革,让绿色税收助力建设美丽中国;实施个人所得税改革,包括提高费用扣除标准,个人应税所得实现"小综合"。我国现行的18个税种中的14个已经有了法律,相信在不远的将来,剩余税种的法律也将逐步建立和完善,这将进一步彰显国家依法治税的理念;针对企业发展面临的困难,国家适时出台了一系列有关增值税、企业所得税及"六税两费"的减税降费政策,以激发市场活力。因此,随着国家税制改革的持续深化,企业的纳税环境不断发生变化。企业需要优化纳税实务,合理做好税收筹划,为可持续发展提供有力支撑。

本书以培养思想坚定、德技双修的高素质技能人才为根本任务;以我国目前正在施行的18个税种的最新法律法规为依据,以各税种的征税范围、纳税人、税率、计税依据、应纳税额和纳税申报为基础,将财税新政以案例、知识拓展的形式贯穿书中,充分展现税制改革的变化;以企业工作任务为导向,模拟企业办税业务岗位的实训案例,引导学生完成税费的计算与智能申报,在任务完成过程中掌握税收的基本原理和计算与智能申报的执业能力。

本书主要具有以下特点。

1. "课程思政"引领教材编写

本书以习近平新时代中国特色社会主义核心价值观、理想信念教育为指导思想,将税收领域法律法规、政策制度、职业素养等引入教材内容,激发学生爱国情怀,培养具备新时代中国特色社会主义核心价值观的技能人才。

2. 教材编写注重内容的时效性

税收是国家机器运行的重要基石,社会经济的发展变化会导致税收制度的变化。纳税实务具有很强的时效性,税收政策、税率、申报流程等随着法律法规的调整而变化。本书编写以现行的税收法规为准,并通过"素养小园地""小贴士"栏目对各税种的相关新规进行补充或说明，全面反映税收法律法规基础理论及其变化。

3. 校企合作开发教材，做到理实结合、学做一体

实现校企融合，"双元"开发教材。本书根据税务相关岗位职业能力要求，采取项目—任务的编排模式，设计学习目标、思维导图（二维码形式）、项目知识准备、项目技能训练等环节来展开税收知识的学习；项目引入、项目引入解析及实操等环节基于科云数智化财务云平台（https://cloud.acctedu.com/#/login?edu=kysoft 23）展开纳税申报技能的学习，从而实现理实结合、学做一体。

本书由贵阳市经济贸易中等专业学校刘春艳、肖卉担任主编，由谢园媛、周雯担任副主编。各项目的具体编写分工如下：肖卉负责编写项目一、项目二；谢园媛负责编写项目三、项目七；周雯负责编写项目四、项目八；刘春艳负责编写项目五、项目六。

本书既可作为各类中职及高职院校财税相关专业的教材，也可作为从事会计、审计、财务管理、税务稽核等相关工作人员进行培训和自学的参考资料。

由于编写时间仓促，加之作者水平有限，本书难免存在不足之处，敬请读者及专家批评指正。

编者
2025 年 2 月

目　　录

项目一　税收基本知识 ·· 001
　　任务一　税收法律制度 ·· 001
　　任务二　税务管理 ··· 008

项目二　增值税的计算与智能申报 ·· 013
　　任务一　认知增值税 ·· 014
　　任务二　增值税的计算 ··· 022
　　任务三　增值税的智能申报与缴纳 ·· 037

项目三　消费税的计算与智能申报 ·· 057
　　任务一　认知消费税 ·· 059
　　任务二　消费税的计算 ··· 062
　　任务三　消费税的征收管理与智能申报 ··· 069

项目四　城市维护建设税和教育费附加的计算与智能申报 ······························· 083
　　任务一　认知城市维护建设税 ·· 085
　　任务二　认知教育费附加 ·· 089

项目五　企业所得税的计算与智能申报 ·· 097
　　任务一　认知企业所得税 ·· 100
　　任务二　企业所得税的税收优惠 ··· 103
　　任务三　企业所得税应纳税所得额的确定 ·· 107
　　任务四　企业所得税的计算 ··· 118
　　任务五　企业所得税的征收管理 ··· 123
　　任务六　企业所得税的智能申报与缴纳 ··· 124

项目六　个人所得税的计算与智能申报 ·· 139
　　任务一　认知个人所得税 ·· 141
　　任务二　个人所得税的税率 ··· 145

任务三　个人所得税的税收优惠 ··· 147
　　任务四　个人所得税的计算 ··· 150
　　任务五　个人所得税的征收管理 ··· 163
　　任务六　个人所得税的智能申报与缴纳 ·· 166

项目七　关税的计算与智能申报 ·· 181
　　任务一　认知关税 ·· 182
　　任务二　关税的计算 ··· 187
　　任务三　关税的智能申报与缴纳 ··· 190

项目八　其他税种 ··· 195
　　任务一　认知土地增值税 ··· 196
　　任务二　认知房产税 ··· 203
　　任务三　认知契税 ·· 208
　　任务四　认知车辆购置税 ··· 212
　　任务五　认知车船税 ··· 217
　　任务六　认知印花税 ··· 222
　　任务七　认知资源税 ··· 228
　　任务八　认知城镇土地使用税 ·· 233
　　任务九　认知烟叶税 ··· 237

项目一 税收基本知识

知识目标
1. 掌握税收的概念、特征和职能
2. 了解税法与税收的关系,理解税收法律关系
3. 掌握税法构成要素

技能目标
1. 熟悉我国现行税法体系
2. 掌握税务登记管理、账簿和凭证的管理
3. 掌握纳税申报的相关知识点

素质目标
明确税收对于国家建设和发展的意义和重要性

小刘毕业后想自己创业开办一家物流公司,他对开办企业有许多疑问,如税务登记应如何进行?企业在经营过程中需要缴纳哪些税种?我们将在接下来的学习中逐步消除小刘的疑惑。

思维导图

项目知识准备

税收法律制度

一、税收的概念与特征

(一)税收的概念

税收是国家为实现其职能,凭借政治权力,按照法律规定,通过税收工具强制地、无偿

地参与国民收入和社会产品的分配和再分配,取得财政收入的一种形式。税收的概念如表1-1所示。

表1-1 税收的概念

税收的目的	税收的依据	税收分配的对象	税收体现的分配关系
税收的目的是满足国家行使国家职能的需要。税收作为国家取得财政收入的主要方式之一,是满足国家行使国家职能需要的重要形式	税收的依据是国家权力,而国家权力最终表现为财产权利和政治权力。税收是国家凭借其政治权力依照法律对一部分社会产品价值进行的分配和再分配	税收分配的对象是一部分社会产品,主要是针对剩余产品价值进行分配,即社会产品中的剩余价值	税收的分配就是国家把生产者创造的一部分社会产品强制地变为国家所有的过程,形成国家与国家、国家与企业、个人之间的分配关系

(二)税收的特征

税收与其他分配方式相比,具有强制性、无偿性和固定性(即税收的"三性")的特征。税收的"三性"如表1-2所示。

表1-2 税收的"三性"

强制性	无偿性	固定性
负有纳税义务的社会集团和社会成员,都必须遵守国家强制性的税收法令。在国家税法规定的限度内,纳税人必须依法纳税,否则就要受到法律的制裁,这是税收具有法律地位的体现。强制性特征具体体现在两个方面:一方面是税收分配关系的建立具有强制性;另一方面是税收的征收过程具有强制性	税收的无偿性是与国家凭借政治权力进行收入分配的本质相联系的。无偿性特征具体体现在两个方面:一方面是政府获得税收收入后无须向纳税人直接支付任何报酬;另一方面是政府征得的税收收入不再直接返还给纳税人。税收的无偿性是区分税收收入和其他财政收入形式的重要特征	税收的固定性体现为税收是按照国家法令规定的标准征收的(纳税人、课税对象、税目、税率、计价办法和期限等),是一种固定的连续收入。对于税收预先规定的标准,征税和纳税双方都必须共同遵守,非经国家法令修订或调整,征纳双方都不得违背或改变这个固定的比例或数额以及其他制度规定

税收的"三性"是统一的整体。其中,强制性是实现税收无偿征收的强有力保证,无偿性是税收本质的体现,固定性是强制性和无偿性的必然要求。

二、税收的职能

税收的职能是指税收固有的职责和功能。具体而言,税收的职能就是税收所具有的满足国家需要的能力。

税收一般具有财政职能、经济职能、监督职能三大职能。税收的职能如表1-3所示。

表 1-3　税收的职能

财政职能	经济职能	监督职能
税收是政府凭借国家强制力参与社会分配、集中一部分剩余产品（不论是货币形式还是实物形式）的一种分配形式。组织国家财政收入是税收原生的最基本职能	政府凭借国家强制力参与社会分配，必然会改变社会各集团及其成员在国民收入分配中占有的份额，减少了他们可支配的收入。政府利用这种影响，有目的地对社会经济活动进行引导，从而合理调整社会经济结构	国家征税的过程，必然要建立在日常深入细致的税务管理基础上，具体掌握税源，了解情况，发现问题，监督纳税人依法纳税，并同违反税收法令的行为进行斗争，从而监督社会经济活动方向，维护社会生活秩序

 素养小园地

在生活中，你有没有听到过这样的言论："我们辛辛苦苦赚的钱，为什么要交税""我们可没有享受过国家的什么好处"。其实，我们生活的方方面面都在享受国家的福利，如公路、路灯、公交车、公共厕所、医疗服务、九年义务教育（包括中职免费和国家助学金等）、城市建设和国家安全保障等。依法纳税是每个公民和经济组织应尽的义务，税收政策在促进经济和社会的发展、改善社会公平、促进资源配置等方面都起到重要作用，税收的目的是"取之于民，用之于民"。

三、税法与税收

税法是国家制定的用来调整国家与纳税人之间征纳关系的法律规范的总称。它是国家及纳税人依法征税、依法纳税的行为准则，其目的是保障国家利益和纳税人的合法权益，维护正常的税收秩序，保证国家的财政收入。各有权机关根据国家立法制定的一系列税收法律、法规、规章和规范性文件，构成了我国的税收法律体系。税收与税法密不可分，存在着一一对应关系：有税必有法，无法便无税。税收的取得必须要有税法作其依据和保障，税收活动必须严格按照税法规定的范围、标准和程序进行。税收作为一种经济活动，属于经济基础范畴；而税法是一种法律制度，属于上层建筑范畴。

四、税收法律关系

税收法律关系体现为国家征税与纳税人纳税的利益分配关系。税收法律关系的具体内容，如表 1-4 所示。

表 1-4　税收法律关系

主体	客体	内容
税收法律关系中的主体是双主体。一方是代表国家行使征税职责的国家税务机关，包括国家各级税务机关和海关；另一方是履行纳税义务的人，包括法人、自然人和其他组织。对于纳税主体的确定，我国采取属地兼属人原则。属地兼属人原则，是指在确定法的适用范围时，既考虑行为发生地，又考虑行为人国籍的原则	主体的权利、义务所共同指向的对象，也就是征税对象	主体所享受的权利和所应承担的义务，是税收法律关系中最实质的东西，也是税法的灵魂

五、税法构成要素

税法构成要素又称课税要素，是指各种单行税法具有的共同的基本要素的总称。这一概念包含以下基本含义：一是税法要素既包括实体性的要素，又包括程序性的要素；二是税法要素是所有完善的单行税法都共同具备的，仅为某一税法所单独具有而非普遍性的内容不构成税法要素，如扣缴义务人、纳税人、征税对象和税率直接反映了税收分配关系，是税法构成要素中的核心与重点内容，是税法的基本要素。

（一）纳税主体

纳税主体又称纳税人或纳税义务人，是指税法规定的直接负有纳税义务的自然人、法人或其他组织。纳税人应当与负税人进行区别，负税人是经济学中的概念，即税收的实际负担者，而纳税人是法律用语，即依法缴纳税费的人。税法只规定纳税人，不规定负税人。两者有时可能相同，有时可能不同，如个人所得税的纳税人与负税人是相同的，而增值税的纳税人与负税人不一定相同。

（二）征税对象

征税对象又称征税客体，是指税法规定的征税目的物。征税对象是各个税种之间相互区别的根本标志。征税对象从总体上确定了一个税种的征税范围，税种的名称通常以征税对象来确定。

1. 征税范围

征税范围即税法规定的征税对象的具体内容或范围，是课征税收的界限。

2. 计税依据

计税依据也称税基，是计算应纳税额所依据的标准，即根据税法规定所确定的用来计算应纳税额的依据，也就是据以计算应纳税额的基数。一般来说，从价计征的税收以计税金额为依据，计税金额就是征税对象的数量乘以计税价格的数额；从量计征的税收以征税对象的自然单位（如容积、体积、数量）为计税依据。基本公式如表 1-5 所示。

表1-5 基本公式

计税依据	基本公式
从价计征	应纳税额＝计税金额×适用税率
从量计征	应纳税额＝计税数量×单位适用税额

【小贴士】

我国执行的计税依据还包括"复合计税"（此部分内容将在项目三中加以介绍）。

3. 税目

税目是指税法规定的应征税的具体项目，是征税对象的具体化，体现了征税的广度。

（三）税率

税率是应纳税额与课税对象之间的数量关系或比例，是计算税额的尺度。税率的高低直接关系到纳税人的负担和国家税收收入的多少，是国家在一定时期内税收政策的主要表现形式，是税收制度的核心要素。税率主要有比例税率、累进税率和定额税率三种基本形式。

1. 比例税率

比例税率对同一课税对象不论数额大小都按同一比例征税，税额占课税对象的比例总是相同的。比例税率是最常见的税率之一，应用广泛。比例税率具有横向公平性，其主要优点是计算简便，便于征收和缴纳。比例税率的具体内容，如表1-6所示。

表1-6 比例税率

类型	介绍
单一比例税率	如车辆购置税税率为10％，烟叶税税率为20％
差别比例税率	具体可分为： （1）产品差别比例税率。 （2）行业差别比例税率。 （3）地区差别比例税率
幅度比例税率	如契税税率为3％～5％

2. 累进税率

累进税率是指按课税对象数额的大小规定不同的等级，随着课税数量增大而随之提高的税率。具体做法是按课税对象数额的大小划分为若干等级，规定最低税率、最高税率和若干等级的中间税率，不同等级的课税数额分别适用不同的税率，课税数额越大，适用税率越高。累进税率一般在所得课税中使用，可以充分体现对纳税人收入多的多征、收入少的少征、无收入的不征的税收原则，从而有效地调节纳税人的收入，正确处理税收负担的纵向公平问题。我国目前常用的累进税率主要有超额累进税率、超率累进税率。累进税率的具体内容，如表1-7所示。

表 1-7　累进税率

类型	介绍
超额累进税率	征税对象按数额大小划分为若干个等级，每一等级规定一个税率，税率依次提高，每一纳税人的征税对象根据所属等级同时适用几个税率分别计算，将计算结果相加后得出应纳税额。 代表税种：个人所得税中的综合所得（包括工资、薪金所得，劳务报酬所得，稿酬所得，特许权使用费所得）
超率累进税率	以征税对象数额的相对率划分若干级距，分别规定相应的差别税率，相对率每超过一个级距的，对超过的部分就高一级的税率计算征税。 代表税种：土地增值税

3. 定额税率

定额税率又称固定税率，是按课税对象的计量单位直接规定应纳税额的税率形式。课税对象的计量单位主要有吨、升、平方米、立方米、辆等。

定额税率一般适用于从量定额计征的某些课税对象，实际是从量比例税率。目前，采用定额税率的有船舶吨税、环境保护税、车船税、耕地占用税等。

（四）纳税环节

纳税环节是指商品在整个流转过程中按照税法规定应当缴纳税款的阶段。它可分为单一环节征税和多环节征税，具体如表 1-8 所示。

表 1-8　纳税环节

类型	介绍
单一环节征税	同一税种在其征税对象从生产到消费的流转过程中只选择在一个环节征税。如现行的资源税，一般只在开采或生产环节征收
多环节征税	同一税种在其征税对象从生产到消费的流转过程中每流转一次，就要征收一次。例如，增值税就是每道增值流通环节都要征税

（五）纳税期限

纳税期限是指税法规定的关于税款缴纳时间方面的限定，即每隔固定时间汇总一次纳税义务的时间。纳税期限是衡量征纳双方是否按时行使权利和义务的尺度。纳税期限一般分为按次征收和按期征收两种，由主管税务机关根据纳税人应纳税额的大小分别核定，不能按照固定期限纳税的，可以按次纳税。在现代税制中，一般还将纳税期限分为缴税期限和申报期限两段，但也可以将申报期限内含于缴税期限之中。

1. 纳税义务发生时间

纳税义务发生时间是指应税行为发生的时间。

2. 缴库期限

缴库期限是指税法规定的纳税期满后，纳税人将应纳税款缴入国库的期限。

(六)纳税地点

纳税地点是指缴纳税款的场所,是根据各税种的纳税环节和有利于对税款的源泉控制而规定的纳税人(包括代征、代扣、代缴义务人)的具体申报缴纳税费的地方。纳税地点一般为纳税人的住所地,也有规定为营业地、财产所在地或特定行为发生地。

(七)税收优惠

税收优惠是指税法对某些特定的纳税人或征税对象给予的一种免除规定。它包括税基式减免、税率式减免和税额式减免等多种形式。税收优惠的基本形式和主要内容,如表1-9所示。

表1-9 税收优惠

基本形式	主要内容
税基式减免	使用最广泛,通过直接缩小计税依据的方式实现减免税。具体包括: (1) 起征点:征税对象达到一定数额开始征税的起点。 (2) 免征额:在征税对象的全部数额中免予征税的数额。 (3) 项目扣除:在课税对象中扣除一定项目的数额,以其余额作为依据计算税额。 (4) 跨期结转:将以前年度的经营亏损等从本纳税年度经营利润中扣除。 起征点和免征额的联系和区别如下: (1) 联系:没有达到起征点或没有超过免征额的情况下,都不征税,两者相同。 (2) 区别:收入达到或超过起征点时,就其收入全额征税;而当纳税人收入超过免征额时,只就超过的部分征税。 收入恰好达到起征点时,就要按其收入全额征税;而当纳税人收入恰好与免征额相同时,则免于征税。 享受免征额的纳税人比享受同额起征点的纳税人税负轻。起征点只能照顾一部分纳税人,而免征税额则可以照顾适用范围内的所有纳税人
税率式减免	通过直接降低税率的方式实行的减免税,适用于特定行业、产品或服务领域,在流转税中运用得最多。具体包括重新确定税率、选用其他税率、零税率等形式
税额式减免	通过直接减少应纳税额的方式实行的减免税,适用于解决个别问题,即在特殊情况下适用。具体包括全部免征、减半征收、核定减免率、另定减征税额等形式

(八)税收法律责任

税收法律责任是税收法律关系的主体因违反税法所应当承担的法律后果。税法规定的法律责任形式主要有三种:一是经济责任,包括补缴税款、加收滞纳金等;二是行政责任,包括吊销税务登记证、罚款、税收保全及强制执行等;三是刑事责任,对违反税法情节严重构成犯罪的行为,要依法承担刑事责任。

六、我国现行税法体系

我国现行税法体系常见的分类标准有以下三种。

1. 按照征税对象分类

税收按照征税对象分类,可分为商品和劳务税、所得税、财产和行为税、资源税、特定目的税,具体如表1-10所示。

表1-10 按照征税对象分类

项目	内容
商品和劳务税	包括增值税、消费税、关税,主要是在生产、流通或者服务业中发挥调节作用
所得税	包括企业所得税、个人所得税,主要是在国民收入形成后,对生产经营者的利润和个人的收入发挥调节作用
财产和行为税	包括房产税、车船税、印花税、契税,主要是对某些财产和行为发挥调节作用
资源税	包括资源税、土地增值税和城镇土地使用税,主要是对因开发和利用自然资源差异形成的级差收入发挥调节作用
特定目的税	包括城市维护建设税、车辆购置税、耕地占用税、烟叶税、环境保护税、船舶吨税,主要是为达到特定目的,对特定对象和特定行为发挥调节作用

上述税种共18个,其中,关税、船舶吨税由海关负责征收管理,进口环节增值税和消费税委托海关代征,其他税种由税务机关负责征收管理。

【小贴士】

除绝大多数税收收入外,由税务机关负责征收的项目还包括非税收入和社会保险费。

2. 按照计税依据分类

税收按照计税依据分类,可分为从价税和从量税。

3. 按照税负能否转嫁分类

税收按照税负能否转嫁分类,可分为直接税和间接税。直接税是指由纳税人直接负担,不易转嫁的税种,如所得税类、财产税类。间接税是指纳税人能将税赋转嫁给他人负担的税种,主要是流转税类,如增值税、消费税等在流转过程中将税额计入商品或劳务的销售价格中,由消费者负担。

任务二 税务管理

一、税务登记管理

《中华人民共和国税收征收管理法》第2条规定:"凡依法由税务机关征收的各种税收的征收管理,均适用本法。"税务登记是税务机关对纳税人的生产经营活动进行登记并据此对纳税人实施税收管理的一种法定制度。税务登记管理包括设立税务登记、临时税务登记、变更税务登记、注销税务登记、停业、复业税务登记等。

（一）设立税务登记的对象

1. 领取工商营业执照从事生产、经营的纳税人

（1）企业。

（2）企业在外地设立的分支机构和从事生产、经营的场所。

（3）个体工商户。

（4）从事生产经营的单位。

2. 其他纳税人

除国家机关、个人和无固定生产经营场所的流动性农村小商贩外，其他负有纳税义务的纳税人，均应当办理税务登记。

【小贴士】

免税和享受税收优惠的企业也应当办理税务登记。

（二）登记制度

登记制度具体如表 1-11 所示。

表 1-11　登记制度

制度	具体内容
多证合一	登记制度"一照一码"，营业执照成为企业唯一"身份证"，统一社会信用代码成为企业唯一身份代码

"多证合一"将企业证照与营业执照整合，使企业仅需持有统一社会信用代码的"一照一码"营业执照，实现企业身份的唯一识别，便于企业在全国范围内进行经营活动。

【小贴士】

"一照一码"是指统一社会信用代码。例如，91520102MFEF4E7JFJ 是贵州地区某企业的社会信用代码，共 18 位。

二、账簿和凭证的管理

（一）账簿和凭证的设置

（1）从事生产、经营的纳税人应当自领取营业执照或者发生纳税义务之日起 15 日内，

按照国家有关规定设置账簿。

(2) 生产经营规模小又确无建账能力的纳税人,可以聘请经批准从事会计代理记账业务的专业机构或者经税务机关认可的财会人员代为建账和办理账务。聘请上述机构或者人员有实际困难的,经县以上税务机关批准,可以按照税务机关的规定,建立收支凭证粘贴簿、进货销货登记簿或使用税控装置。

(3) 扣缴义务人应当自税收法律、行政法规规定的扣缴义务发生之日起10日内,按照所代扣、代收的税种,分别设置代扣代缴、代收代缴税款账簿。

(二)账簿和凭证的保管

从事生产、经营的纳税人扣缴义务人必须按照国务院财政、税务主管部门规定的保管期限保管账簿、记账凭证、完税凭证及其他有关资料。账簿、记账凭证、完税凭证及其他有关资料不得伪造、变造或擅自损毁。

三、纳税申报

(一)纳税申报的概念

纳税申报是纳税人就纳税事项向税务机关提出书面申报的一种法定手续。税法规定,纳税人不论税务机关采取何种征收方式征收税款,均必须按期向税务机关报送统一格式的纳税申报表、财务会计报表和其他纳税资料,如实填报纳税事项,准确计算应纳税款,税务机关据以开具完税凭证,纳税人据以缴纳税款。

(二)纳税申报的相关事项

1. 无应纳税额
纳税人在纳税期内没有应纳税款的,也应当按照规定办理纳税申报。

2. 减税、免税
纳税人享受减税、免税待遇的,在减税、免税期间应当按照规定办理纳税申报。

3. 纳税申报的方式
纳税申报的方式包括自行申报(直接申报)、邮寄申报、数据电文申报和其他方式。目前,采用得最多的是网络申报,即通过国家税务总局的电子税务局来进行纳税申报。

邮寄申报以寄出的邮戳日期为实际申报日期。

数据电文申报的申报日期以税务机关计算机网络系统收到该数据电文的时间为准。

实行定期、定额缴纳税款的纳税人,可以通过实行"简易申报、简并征期"等方式纳税申报。

4. 延期办理纳税申报
(1) 纳税人、扣缴义务人按照规定期限办理纳税申报或者报送代扣代缴、代收代缴税款账簿确有困难需要延期的,应当在规定期限内向税务机关提交书面延期申请,经税务机关核准,在核准的期限内办理税款结算。

（2）经核准延期办理纳税申报报送事项的，应当在纳税期内按照上期实际缴纳的税额或者税务机关核定的税额预缴税款，并在核准的期限内办理税款结算。

（3）事后报告纳税人、扣缴义务人因不可抗力，不能按期办理纳税申报或者报送代扣代缴、代收代缴税款账簿的，可以延期办理，且应当在不可抗力情形消除后立即向税务机关报告。

项目引入解析及实操

公司成立后应完成以下工作。

1. 开立银行账户

公司成立并取得营业执照后，要到银行开立基本账户，签订三方代扣协议，便于税务机关扣除税金、社保费用及公积金扣款等。

2. 税务登记

新成立的公司需在取得营业执照后的30日内，到所属的税务部门做税务登记，核定税种，领取税盘和发票，并将银行盖完章的三方代扣协议提供给税务部门作关联，便于缴纳税金。

3. 设立完善账簿

新成立的公司应当自领取营业执照或者发生纳税义务之日起15日内，按照国家有关规定设置账本、账簿。

4. 票据入账

票据应及时入账，不能有"白条"入账。"白条"是指不符合财务制度和会计凭证的字条或单据。

5. 纳税申报

公司注册后，无论有无收入、收入多少，都需要按时纳税申报（没有收入不产生税款也必须进行零申报）并纳税，逾期申报纳税的公司将面临税务机关的罚款和滞纳金。

6. 同年度汇算清缴

公司应当在纳税年度终了之日起5个月内（次年1月1日至5月31日），向税务机关报送年度企业所得税纳税申报表，并汇算清缴，结清应缴、应退税款。

7. 工商年报

公司需要在每年1月1日至6月30日向市场监督管理部门报送年度报告，过期未按时申报公示的，将会被列入经营异常名录。

项目技能训练

一、判断题

1. 税收法律主体只有国家。（　　）
2. 我国个人所得税采用的是超额累进税率。（　　）
3. 纳税申报不能申请延期。（　　）
4. 纳税期限内不交税就无需申报。（　　）
5. 罚金属于税收法律责任的一种。（　　）

二、多选题

1. 税收的职能有（　　）。
   A. 财政职能　　B. 经济职能　　C. 分配职能　　D. 监督职能
2. 税收的特征有（　　）。
   A. 强制性　　B. 无偿性　　C. 公平性　　D. 固定性
3. 税法的构成要素有（　　）。
   A. 纳税主体　　B. 征税对象　　C. 税率　　D. 纳税环节
   E. 纳税期限
4. 税率的基本形式有（　　）。
   A. 比例税率　　B. 累进税率　　C. 定额税率　　D. 复合税率
5. 纳税申报的方式有（　　）。
   A. 自行申报　　B. 数据电文申报　　C. 邮寄申报　　D. 其他申报

项目二　增值税的计算与智能申报

 **学习目标**

知识目标
1. 掌握增值税纳税义务人和扣缴义务人的概念
2. 掌握增值税的征收范围、税率、征收率，熟悉税收优惠

技能目标
1. 熟悉特殊经营行为和差额征税的税务处理
2. 熟悉进口货物应纳税额的计算
3. 了解出口退（免）税的计算
4. 掌握一般纳税人应纳税额的计算
5. 掌握小规模纳税人应纳税额的计算
6. 掌握增值税纳税申报程序和纳税申报表的填写

素质目标
培养学生的职业能力素养、社会责任感，提高学生税收法律意识，树立依法诚信纳税的理念

思维导图

一、企业主体信息

企业名称：北京吉彩印刷有限公司

企业地址：北京市大兴区新华路5号

电话：010-52945168

法人代表：王大明

性质：有限责任公司

基本户开户银行：11000763920488842479

银行账号：95839220493853736927

统一社会信用代码：91110028ACX294027L

增值税纳税人：一般纳税人

公司经营范围：主要经营图书、报刊等印刷业务，兼营各种办公用品的印刷制作

增值税税率：9%、13%

城市维护建设税税率7%，教育费附加征收率3%，地方教育附加征收率2%

二、案例分析

北京吉彩印刷有限公司2024年10月发生以下业务：

（1）接受出版社委托，由印刷厂自行购买纸张，印刷采用国际标准书号编序和具有国内统一刊号的图书、杂志，取得不含税收入3 770 000元（适用税率9%），开具增值税专用发票。

（2）接受学校委托，由学校提供纸张，印刷信纸、信封、会议记录本和练习本，向学校收取含税印刷费506 551.72元（适用税率13%），开具增值税普通发票。

（3）接受个人委托，由印刷厂提供纸张印刷杂志，收到现金1 000元（适用税率9%），未开具发票。

（4）购买墨盒、纸张，取得增值税专用发票3张，注明不含税价2 431 000元（适用税率13%）；购进货物以及销售货物支付不含税运费20 000元，取得增值税一般纳税人开具的增值税专用发票1张。

（5）10月9日，首次购入增值税税控开票系统一套，含税单价980元，取得增值税专用发票1张。

（6）由于月末管理不善，仓库的原材料黄色油墨损坏无法使用，账面成本5 700元（已抵扣13%进项税额），填写报废单，经单位领导批准后，作管理费用处理。

三、业务要求

（1）计算北京吉彩印刷有限公司2024年10月相关业务的销项税额、进项税额及应纳税额。

（2）填报增值税及其附加税申报表。

项目知识准备

任务一　认知增值税

增值税是对在我国境内销售货物，提供加工、修理修配劳务，提供应税服务，有偿转

让无形资产或不动产,以及进口货物的单位和个人,就其实现的增值额征收的一种流转税。

2009年1月1日起,全国范围内实行消费型增值税。

2016年5月1日起,全国范围内全行业试行"营改增"政策。

2024年12月1日起,国家税务总局推广应用全面数字化电子发票。

2024年12月25日,第十四届全国人民代表大会常务委员会第十三次会议通过《中华人民共和国增值税法》,该法自2026年1月1日起施行,《中华人民共和国增值税暂行条例》同时废止。

一、增值税的纳税义务人和扣缴义务人

(一) 纳税义务人

根据第十四届全国人民代表大会常务委员会第十三次会议通过的《中华人民共和国增值税法》(自2026年1月1日起施行)的规定以及相关政策规定,凡是在我国境内销售货物、进口货物、提供应税劳务、提供应税服务和有偿转让无形资产、不动产的单位和个人,都是增值税的纳税义务人。

其中,单位包括国有企业、集体企业、私有企业、股份制企业、外商投资企业和外国企业、其他企业和行政单位、事业单位、军事单位、社会团体及其他单位。

个人包括个体工商户和自然人。

单位租赁或者承包给其他单位或者个人经营的,以承租人或者承包人为纳税人。

为了配合增值税专用发票的管理,按照生产规模大小和会计核算是否健全,增值税的纳税人可以划分为一般纳税人和小规模纳税人。对一般纳税人实行凭票扣税的计税方法(也称抵扣制);对小规模纳税人实行按销售额和征收率简易计税的征收管理办法。这种规定有利于增值税制度的推行,也符合国际惯例。

1. 小规模纳税人的认定和管理

自2018年5月1日起,增值税小规模纳税人标准为年应征增值税销售额500万元及以下,不再区别行业划分设置不同的标准。

结合现有政策规定,凡符合下列条件的视为小规模纳税人:

(1) 提供应税服务的纳税人,应税服务年销售额在500万元以下的为小规模纳税人。

(2) 个人无论年销售额是否达标,一律视同小规模纳税人;非企业性单位、不经常发生增值税应税行为的企业,可选择按小规模纳税人纳税。

小规模纳税人实行简易方法征收增值税,目前可以自行使用增值税专用发票;对于年应税销售额未达到规定标准,但能够进行准确会计核算的企业,经企业申请、主管税务机关批准,也可以成为一般纳税人。

【小贴士】

年应税销售额是指纳税人在连续不超过 12 个月的经营期内累计应缴的增值税销售额，包括免税收入，但不包括不征税收入。

也就是说，只要企业在任意连续 12 个月的经营期内累计应税销售额超过 500 万元，次月起企业即为增值税一般纳税人，企业应当到税务机关办理一般纳税人的认定手续。

2. 一般纳税人的认定和管理

年应税销售额超过小规模纳税人标准，会计核算健全，能够提供准确的税务资料的企业和企业性质的单位，应当向主管税务机关申请一般纳税人资格。

按照《中华人民共和国增值税法》规定，纳税人销售额超过小规模纳税人标准，应办未办一般纳税人登记，或者符合条件但未按照小规模纳税人纳税手续办理的，自次月起按销售额依照增值税适用税率计算应纳税额，直至纳税人办理相关手续为止。同时规定，办理一般纳税人认定手续的企业可以抵扣进项税额，未办理一般纳税人认定手续的不允许进项抵扣，也不得使用增值税专用发票。

年应税销售额未超过小规模纳税人标准的纳税人，以及新开业的纳税人，可以向主管税务机关申请一般纳税人资格认定：

（1）有固定的生产经营场所。

（2）能够按照国家统一的会计制度规定设置账簿，根据合法、有效凭证核算，能够提供准确税务资料。

（3）试点纳税人兼有销售货物、提供加工修理修配劳务和应税行为的，应税货物及劳务销售额与应税行为销售额分别计算，分别适用增值税一般纳税人资格登记标准。

（4）试点纳税人在办理增值税一般纳税人资格登记后，发生增值税偷税、骗取出口退税和虚开增值税扣税凭证等行为的，主管税务机关可以对其实行 6 个月的纳税辅导期管理。

（5）下列纳税人不办理一般纳税人资格认定：①个体工商户以外的其他个人；②选择按照小规模纳税人纳税的非企业性单位；③选择按照小规模纳税人纳税的不经常发生应税行为的企业。

除国家税务总局另有规定外，纳税人一经认定为一般纳税人后，不得转为小规模纳税人。经税务机关审核认定的一般纳税人，可按增值税税法规定计算应纳税额，并使用增值税专用发票。

（6）主管税务机关可以在一定期限内对下列一般纳税人实行纳税辅导期管理：①新认定为一般纳税人的小型商贸批发企业；②国家税务总局规定的其他一般纳税人。

小型商贸批发企业是指注册资金在 80 万元（含 80 万元）以下、职工人数在 10 人（含 10 人）以下的批发企业。只从事出口贸易、不使用增值税专用发票的企业除外。

其他一般纳税人是指具有下列情形之一的一般纳税人：增值税偷税数额占应纳税额

的10%以上并且偷税数额在10万元以上的;骗取出口退税的;虚开增值税扣税凭证的;国家税务总局规定的其他情形。

辅导期一般纳税人实行"先比对,后抵扣",即当月认证的增值税进项发票当月不抵扣,通过防伪税控系统将认证信息上传至国家税务总局进行比对,比对无误的信息由国家税务总局下发,纳税人收到主管税务机关提供的比对无误的信息结果后方可抵扣(在认证的下月可以收到比对结果)。

新认定为一般纳税人的小型商贸批发企业实行纳税辅导期管理的期限为3个月;一般纳税人实行纳税辅导期管理的期限为6个月。

辅导期纳税人取得的增值税专用发票抵扣联、海关进口增值税专用缴款书应当在交叉稽核比对无误后,方可抵扣进项税额。主管税务机关对辅导期纳税人实行限量限额发售增值税专用发票;领购增值税专用发票的最高开票限额不得超过10万元,每次领购增值税专用发票的数量不得超过25份。领购的增值税专用发票未使用完又再次领购的,主管税务机关发售增值税专用发票的份数不得超过核定的每次领购增值税专用发票份数与未使用完的增值税专用发票份数的差额。

需要说明的是,目前实务中的辅导期纳税人主要针对上述第二种情形。新认定为一般纳税人的商贸批发企业通常不再适用辅导期的相关政策。

3. 一般纳税人的认定程序

一般纳税人(不包括个体经营者一般纳税人)的审批权限在县级(含)以上税务局。个体经营者申请认定一般纳税人手续要逐级报省税务局审批。一般纳税人的认定程序有以下步骤:

(1) 提出申请报告。符合一般纳税人规定条件的纳税人,申请办理一般纳税人认定手续时,应提出申请报告,并提供下列有关证件资料:营业执照及税务登记证或加载"五证合一"信息的营业执照;有关合同、章程、协议书;办税人员名单及其证书;银行账号证明;上一年度生产经营情况和纳税情况综合报告;上一年度资产负债表、利润表;新开业企业的验资证明;税务机关要求提供的其他有关证件、资料。

(2) 税务机关对企业的申请报告和有关证件资料经初步审核符合规定条件的,填报增值税一般纳税人申请认定表,一式三份,由企业填写并上报待批。增值税一般纳税人申请认定表的内容与填制要求如下:①企业基本情况,要求填写申请时间、经营地址、电话、邮政编码、经营范围、经济性质、开户银行账号、职工人数等;②纳税人年度纳税资料,要求填写生产货物的销售额、加工、修理、修配的销售额、应税销售额合计、固定资产规模等,以便税务机关据以判断企业是否超过小规模纳税人标准;③会计核算状况,要求填写专业财务人员人数,设置账簿种类,能否准确核算进项、销项税额等情况,以便税务机关据以判断企业会计核算是否健全;④审批意见,由有关税务部门填写。

(3) 税务机关认定。负责审批的税务机关审核认定企业为一般纳税人,主管税务机关在为纳税人办理增值税一般纳税人登记时,经税务机关审核后退还纳税人留存的增值税一般纳税人资格登记表,作为纳税人具有增值税一般纳税人资格的凭据。

(4) 经税务机关审核认定的一般纳税人,可按增值税税法规定计算应纳税额,并使用增值税专用发票。一般纳税人和小规模纳税人的具体分类如表2-1所示。

表2-1 一般纳税人和小规模纳税人的具体分类

纳税人	小规模纳税人	一般纳税人
标准	年应税销售额500万元及以下	超过小规模纳税人标准
特殊情况	(1) 其他个人(非个体户)。 (2) 非企业型单位。 (3) 不经常发生应税行为的企业。 注意:第(1)种"必须"按小规模纳税人纳税,第(2)种和第(3)种"可选择"按小规模纳税人纳税	小规模纳税人会计核算健全的,可以申请登记为一般纳税人
计税规定	简易征税:使用增值税普通发票。 小规模纳税人除"其他个人"外,发生应税行为的,可以自行开具增值税专用发票	执行税款抵扣制,可以使用增值税专用发票

(二) 扣缴义务人

中华人民共和国境外(以下简称境外)单位或者个人在境内发生应税行为,在境内未设有经营机构的,以购买方为增值税扣缴义务人。财政部和国家税务总局另有规定的除外。

【小贴士】

财税〔2016〕36号文件对增值税的扣缴义务人的界定有所调整,原规定在境内未设有经营机构的,以其境内代理人为扣缴义务人,在境内没有代理人的,以购买方为扣缴义务人;现调整为在境内未设有经营机构的,以购买方为增值税扣缴义务人,取消了代理人扣缴增值税的规定。

也就是说,增值税扣缴义务人条款的前提是:境外单位或者个人在境内没有设立经营机构,如果设立了经营机构,应以其经营机构为增值税纳税人,不存在扣缴义务人的问题。

二、增值税的征收范围

我国现行增值税的征收范围是在我国境内销售货物、提供应税劳务、提供应税服务,转让无形资产、不动产以及进口货物。

(一) 增值税征收范围的一般规定

增值税的征收范围可以概括为四个方面。

1. 在境内销售货物

在境内销售货物是指除土地、房屋和其他建筑物等不动产之外的有形资产,包括电力、热力、气体等。境内销售货物是指销售货物的起运地或者所在地在境内。销售货物是指有偿转让货物的所有权，并从购买方取得货币、货物或其他经济利益。

2. 在境内提供加工、修理修配劳务

加工是指受托加工货物，即委托方提供原料及主要材料，受托方按照委托方的要求制造货物并收取加工费的业务。修理修配是指受托方对损伤和丧失功能的货物进行修复，使其恢复原状和功能的业务，包括工业性修理修配及服务性修理修配。提供加工、修理修配劳务是指有偿提供加工和修理修配劳务，但单位或个体经营者聘用的员工为本单位或雇主提供加工、修理修配劳务的不包括在内。境内提供应税劳务是指提供的应税劳务发生在境内。

3. 在境内销售服务、转让无形资产和不动产

销售服务、无形资产或者不动产是指有偿提供服务、有偿转让无形资产或者不动产，属于下列非经营活动的情形除外：

（1）行政单位收取的同时满足以下条件的政府性基金或者行政事业性收费：①由国务院或者财政部批准设立的政府性基金，由国务院或者省级人民政府及其财政、价格主管部门批准设立的行政事业性收费；②收取时开具省级以上（含省级）财政部门监（印）制的财政票据；③所收款项全额上缴财政。

（2）单位或者个体工商户聘用的员工为本单位或者雇主提供取得工资的服务。

（3）单位或者个体工商户为聘用的员工提供服务。

（4）财政部和国家税务总局规定的其他情形。

4. 进口货物

进口货物是指申报进入我国海关境内的货物。确定一项货物是否属于进口货物，必须看其是否办理了报关进口手续。只要是报关进口的应税货物，均属于增值税征收范围，须在进口环节缴纳增值税（享受免税政策的除外）。

（二）视同销售行为

单位和个体经营者的下列行为，视同提供应税行为，应当缴纳增值税：

（1）单位和个体工商户将自产或者委托加工的货物用于集体福利或者个人消费。

（2）单位和个体工商户无偿转让货物。

（3）单位和个人无偿转让无形资产、不动产或者金融商品。

（4）财政部和国家税务总局规定的其他情形。

（三）混合销售行为和兼营行为

1. 混合销售行为

一项销售行为如果既涉及货物又涉及服务，为混合销售。也就是说，同一纳税人在同一项销售业务中，混杂增值税不同税目的业务，既涉及货物又涉及应税服务的行为，为混合销售行为。

从事货物的生产、批发或者零售的单位和个体工商户(包括以货物的生产、批发者为主,并兼营销售服务的单位和个体工商户在内)的混合销售行为,按照销售货物缴纳增值税;其他单位和个体工商户的混合销售行为,按照销售服务缴纳增值税。

2. 兼营行为

纳税人兼营销售货物、加工修理修配劳务、服务、无形资产或者不动产的为兼营行为。例如,某书店除销售图书外,还提供数字资源的制作工作,该书店涉及兼营行为。

兼营行为适用不同税率或者征收率的,应当分别核算适用不同的税率或者征收率;未分别核算的,从高适用税率。

三、增值税的税率和征收率

通常情况下,增值税一般纳税人适用税率计算应纳增值税税额;小规模纳税人适用征收率计算应纳增值税税额。

(一)税率

《关于深化增值税改革有关政策的公告》(财政部 税务总局 海关总署公告2019年第39号)规定,自2019年4月1日起,我国增值税实际税率有13%、9%、6%和零税率。一般纳税人的税目、税率如表2-2所示。

表2-2 一般纳税人的税目、税率表

税率	适用范围
13%	(1)纳税人销售或者进口货物(适用低税率和零税率的除外)。 (2)纳税人提供加工、修理修配劳务。 (3)有形动产租赁服务
9%	(1)粮食等农产品、食用植物油、食用盐。 (2)自来水、暖气、冷气、热水、煤气、石油液化气、天然气、沼气、居民用煤炭制品。 (3)图书、报纸、杂志、音像制品、电子出版物。 (4)饲料、化肥、农药、农机、农膜、二甲醚。 (5)交通运输、邮政、基础电信、建筑、不动产租赁服务、销售不动产、转让土地使用权
6%	(1)现代服务(租赁服务除外)。 (2)增值电信服务。 (3)金融服务。 (4)生活服务。 (5)销售无形资产(转让土地使用权除外)
0	(1)纳税人出口货物。 (2)列举的跨境服务、无形资产

【小贴士】

税率为零不简单等同于免税。出口货物免税仅指在出口环节不征收增值税。而零税率是指对出口货物除在出口环节不征增值税外,还要对该产品在出口前已经缴纳的增值税进行退税,使该产品在出口时完全不含增值税,以无税产品进入国际市场。

(二) 征收率

增值税简易计税方法适用征收率。现行增值税实际征收率有3%、5%两档。

1. 3%征收率

(1) 除另有规定外,货物征收率为3%。

(2) 劳务征收率为3%。

(3) 服务(不动产租赁除外)征收率为3%。

(4) 无形资产(土地使用权除外)征收率为3%。

2. 5%征收率

(1) 自1994年1月1日起,中外合作油(气)田按合同开采的原油、天然气应按实物征收增值税,征收率为5%。中国海洋石油总公司海上自营油田比照上述规定执行。

(2) 销售不动产的征收率为5%。

(3) 除另有规定外,出租不动产的征收率为5%。

(4) 销售、出租土地使用权的征收率为5%。

(5) 一般纳税人或小规模纳税人提供劳务派遣服务,可以选择差额纳税,按照简易计税方法以5%的征收率计算缴纳增值税。

(6) 纳税人提供安全保护服务,比照劳务派遣服务政策执行。

(7) 一般纳税人提供人力资源外包服务的,可以选择适用简易计税方法,按照5%的征收率计算缴纳增值税。

【知识拓展2-1】征收率的特殊规定

四、增值税的税收优惠

(一) 增值税的免税项目

增值税的免税项目有很多,主要项目举例如下:

(1) 农业生产者销售的自产农产品。农业是指种植业、养殖业、林业、牧业、水产业。农业生产者包括从事农业生产的单位和个人。农产品仅指初级农业产品。

(2) 避孕药品和用具。

(3) 古旧图书。古旧图书是指向社会收购的古书和旧书。

(4) 直接用于科学研究、科学试验和教学的进口仪器、设备。

【知识拓展2-2】小微企业的税收优惠

(5) 外国政府、国际组织无偿援助的进口物资和设备。

(6) 由残疾人组织直接进口供残疾人专用的物品。

(7) 销售个人(不包括个体工商户)使用过的物品。物品是指除游艇、摩托车、应征消费税的汽车以外的货物。

(8) 国家规定的其他免税货物。

(二) 增值税的起征点

增值税起征点的适用范围仅限于个人,不包括登记为一般纳税人的个体工商户。增值税起征点的幅度规定如下:

(1) 按期纳税的,为月销售额 5 000~20 000 元(含本数)。

(2) 按次纳税的,为次(日)销售额 300~500 元(含本数)。

省级税务局在规定的幅度内,根据实际情况确定本地区适用的起征点,并报国家税务总局备案。

【知识拓展 2-3】起征点和免征额

【知识拓展 2-4】即征即退和先征后退

(三) 出口退税

纳税人出口适用零税率的货物,向海关办理出口手续后,凭出口报关单等有关凭证,按月向税务机关申报办理该项出口货物的退税。出口货物办理退税后发生退货和退关的,纳税人应当依法补缴已退的税款。

任务二 增值税的计算

增值税本质是对增值额征收的一种税,但增值额实际是很难准确计算的,因此,在实际操作中采用"抵扣制"计算一般纳税人应纳增值税税额。增值税一般纳税人的应纳税额等于当期销项税额减去当期允许抵扣的进项税额。增值税一般纳税人当期应纳税额的多少,取决于当期销项税额和当期进项税额两个因素。在确定销项税额和进项税额的情况下,就可以计算出应纳税额。

一、销项税额的计算

销项税额是指纳税人发生应税行为按照销售额和适用的增值税税率计算并向购买方收取的增值税税额。销项税额计算公式为:

$$销项税额 = 销售额 \times 适用税率$$

增值税是价外税,公式中的销售额是不含收取的销项税额的销售额。

1. 一般销售方式下的销售额

销售额是指纳税人发生应税行为向购买方收取的全部价款和价外费用,但是不包括收取的销项税额。

价外费用是指价外向购买方收取的手续费、补贴、基金、集资费、返还利润、奖励费、违约金、滞纳金、延期付款利息、赔偿金、代收款项、代垫款项、包装费、包装物租金、储备费、优质费、运输装卸费以及其他各种性质的价外收费。但下列项目不包括在内:

(1) 受托加工应征消费税的消费品所代收、代缴的消费税。

(2) 同时符合以下条件的代垫运费:①承运者的运费发票开具给购货方的;②纳税人将该项发票转交给购货方的。

(3) 同时符合以下条件代为收取的政府性基金或者行政事业性收费:①由国务院或者财政部批准设立的政府性基金,由国务院或者省级人民政府及其财政、价格主管部门批准设立的行政事业性收费;②收取时开具省级以上财政部门印制的财政票据;③所收款项全额上缴财政。

(4) 销售货物的同时代办保险等而向购买方收取的保险费,以及向购买方收取的代购买方缴纳的车辆购置税、车辆牌照费。

(5) 单位或者个体工商户聘用的员工为本单位或者雇主提供取得工资的服务,以及单位或者个体工商户为聘用的员工提供服务。

(6) 纳税人提供应税服务的过程中,代为收取符合规定的政府性基金或行政事业性收费,以及以委托方名义开具发票代委托方收取的款项,不属于价外费用。凡随同销售货物或提供应税劳务向购买方收取的价外费用,无论其会计制度如何核算,均应并入销售额计算应纳税额。

例如,某制造业企业为增值税一般纳税人,本月销售产品共取得销售收入 500 000 元(不含税),该企业适用 13% 税率,则该企业的销售额为 500 000 元。

若该企业在销售产品过程中,提供有偿运输取得运费收入 7 000 元,则 7 000 元作为价外费用一并计入销售额。

需要注意的是,根据国家税务总局规定,增值税一般纳税人向购买方收取的价外费用和逾期包装物押金,应视为含税收入,在征税时换算为不含税收入再并入销售额。按会计制度规定,由于价外收费一般都不在"主营业务收入"账户中核算,而在"其他应付款""主营业务收入""营业外收入"等账户中核算,在企业实务中时常出现对价外收费虽已在账户中核算,但未按规定计算销项税额的情况。这种做法是逃避纳税的错误行为,会受到处罚。

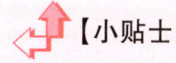【小贴士】

销售价格是否含税的判断原则:

(1) 增值税专用发票、增值税普通发票中的价格一定是不含税价格。

【知识拓展 2-5】差额征税

(2) 普通发票中注明的价格通常是含税价格。

(3) 一般纳税人销售货物同时收取的价外费用、没收的逾期包装物的押金等，通常是含税收入。

(4) 零售价格一定是含税价格。

2. 特殊销售方式下的销售额

在销售活动中，为了达到促销的目的，企业实务中有多种销售方式。不同销售方式下，销售者取得的销售额会有所不同。

1) 采取折扣方式销售

(1) 由于商业折扣是在销售时同时发生的，税法规定，如果销售额和折扣额在同一张发票上分别注明的，可按折扣后的余额作为销售额计算增值税；如果折扣额另开发票，不论财务上如何处理，均不得从销售额中减除。

(2) 现金折扣是在销售行为发生之后的一种融资性质的理财行为，一律不得从销售额中减除。

(3) 销售折让是指货物销售后，由于其品种、质量等原因购货方未予退货，销售方给予购货方的一种价格折让。销售折让可以以折让后的货款作为销售额。

2) 采取以旧换新方式销售

以旧换新是指纳税人在销售自己的货物时，有偿收回旧货物的行为。根据税法规定，采取以旧换新方式销售货物的，应按新货物的同期销售价格确定销售额，不得扣减旧货物的收购价格。之所以这样规定，既是因为销售货物和收购货物是两个不同的业务活动，销售额和收购额不能相互抵减，也是为了规范增值税的征收，防止出现销售额不实、减少纳税的现象。考虑到金银首饰以旧换新业务的特殊情况，金银首饰以旧换新业务可以按销售方实际收取的不含增值税的全部价款征收增值税。

3) 采取还本销售方式销售

还本销售实际上是一种融资方式，是以货物换取资金的使用价值，到期还本不付息的方法。根据税法规定，采取还本销售方式销售货物的，其销售额就是市场货物的销售价格，不得从销售额中减除还本支出。

4) 采取以物易物方式销售

以物易物是一种比较特殊的购销活动，其购销双方不以货币结算，而是以同等价款的货物相互结算，从而实现货物购销的一种方式。在以物易物方式下，购销双方均应作购销处理，以各自发出的货物核算销售额并计算销项税额，以各自收到的货物按规定核算购货额并计算进项税额，并分别开具合法的票据，如收到的货物不能取得相应的增值税专用发票或其他合法凭证，则不能抵扣进项税额。

5) 包装物押金是否并入销售额

根据税法规定，纳税人为销售货物而出租出借包装物收取押金，单独记账核算；时间在1年以内，又未过期的，不并入销售额征收增值税，但对逾期未收回包装物不再退还的押金,应按所包装货物的适用税率计算销项税额。此处,没收的包装物押金为含税销售额,应换算为不含税价格,再并入销售额进行征税。另外,国家税务总局规定,对销售除啤酒、黄酒外的其他酒产品而收取的包装物押金,无论是否返还以及会计上如何核算,均应并入当期销售额进行征税。

6) 纳税人销售自己使用过的固定资产

纳税人销售自己使用过的固定资产,应区分固定资产的类别以及购入时间,按不同的方式确认增值税,具体如表2-3所示。

表2-3 纳税人销售自己使用过的固定资产

固定资产	购入时间	销售时税务处理	备注
机器设备	"营改增"转型前	应纳税额 = 销售额÷(1+3%)×2%	适用3%的征收率,减按2%执行
	"营改增"转增后	销项税额 = 不含税销售额×适用税率	购进时已经确认进项税额,销售时按税率确认销项税额
缴纳消费税的小汽车、摩托车和游艇	2013年8月1日前	应纳税额 = 销售额÷(1+3%)×2%	适用3%的征收率,减按2%执行
	2013年8月1日后	销项税额 = 不含税销售额×适用税率	购进时已经确认进项税额,销售时按税率确认销项税额
不动产	2016年4月30日前	应纳税额 = 销售额÷(1+5%)×5%	"营改增"前企业按规定不允许确认进项税额,销售时允许按5%的征收率简易征收
	2016年4月30日前	销项税额 = 不含税销售额×适用税率	

一般纳税人销售自己使用过的除固定资产以外的物品,应当按照适用税率征收增值税;小规模纳税人销售自己使用过的除固定资产以外的物品,应按3%的征收率征收增值税。

7) 视同销售的销售额

对视同销售行为而无销售额的,按下列顺序确定其销售额:

(1) 按纳税人最近时期同类货物、服务、无形资产或者不动产的平均价格确定。

(2) 按其他纳税人最近时期同类货物、服务、无形资产或者不动产的平均价格确定。

(3) 按组成计税价格确定,组成计税价格的计算公式为:

$$组成计税价格 = 成本 \times (1+成本利润率)$$
$$= 成本 + 成本 \times 成本利润率$$

其中,成本利润率由国家税务总局确定。属于应征消费税的货物,其组成计税价格中应加计消费税税额。

3. 含税销售额换算为不含税销售额

为符合增值税作为价外税的相关规定,纳税人在填写进销货纳税凭证、进行账务处理时，应分项记录不含税销售额、销项税额和进项税额，以正确计算应纳增值税税额。然而，在实际工作中，常常会出现一般纳税人将销售货物或者应税劳务采用销售额和销项税额合并收取的方法，这样，就形成了含税销售额。如果不将含税销售额换算为不含税销售额，就会导致增值税计算环节出现重复纳税的现象。因此，一般纳税人在销售货物或者提供应税货物取得含税销售额时，必须将其换算为不含税的销售额计算增值税。

含税销售额换算为不含税销售额的计算公式为：

$$不含税销售额 = 含税销售额 \div (1 + 税率)$$

其中，税率为销售货物或应税劳务按规定所适用的税率。

二、进项税额的计算

（一）进项税额申报抵扣条件

一般纳税人购进货物，加工修理修配劳务、服务、无形资产或不动产，凡同时具备以下两个条件的，可将其承担的税额作为进项税额申报抵扣。

1. 用途符合税收规定

一般情况下，一般纳税人将购进货物、应税劳务、服务、无形资产或不动产，用于增值税应税项目的生产、经营管理的，可以凭增值税抵扣税凭证计算抵扣进项税额。

（1）用于简易计税方法计税项目、免征增值税项目、集体福利或者个人消费的购进货物，加工修理修配劳务、服务、无形资产和不动产。其中，涉及的固定资产、无形资产、不动产，仅指专用于上述项目的固定资产、无形资产（不包括其他权益性无形资产）、不动产。纳税人的交际应酬消费属于个人消费，不允许抵扣进项税额。

（2）非正常损失的购进货物，以及相关的加工修理修配劳务和交通运输服务。

（3）非正常损失的在产品、产成品所耗用的购进货物（不包括固定资产）、加工修理修配服务和交通运输服务。

（4）非正常损失的不动产，以及该不动产所耗用的购进货物、设计服务和建筑服务。

（5）非正常损失的不动产在建工程所耗用的购进货物、设计服务和建筑服务。纳税人新建、改建、扩建、修缮、装饰不动产，均属于不动产在建工程。

（6）贷款服务、餐饮服务、居民日常服务和娱乐服务。

（7）财政部和国家税务总局规定的其他情形。

2. 取得增值税扣税凭证

增值税扣税凭证是指增值税专用发票、海关进口增值税专用缴款书、农产品收购发票、农产品销售发票、铁路运输费用结算单据和税收缴款凭证。纳税人取得的增值税扣税凭证不符合法律、行政法规或者国家税务总局有关规定的，其进项税额不得从销项税额中进行抵扣。

具体地说，下列进项税额准予从销项税额中抵扣：

（1）从销售方或者提供方取得的增值税专用发票上注明的增值税税额。

值得注意的是，原一般纳税人取得的试点小规模纳税人由税务机关代开的增值税专用发票，按增值税专用发票注明的税额抵扣进项税额。

（2）从海关取得的海关进口增值税专用缴款书上注明的增值税税额。

（3）购进农产品，不同情况采取不同的方式确认进项税额：①向一般纳税人购买免税农产品时取得增值税专用发票，按照票面税额确认进项税额；②购买免税农产品时取得增值税普通发票的，不允许抵扣进项税额，但销售方开具的自产农产品的免税发票可以按买价的9%计算抵扣进项税额；③向小规模纳税人购买符合条件的免税农产品，取得销售方自开的增值税专用发票按买价的9%计算进项税额；取得销售方开具的增值税普通发票的，不允许抵扣进项税额，但销售方开具的自产农产品的免税发票可以按买价的9%计算抵扣进项税额；④收购农业生产者个人生产的免税农产品开具的农产品收购增值税普通发票，允许按买价的9%计算抵扣进项税额；⑤向农业生产者个人收购免税农产品，开具的农产品收购增值税普通发票，或者税务机关代开的增值税普通发票，均允许按买价的9%计算抵扣进项税额。

同时，如果纳税人购进用于生产或委托加工适用13%税率货物的农产品，先按9%计算抵扣，在按抵扣率计算进项税额的基础上，生产领用环节允许再加计1%计算进项税额。

（4）接受境外单位或者个人提供的应税服务，从税务机关或者境内代理人取得的解缴税款的中华人民共和国税收缴款凭证（以下简称税收缴款凭证）上注明的增值税税额。纳税人凭税收缴款凭证抵扣进项税额的，应当具备书面合同、付款证明和境外单位的账单或者发票。资料不全的，其进项税额不得从销项税额中抵扣。

（5）税控机动车销售统一发票。增值税一般纳税人购买机动车取得的税控系统机动车销售统一发票，属于扣税范围并认证通过的，可按增值税专用发票作为增值税进项税额的扣税凭证。

（6）增值税一般纳税人支付的道路、桥、闸通行费取得的通行费发票（不含财政票据）。从2018年1月1日起，纳税人支付的道路、桥、闸通行费，可抵扣进项税额的计算公式为：

$$道路、桥、闸通行费可抵扣进项税额 = 票面金额 \div (1+5\%) \times 5\%$$

（7）国内旅客运输服务发票。纳税人购进国内旅客运输服务，其进项税额允许从销项税额中抵扣。具体按如下规则抵扣：

其一，如果纳税人取得增值税电子普通发票的，进项税额为发票上注明的税额。

其二，如果取得注明旅客身份信息的航空运输电子客票行程单的，进项税额按照下列公式计算：

$$航空旅客运输进项税额 = 票面金额 \div (1+9\%) \times 9\%$$

其三，如果取得注明旅客身份信息的铁路车票的，进项税额按照下列公式计算：

$$铁路旅客运输进项税额 = 票面金额 \div (1+9\%) \times 9\%$$

其四，如果取得注明旅客身份信息的公路、水路等其他客票的，进项税额按照下列公式计算：

$$公路、水路等其他旅客运输进项税额 = 票面金额 \div (1+3\%) \times 3\%$$

需要注意的是，未注明旅客身份信息的旅客运输服务发票一律不得计算抵扣增值税进项税额。

另外，外贸企业取得出口货物转内销证明的，应该在取得出口货物转内销证明的下一个增值税纳税申报期纳税时，作为进项税额的抵扣凭证使用。

(二) 不允许抵扣的进项税额

一般纳税人发生下列情形，应将其已申报抵扣的进项税额从当期发生的进项税额中扣减：

(1) 抵扣进项税额的购进货物、接受加工修理修配劳务或者应税服务，用于适用简易计税方法计税项目、免征增值税项目、集体福利或者个人消费的。

(2) 已抵扣进项税额的购进货物以及在产品、产成品发生非正常损失的。

(3) 因进货退出、服务中止、折让等情形而收回的。

(4) 出口货物不予退税且不得从内销货物销项税额中抵扣的。

(5) 违反增值税专用发票使用规定抵扣的。

【知识拓展2-6】取得不动产的增值税抵扣规定

【小贴士】

适用一般计税方法的纳税人，兼营简易计税方法计税项目、免征增值税项目而无法划分不得抵扣的进项税额，按照下列公式计算不得抵扣的进项税额：

$$不得抵扣的进项税额 = (当期简易计税方法计税项目销售额 + 免征增值税项目销售额) \div 当期全部销售额 \times 当期无法划分的全部进项税额$$

三、应纳税额的计算

计算出销项税额和进项税额后就可以得出实际应纳税额。纳税人销售货物或提供应税劳务的，其应纳税额为当期销项税额抵扣当期进项税额后的余额。其基本计算公式为：

$$应纳税额 = 当期销项税额 - 当期进项税额$$

在公式的运用过程中，应该掌握以下几点规定。

(一) 计算应纳税额的时间限定

1. 销项税额的确认时间

采取直接收款方式销售货物，不论货物是否发出，销项税额的确认时间均为收到销售额或取得销售额凭证并将提货单交给买方的当天;采取托收承付和委托银行收款方式销售货物,销项税额的确认时间为发出货物并办妥委托手续的当天;纳税人发生视同销售货物的,销项税额的确认时间为货物移送的当天。

2. 进项税额的抵扣时间

国家税务总局发布的《关于取消增值税扣税凭证认证确认期限等增值税征管问题的公告》(国家税务总局公告2019年第45号)指出2020年3月1日起取消进项发票360天认证抵扣期限。

需要注意的是,一般纳税人取得上述扣税凭证,未在规定期限内到税务机关办理认证、申报抵扣或申请稽核比对的,不得作为合法的增值税扣税凭证,不得计算抵扣进项税额。

(二)计算增值税进项税额大于销项税额的处理

由于增值税实行购进扣税法,有时企业当期购进的货物很多,在计算应纳税额时会出现当期销项税额小于当期进项税额的情况。根据税法规定,当期进项税额不足抵扣的部分可以结转下期继续抵扣。

(三)购进货物改变用途的规定

当期购进货物或应税劳务,如果已经从当期的销项税额中予以抵扣,又改变用途的(即用于不征税项目、免税项目、集体福利或者个人消费和发生非正常损失),根据税法规定,应将该项购进货物或应税劳务的进项税额从当期发生的进项税额中扣减。

[**工作实例2-1**] 贵州某酒厂为增值税一般纳税人,2024年5月发生有关业务如下:

(1) 5月6日,直接从农民手中收购玉米,售价15万元,开具增值税普通发票;运费取得增值税普通发票。玉米已验收入库。

(2) 5月8日,从某酒厂购进散装白酒,增值税专用发票注明买价10万元,适用13%税率。另外取得增值税专用发票,载明运费4 360元(价税合计)。散装白酒验收入库,用于装瓶出售。

(3) 5月20日,销售散装白酒收入30万元,出售酒精取得收入3.39万元(均含税);送给关系单位白酒2箱,每箱成本150元,不含税市场售价240元。

[**工作要求**] 计算该酒厂5月应纳增值税税额。

[**工作实施**] 从农民手中收购玉米,应确认进项税额:

进项税额 $= 150\ 000 \times 9\% = 13\ 500(元)$

购进散装白酒,应确认进项税额:

进项税额 $= 100\ 000 \times 13\% + 4\ 360 \div (1+9\%) \times 9\% = 13\ 360(元)$

销售散装白酒和酒精,应确认销项税额:

销项税额 $= (300\ 000 + 33\ 900) \div (1+13\%) \times 13\% = 38\ 413.27(元)$

送给关系单位白酒,为视同销售行为,应确认销项税额:

销项税额 $= 240 \times 2 \times 13\% = 62.40(元)$

该酒厂5月应纳增值税税额＝(38 413.27＋62.40)－(13 500＋13 360)＝11 615.67(元)

该酒厂5月应缴纳的增值税税额为11 615.67元。

本例若收购玉米买价为30万元,则计算出进项税额为40 360元,大于销项税额,其差额1 884.33元结转下期继续抵扣,而本期的应纳增值税税额为零。

四、小规模纳税人应纳税额的计算

小规模纳税人销售货物或者应税劳务,不实行抵扣制度,而是采用简易计税办法按照销售额的3%征收率计算应纳税额,不得抵扣进项税额。其计算公式为:

$$应纳税额＝销售额×征收率$$

其中,销售额为不含增值税的销售额。

[工作实例2-2] 和力超市为增值税小规模纳税人,2024年9月取得零售收入18万元,当月购进商品共支付买价13万元。

[工作要求] 计算该超市9月应纳增值税税额。

[工作实施] 小规模纳税人适用3%的征收率,所以:

不含税销售额＝180 000÷(1＋3%)＝174 757.28(元)

应纳增值税税额＝174 757.28×3%＝5 242.72(元)

小规模纳税人采用简易计税办法征收,故没有进项税额。

五、特殊经营行为的税务处理

2016年5月1日起,全行业推行"营改增"试点,"兼营非应税劳务"不复存在,兼营行为和混合销售也有了全新的界定。特殊经营行为的税务处理,如表2-4所示。

表2-4 特殊经营行为的税务处理

特殊经营行为	经营行为特点	税务处理
兼营行为	纳税人兼营销售货物、劳务服务、无形资产或不动产	应当分别核算适用不同税率或者征收税的销售额;未分别核算销售额的从高适用税率
	纳税人兼营免税、减税项目	应当分别核算免税、减税项目的销售额;未分别核算销售额的,不得免税减税
	适用一般计税方法的纳税人兼营简易计税方法计税项目、免征增值税项目	应当分别核算一般计税方法的销售额、简易计税的销售额和免税项目的销售额;未分别核算销售额的一律从高、从重计税。如果无法划分不得抵扣的进项税额,按照相关公式计算不得抵扣的进项税额

(续表)

特殊经营行为	经营行为特点	税务处理
混合销售	一项销售行为既涉及货物又涉及服务	应当按主业判断如何纳税：从事货物的生产批发或者零售的单位和个体工商户（包括以从事货物的生产批发或者零售为主，兼营销售服务的单位和个体工商户在内）的混合销售行为，按照销售货物缴纳增值税；其他单位和个体工商户的混合销售行为，按照销售服务缴纳增值税

[工作实例 2-3] 某企业主要生产玻璃制品，并提供运输服务。2024 年 5 月，该企业生产玻璃用品取得不含税销售收入 200 万元，同时生产免税的残疾人专用设备，取得不含税销售收入 60 万元；另外，该企业将购于 2011 年的一栋仓库出售，取得含税销售收入 525 万元，按规定可以按 5% 的征收率简易计税。该企业上述所有收入均分别核算。

[工作要求] 计算该企业 2024 年 5 月应纳增值税税额。

[工作实施] 纳税人发生兼营行为，分别核算的不同项目适用不同税率；未分别核算的，从高从重计算增值税。该企业所有收入均分别核算，故应按照不同项目计算增值税。

(1) 销售玻璃用品应确认增值税销项税额 = 2 000 000 × 13% = 260 000(元)

(2) 销售残疾人专用设备免税。

(3) 销售厂房应纳增值税税额 = 5 250 000 ÷ (1 + 5%) × 5% = 250 000(元)

2024 年 5 月应纳增值税税额 = 260 000 + 250 000 = 510 000(元)

需要说明的是，一般纳税人如果发生特殊经营行为而适用简易办法计税的，简易办法计算得出的应交增值税不参与一般计税办法计算结果的抵扣，直接通过"应交税费——简易计税"账户反映。

[工作实例 2-4] 某餐饮公司是增值税一般纳税人，除提供堂食外，还提供送餐服务。2024 年 5 月取得送餐收入 35 万元，另外取得堂食销售收入 6.8 万元(均含税)。

[工作要求] 计算该酒店 2024 年 5 月份送餐服务应纳增值税税额。

[工作实施] 酒店业适用 6% 增值税税率。酒店送餐服务中发生的餐盒销售收入属于混合销售，应同酒店业的餐饮服务一并按 6% 的增值税税率计算。

送餐服务应确认增值税销项税额 = (350 000 + 68 000) ÷ (1 + 6%) × 6%

= 23 660.38(元)

六、差额征收的税务处理

为了和原营业税政策保持相对稳定，原营业税下部分差额纳税的项目"营改增"以后依然被保留，其税务处理如表 2-5 所示。

表 2-5　差额征收项目及其税务处理

项目	税务处理
金融商品转让	销售额＝卖出价－买入价,适用6%税率,金融商品转让不得开具增值税专用发票
经理代理服务	销售额＝取得的全部价款和价外费用－向委托方收取并代为支付的政府性基金或者行政事业性收费,适用6%税率,向委托方收取的政府性基金或者行政事业性收费,不得开具增值税专用发票
融资租赁和融资性售后回租业务	提供融资租赁服务的销售额＝取得的全部价款和价外费用－支付的借款利息(包括外汇借款和人民币借款利息)－发行债券利息－车辆购置税;提供融资性售后回租服务的销售额＝取得的全部价款和价外费用(不含本金),扣除对外支付的借款利息(包括外汇借款和人民币借款利息)、发行债券利息;试点纳税人根据2016年4月30日前签订的有形动产、融资性售后回租合同,在合同到期前提供的有形动产融资性售后回租服务,可继续按照有形动产融资租赁服务缴纳增值税
航空运输企业	销售额不包括代收的机场建设费和代售其他航空运输企业客票而代收转付的价款
试点纳税人中的一般纳税人提供客运场站服务	销售额＝取得的全部价款和价外费用－支付给承运方的费用
试点纳税人提供旅游服务	销售额＝取得的全部价款和价外费用－旅游服务购买方收取并支付给其他单位或者个人的住宿费、餐饮费、交通费、签证费、门票费－支付给其他接团旅游企业的旅游费用,选择上述办法计算销售额的试点纳税人,向旅游服务购买方收取并支付上述费用不得开具增值税专用发票,可以开具普通发票
提供建筑服务适用简易计税方法的试点纳税人	销售额＝取得的全部价款和价外费用－支付的分包款
房地产开发企业中的一般纳税人销售其开发的房地产项目(选择简易计税方法的房地产老项目除外)	销售额＝取得的全部价款和价外费用－受让土地时向政府不能支付的土地价款 房地产老项目是指《建筑工程施工许可证》注明的合同开工日期在2016年4月30日前的房地产项目
纳税人提供劳务派遣服务	(1)一般纳税人可以选择一般计税方法或差额纳税。差额纳税的销售额等于全部价款和价外费用减代用工单位支付给劳务派遣员工的工资福利和为其办理社会保险及住房公积金,适用5%的征收率简易计税。 (2)小规模纳税人可以以取得的全部价款和价外费用为销售额,按照简易计税方法以3%的征收率计算缴纳增值税;也可以选择差额纳税,以取得的全部价款和价外费用扣除代用工单位支付给劳务派遣员工的工资福利和为其办理社会保险及住房公积金后的余额为销售额,按照简易计税方法以5%的征收率计算缴纳增值税。 纳税人采用差额征税取得的上述凭证属于增值税扣税凭证的,其进项税额不得从销项税额中抵扣
采用简易计税方法销售二手房(不含自建住房)	销售额＝取得的全部价款和价外费用－该项不动产购置原价或取得不动产时的作价,适用5%的征税率简易计税

[**工作实例 2-5**] 某设备制造企业是增值税一般纳税人,2024 年 5 月取得不含税销售收入 280 万元;该企业同时提供劳务派遣服务,2024 年 5 月取得 22 万元收入,并代用工单位支付给劳务派遣员工 13 万元的工资和社保资金。该企业的劳务派遣服务选择按差额纳税。企业所有的收入均单独核算。

[**工作要求**] 计算该企业 2024 年 5 月应纳增值税税额。

[**工作实施**] 企业提供劳务派遣服务,可以选择一般计税办法或差额纳税,选择差额纳税适用 5% 的征税率。

销售商品应确认增值税销项税额 = 2 800 000 × 13% = 364 000(元)

提供派遣服务应纳增值税税额 = (220 000 − 130 000) ÷ (1 + 5%) × 5%
= 4 285.71(元)

2024 年 5 月应纳增值税税额 = 364 000 − 4 285.71 = 359 714.29(元)

需要说明的是,一般纳税人如果发生特殊经营行为而适用简易办法计税的,简易办法计算得出的应交增值税不与一般计税办法计算结果进行抵扣。

七、进口货物应纳税额的计算

进口货物的纳税人为收货人或办理报关手续的单位和个人。我国在规定对进口货物征税的同时,对某项进口货物也作出了减负税和不征税的规定。另外,税法还规定了对实行保税的货物不征增值税。进口货物的适用税率与国内购销货物相同。纳税人进口货物,按照组成计税价格和规定的税率计算应纳税额,其组成计税价格和应纳税额的计算公式如下:

组成计税价格 = 关税完税价格 + 关税 + 消费税

应纳税额 = 组成计税价格 × 税率

八、出口货物退(免)税的计算

出口货物退(免)税制度是指在国际贸易中,对报关出口的货物退还在国内各生产环节和流转环节按税法规定已缴纳的增值税和消费税,或免征应缴纳的增值税和消费税。它是国际贸易中通常采用并为世界各国普遍接受的、目的在于鼓励各国出口货物公平竞争的一种税收措施。按照现行规定,出口货物退(免)税的方式主要有免税、免退税和免抵退税三种。

(一) 免税

免税是指对出口产品实行免征增值税政策,而对出口产品增值税的进项税额不予退税的一种方式。

(二) 免退税

免退税是指免征最后环节增值部分应纳税款,按购进金额计算退还税款。免退税方法主要适用于外贸出口企业。

[**工作实例 2-6**] 某外贸企业出口商品一批,出口价折合人民币 480 万元,出口环节免征关税、增值税。已知,该批商品国内买价 300 万元,适用 13% 税率,该商品出口退税率为 9%。

[**工作要求**] 计算该企业可申请的退税额。

[**工作实施**] 国内购买该批商品支付的增值税 = 300 × 13% = 39(万元)

企业可凭出口报关单据申请的退税额 = 300 × 9% = 27(万元)

不予退税的 4% 企业作进项税额转出处理,转入主营业务成本。

(三) 免抵退税

免抵退税方法的"免"税,是指对生产企业出口的自产货物免征本企业生产销售环节增值税。免抵退税方法的"抵"税,是指生产企业出口自产货物所耗用的原材料、零部件、燃料、动力等所含的应税进项税额抵顶内销货物的应纳税额。免抵退税方法的"退"税,是指生产企业出口自产货物,在当月内申报的进项税额大于应纳税额时,对未抵消完的税额部分按规定予以退税。我国对生产企业自营或委托出口货物实行免抵退税。免抵退税的计算公式如下。

1. 免抵退税不得免征和抵扣税额的计算

免抵退税不得免税和抵扣税额 = 当期出口货物离岸价格 × 外汇人民币牌价 ×(出口货物征税率 − 出口货物退税率)− 免抵退税不得免征和抵扣税额抵减额

免抵退税不得免征和抵扣税额抵减额 = 免税购进原材料价格 ×(出口货物征税率 − 出口货物退税率)

2. 当期应纳税额的计算

当期应纳税额 = 当期内销货物销项税额 −(当期进项税额 − 当期免抵退税不得免征和抵扣税额)− 上期留抵税额

当期应纳税额 > 0,此金额为本期应纳税额,本期不予退税。

当期应纳税额 < 0,此金额为当期期末留抵税额,本期有退税额。

3. 免抵退税额的计算

免抵退税额 = 出口货物离岸价格 × 外汇人民币牌价 × 出口货物退税率 − 免抵退税额抵减额

= 免税购进原材料价格 × 出口货物退税率

4. 当期应退税额和当期免抵退税额的计算

当期期末留抵税额 ≤ 当期免抵退税额时:

$$当期应退税额 = 当期期末留抵税额$$
$$当期免抵税额 = 当期免抵退税额 - 当期应退税额$$

当期期末留抵税额＞当期免抵退税额时：

$$当期应退税额 = 当期免抵退税额$$
$$当期免抵税额 = 0$$

[**工作实例2-7**] 某自营出口生产企业是增值税一般纳税人，出口货物的征税率为13%，退税率为9%。2024年5月购进原材料一批，取得的增值税专用发票注明的价款为300万元，外购货物准予抵扣进项税额为39万元。上期期末留抵税额5万元。当月内销货物销售额160万元，销项税额20.80万元。本月出口货物售价折合人民币210万元。

[**工作要求**] 计算该企业本期应退增值税税额。

[**工作实施**] 免抵退税不得免征和抵扣税额 $=210 \times (13\% - 9\%) = 8.40$（万元）

应纳增值税税额 $= 160 \times 13\% - (39 - 8.40) - 5 = -14.80$（万元）

出口货物免抵退税额 $= 210 \times 9\% = 18.90$（万元）

本期期末留抵税额14.80万元小于当期免抵退税额，当期应退税额等于当期期末留抵税额14.80万元。

当期免抵税额 $= 18.90 - 14.80 = 4.10$（万元）

九、纳税义务发生时间

现行税法对增值税纳税义务发生时间的规定与会计制度基本上是一致的，即按照权责发生制的原则，以收入实现时间为纳税义务发生时间。

(一) 纳税人销售货物和提供应税劳务的，为商品所有权转移并收讫货款或取得收款权利的当天

(1) 采取直接收款方式销售货物的，不论货物是否发出，均为收到货款或取得索取货款的凭据，并将提货单交给买方的当天。

(2) 采取托收承付和委托银行收款方式销售货物的，为发出货物并办妥托收手续的当天。

(3) 采取赊销和分期收款方式销售货物的，为合同约定的收款日期的当天。

(4) 采取预收货款方式销售货物的，为货物发出的当天。

(5) 委托其他单位代销货物的，为收到代销单位开来代销清单的当天。

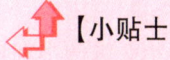【小贴士】

纳税人以代销方式销售货物，在收到代销清单前已收到全部或部分货款的，其纳税义务发生时间为收到全部或部分货款的当天；对于发出代销商品超过180天仍未收到代销清单及货款的，视同销售实现，一律征收增值税，其纳税义务发生时间为发出代销商品满180天的当天。

(6) 销售应税劳务的,为提供劳务同时收讫货款或取得索取货款凭据的当天。

(7) 纳税人发生视同销售货物行为的,为货物移送当天。

(二) 纳税人发生应税行为并收讫销售款项或者取得索取销售款项凭据的当天;先开具发票的,为开具发票的当天

(1) 收讫销售款项,是指纳税人销售服务、无形资产、不动产过程中或者完成后收到的款项。取得销售款项凭据的当天,是指书面合同确定的付款日期;未签订书面合同或者书面合同未确定付款日期的,为服务、无形资产转让完成的当天或者不动产权属变更的当天;纳税人提供建筑服务、租赁服务采取预收款方式的,其纳税义务发生时间为收到预收款的当天。

(2) 纳税人从事金融商品转让的,其纳税义务发生时间为金融商品所有权转移的当天。

(3) 纳税人发生《营业税改征增值税试点实施办法》第14条规定情形的,其纳税义务发生时间为服务、无形资产转让完成的当天或者不动产权属变更的当天。

(4) 增值税扣缴义务发生时间为纳税人增值税纳税义务发生的当天。

十、纳税期限

增值税的纳税期限分别为1日、3日、5日、10日、15日、1个月或者1个季度,各纳税人的具体纳税期限,由主管税务机关根据纳税人应纳税额的大小分别核定。以1个季度为纳税期限的规定适用于小规模纳税人、银行、财务公司、信托投资公司、信用社,以及财政部和国家税务总局规定的其他纳税人。不能按照固定期限纳税的,可以按次纳税。

纳税人以1个月或者1个季度为一期纳税的,自期满之日起15日内申报纳税;以1日、3日、5日、10日、15日为一期纳税的,自期满之日起5日内预缴税款,于次月1日起15日内申报纳税并结清上月应纳税款。

扣缴义务人解缴税款的期限,比照上述规定。

纳税人进口货物,应当自海关填发税款缴纳证的次日起15日内缴纳税款,逾期按日征收税款总额0.05%缴纳滞纳金。

【知识拓展2-7】纳税义务发生时间、纳税期限和纳税申报时间

十一、纳税地点

一般情况下,增值税实行"就地纳税"原则。

(1) 固定业户应当向其机构所在地主管税务机关申报纳税。总机构和分支机构不在同一县(市)的,应分别向各自所在地主管税务机关申报纳税;经财政部和国家税务总局或其授权的财政和税务机关批准,可以由总机构汇总向总机构所在地主管税务机关申报纳税。

(2) 固定业户到外县(市)销售货物的,应当向其机构所在地主管税务机关申请开具外出经营活动税收管理证明,向其机构所在地主管税务机关申报纳税。未持有主管税务机关核发的外出经营活动税收管理证明的,应当向销售地主管税务机关申报纳税。未向销售地主管税务机关申报纳税的,由机构所在地主管税务机关补征税款。

(3) 固定业户(指增值税一般纳税人)临时到外省、市销售货物,必须向经营地税务机关出示外出经营活动税收管理证明,回原地纳税,需要向购货方开具增值税专用发票的,回原地补开。

(4) 非固定业户应当向应税行为发生地的主管税务机关申报纳税;未申报纳税的,由其机构所在地或居住地主管税务机关补征税款。

(5) 进口的货物应当由进口人或其代理人向报关地海关申报纳税。

(6) 其他个人提供建筑服务、销售或者租赁不动产、转让自然资源使用权,应向建筑服务发生地、不动产所在地、自然资源所在地主管税务机关申报纳税。

(7) 扣缴义务人应当向其机构所在地或者居住地主管税务机关申报缴纳扣缴的税款。

素养小园地

虚开增值税专用发票是一种犯罪行为,最高可被判无期徒刑。

虚开增值税专用发票或者虚开用于骗取出口退税、抵扣税款的其他发票,是有为他人虚开、为自己虚开、让他人为自己虚开、介绍他人虚开行为之一的。

《中华人民共和国刑法》第205条规定,虚开增值税专用发票或者虚开用于骗取出口退税、抵扣税款的其他发票的,处3年以下有期徒刑或者拘役,并处2万元以上20万元以下罚金;虚开的税款数额较大或者有其他严重情节的,处3年以上10年以下有期徒刑,并处5万元以上50万元以下罚金;虚开的税款数额巨大或者存在其他特别严重情节的,处10年以上有期徒刑或者无期徒刑,并处5万元以上50万元以下的罚金或者没收财产。

任务三　增值税的智能申报与缴纳

增值税一般纳税人和小规模纳税人采用不同的办法申报纳税。

一、一般纳税人的申报办法

一般纳税人按月申报,申报期为次月1日起至15日。

(一) 纳税申报资料

(1) 必报资料:增值税纳税申报表(适用于一般纳税人)及增值税纳税申报表附列资料表一、表二、表三、表四,资产负债表,利润表,主管税务机关规定的其他资料。

（2）附报资料：已开具的增值税专用发票和普通发票存根联，符合抵扣条件并且在本期申报抵扣的增值税专用发票抵扣联，海关进口货物完税凭证的复印件，收购凭证的存根联或备查联、收购农产品的普通发票复印件，代扣代缴税款凭证存根联，主管税务机关要求报送的其他资料。备查资料是否需要在当期报送，由各省级税务局确定。经营规模大的纳税人，如上述附报资料较多，报送有困难的，经县级税务局批准，由主管国家税务机关派人到企业审核。

（二）一般纳税人增值税纳税申报表

（1）一般纳税人增值税纳税申报表包括增值税纳税申报表主表、增值税纳税申报表附列资料（一）（本期销售情况明细）、增值税纳税申报表附列资料（二）（本期进项税额明细）、增值税纳税申报表附列资料（三）（服务、不动产和无形资产扣除项目明细），以及增值税纳税申报表附列资料（四）（税额抵减情况表）五张表格。

（2）一般纳税人增值税纳税申报表及附列资料式样和填报说明，可扫描二维码查看。

附表 2-1

附表 2-2

二、小规模纳税人的申报办法

（一）纳税申报资料

小规模纳税人进行纳税申报时，应提供以下资料：增值税纳税申报表（适用小规模纳税人）、普通发票领用库存月报表、企业财务会计报表及其他税务机关要求报送的资料。

（二）小规模纳税人纳税申报表

小规模纳税人纳税申报表包括增值税纳税申报表（小规模纳税人适用）主表和增值税纳税申报表（小规模纳税人适用）附列资料。小规模纳税人纳税申报表式样和填报说明，可扫二维码查看。

附表 2-3

附表 2-4

【小贴士】

　　增值税纳税申报表包括主表以及若干附表，主表中的数字是附表计算的结果，因此填写时应该先填写附表再填写主表。

　　根据国家税收法律法规及增值税相关规定，纳税人不论有无销售额，均应按税务机关核定的纳税期限填写增值税纳税申报表，并向当地税务机关申报。

课后实践

　　请思考：如果某企业当月购进一辆卡车用于运送货物，该卡车售价20万元，购进时取得增值税专用发票，实际支付价款20万元，税金2.6万元。该企业应该如何申报纳税？

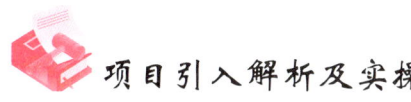

项目引入解析及实操

一、计算2024年10月相关业务销项税额、进项税额及应纳税额

(1) 当期销项税额 $= 3\,770\,000 \times 9\% + 506\,551.72 \div (1+13\%) \times 13\% + 1\,000 \div (1+9\%) \times 9\%$

$= 339\,300 + 58\,275.86 + 82.57 = 397\,658.43(元)$

(2) 当期进项税额 $= 2\,431\,000 \times 13\% + 20\,000 \times 9\% - 5\,700 \times 13\%$

$= 316\,030 + 1\,800 - 741$

$= 317\,089(元)$

(3) 本期未交增值税 $= 397\,658.43 - 317\,089 - 980 = 79\,589.43(元)$

将计算结果填入未交增值税计算表,如表2-6所示。

表2-6 未交增值税计算表   单位:元

序号	项目	金额	备注
1	当期销项税额	397 658.43	
2	加:当期进项税额转出	741.00	
3	减:当期进项税额	317 089.00	
4	减:上期留抵税额	0.00	
5	减:减征税额	980.00	
6	本期未交增值税	79 589.43	

二、填报增值税及其附加税申报表

步骤一:进入国家税务总局电子税务局平台,点击"我要办税"—"税费申报及缴纳",如图2-1所示。

图2-1 进入办税系统

步骤二:在系统弹出的提示框中勾选"已阅,不再提醒",点击"确定",如图 2-2 所示。

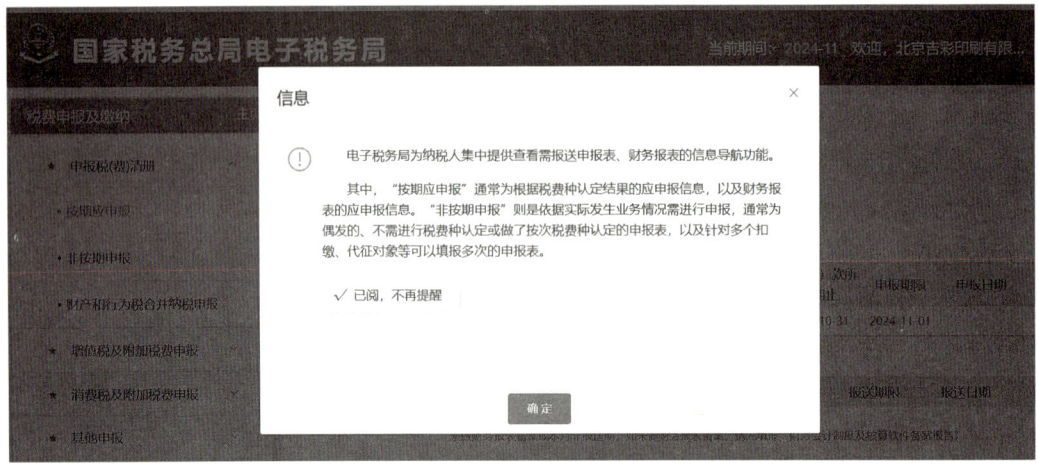

图 2-2 财务报表申报提示

步骤三:点击右侧"填写申报表",进入填写申报表界面,如图 2-3 所示。

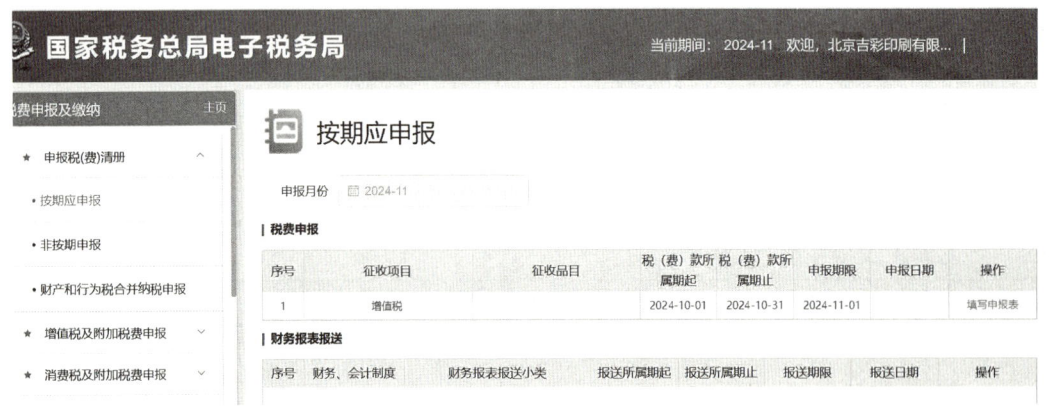

图 2-3 进入填写申报表界面

步骤四:在申报界面填写"增值税及附加税费申报表附列资料(一)",如图 2-4 所示。
步骤五:在申报界面填写"增值税及附加税费申报表附列资料(二)",如图 2-5 所示。
步骤六:在申报界面填写"增值税及附加税费申报表附列资料(三)",如图 2-6 所示。根据题意,未发生服务、不动产和无形资产扣除项目的,直接点击"暂存"。
步骤七:在申报界面填写"增值税及附加税费申报表附列资料(四)",如图 2-7 所示。

增值税及附加税费申报表附列资料（一）（本期销售情况明细）

纳税人名称（公章）：北京吉彩印刷有限公司
纳税人识别号：91350423683056473R
税款所属期：2024-10-01 至 2024-10-31
填表日期：2024-11-01
金额单位：元（列至角分）

项目及栏次		开具增值税专用发票		开具其他发票		未开具发票		纳税检查调整		合计			服务、不动产和无形资产扣除项目本期实际扣除金额	扣除后	
		销售额	销项（应纳）税额	销售额	销项（应纳）税额	销售额	销项（应纳）税额	销售额	销项（应纳）税额	销售额	销项（应纳）税额	价税合计		含税（免税）销售额	销项（应纳）税额
		1	2	3	4	5	6	7	8	9=1+3+5+7	10=2+4+6+8	11=9+10	12	13=11−12	14=13÷(100%+税率或征收率)×税率或征收率
一、一般计税方法计税	全部征税项目	13%税率的货物及加工修理修配劳务	1	0.00	0.00	448 275.86	58 275.86	0.00	0.00	0.00	0.00	448 275.86	58 275.86	—	—	—	—
		13%税率的服务、不动产和无形资产	2	0.00	0.00	0.00	0.00	0.00	0.00	0.00	0.00	0.00	0.00	—	—	—	—
		9%税率的货物及加工修理修配劳务	3	3 770 000.00	339 300.00	0.00	0.00	917.43	82.57	0.00	0.00	3 770 917.43	339 382.57	—	—	—	—
		9%税率的服务、不动产和无形资产	4	0.00	0.00	0.00	0.00	0.00	0.00	0.00	0.00	0.00	0.00	—	—	—	—
		6%税率	5	0.00	0.00	0.00	0.00	0.00	0.00	0.00	0.00	0.00	0.00	—	—	—	—
	其中：即征即退项目	即征即退货物及加工修理修配劳务	6	—	—	—	—	—	—	—	—	—	—	—	—	—	—
		即征即退服务、不动产和无形资产	7	—	—	—	—	—	—	—	—	—	—	—	—	—	—

项目及栏次		开具增值税专用发票		开具其他发票		未开具发票		纳税检查调整		合计			服务、不动产和无形资产本期实际扣除金额	扣除后	
		销售额	销项(应纳)税额	销售额	销项(应纳)税额	销售额	销项(应纳)税额	销售额	销项(应纳)税额	销售额	销项(应纳)税额	价税合计		含税(免税)销售额	销项(应纳)税额
		1	2	3	4	5	6	7	8	9=1+3+5+7	10=2+4+6+8	11=9+10	12	13=11−12	14=13÷(100%+税率或征收率)×税率或征收率
二、简易计税方法计税	全部征税项目														
	6%征收率 8	0.00	0.00	0.00	0.00	0.00	0.00	—	—	0.00	0.00	0.00	—	—	—
	5%征收率的货物及加工修理修配劳务 9a	0.00	0.00	0.00	0.00	0.00	0.00	—	—	0.00	0.00	0.00	—	—	—
	5%征收率的服务、不动产和无形资产 9b	0.00	0.00	0.00	0.00	0.00	0.00	—	—	0.00	0.00	0.00	—	0.00	0.00
	4%征收率 10	0.00	0.00	0.00	0.00	0.00	0.00	—	—	0.00	0.00	0.00	—	—	—
	3%征收率的货物及加工修理修配劳务 11	0.00	0.00	0.00	0.00	0.00	0.00	—	—	0.00	0.00	0.00	—	—	—
	3%征收率的服务、不动产和无形资产 12	0.00	0.00	0.00	0.00	0.00	0.00	—	—	0.00	0.00	0.00	0.00	0.00	0.00
	预征率 13a	0.00	0.00	0.00	0.00	0.00	0.00	—	—	0.00	0.00	0.00	—	0.00	0.00
	预征率 13b	0.00	0.00	0.00	0.00	0.00	0.00	—	—	0.00	0.00	0.00	—	0.00	0.00
	预征率 13c	0.00	0.00	0.00	0.00	0.00	0.00	—	—	0.00	0.00	0.00	—	0.00	0.00

图 2-4 增值税及附加税费申报表附列资料(一)

增值税及附加税费申报表附列资料(二)(本期进项税额明细)

税款所属期：2024-10-01 至 2024-10-31

纳税人名称(公章)：北京吉彩印刷有限公司　　　　纳税人识别号：91350423683056473R

填表日期：2024-11-01　　　　　　　　　　　　　　金额单位：元(列至角分)

一、申报抵扣的进项税额

项目	栏次	份数	金额	税额
(一)认证相符的增值税专用发票	1＝2+3	4.00	2 451 000.00	317 830.00
其中：本期认证相符且本期申报抵扣	2	4.00	2 451 000.00	317 830.00
前期认证相符且本期申报抵扣	3	0.00	0.00	0.00
(二)其他扣税凭证	4＝5+6+7+8	0.00	0.00	0.00
其中：海关进口增值税专用缴款书	5	0.00	0.00	0.00
农产品收购发票或者销售发票	6	0.00	0.00	0.00
代扣代缴税收缴款凭证	7	0.00	—	0.00
加计扣除农产品进项税额	8a	—	—	0.00
其他	8b	0.00	0.00	0.00
(三)本期用于购建不动产的扣税凭证	9	0.00	0.00	0.00
(四)本期用于抵扣的旅客运输服务扣税凭证	10	1.00	0.00	0.00
(五)外贸企业进项税额抵扣证明	11	—	—	0.00
当期申报抵扣进项税额合计	12＝1+4+11	4.00	2 451 000.00	317 830.00

二、进项税额转出额

项目	栏次	税额
本期进项税额转出额	13＝14至23之和	741.00
其中：免税项目用	14	0.00
集体福利、个人消费	15	0.00
非正常损失	16	741.00
简易计税方法征税项目用	17	0.00
免抵退税办法不得抵扣的进项税额	18	0.00
纳税检查调减进项税额	19	0.00
红字专用发票信息表注明的进项税额	20	0.00
上期留抵税额抵减欠税	21	0.00
上期留抵税额退税	22	0.00
异常凭证转出进项税额	23a	0.00

项目	栏次	税额
其他应作进项税额转出的情形	23b	0.00

三、待抵扣进项税额

项目	栏次	份数	金额	税额
(一)认证相符的增值税专用发票	24	—	—	—
期初已认证相符但未申报抵扣	25	0.00	0.00	0.00
本期认证相符且本期未申报抵扣	26	0.00	0.00	0.00
期末已认证相符但未申报抵扣	27	0.00	0.00	0.00
其中:按照税法规定不允许抵扣	28	0.00	0.00	0.00
(二)其他扣税凭证	29=30至33之和	0.00	0.00	0.00
其中:海关进口增值税专用缴款书	30	0.00	0.00	0.00
农产品收购发票或者销售发票	31			
代扣代缴税收缴款凭证	32	0.00	0.00	0.00
其他	33	0.00	0.00	0.00
	34	—	—	—

四、其他

项目	栏次	份数	金额	税额
本期认证相符的增值税专用发票	35	4.00	2 451 000.00	317 830.00
代扣代缴税额	36	—	—	—

图 2-5 增值税及附加税费申报表附列资料(二)

增值税及附加税费申报表附列资料(三)(服务、不动产和无形资产扣除项目明细)

税款所属期间:2024-10-01 至 2024-10-31

纳税人名称(公章):北京吉彩印刷有限公司

纳税人识别号:91350423683056473R

填表日期:2024-11-01

金额单位:元(列至角分)

项目及栏次		本期服务、不动产和无形资产价税合计额(免税销售额)	服务、不动产和无形资产扣除项目				
			期初余额	本期发生额	本期应扣除金额	本期实际扣除金额	期末余额
		1	2	3	4=2+3	5(5≤1且5≤4)	6=4-5
13%税率的项目	1	0.00	0.00	0.00	0.00	0.00	0.00
9%税率的项目	2	0.00	0.00	0.00	0.00	0.00	0.00
6%税率的项目(不含金融商品转让)	3	0.00	0.00	0.00	0.00	0.00	0.00
6%税率的金融商品转让项目	4	0.00	0.00	0.00	0.00	0.00	0.00
5%征收率的项目	5	0.00	0.00	0.00	0.00	0.00	0.00
3%征收率的项目	6	0.00	0.00	0.00	0.00	0.00	0.00
免抵退税的项目	7	0.00	0.00	0.00	0.00	0.00	0.00
免税的项目	8	0.00	0.00	0.00	0.00	0.00	0.00

图 2-6 增值税及附加税费申报表附列资料(三)

增值税及附加税费申报表附列资料（四）（税额抵减情况表）

税款所属期：2024-10-01 至 2024-10-31

纳税人名称（公章）：北京吉彩印刷有限公司　　纳税人识别号：91350423683056473R

填表日期：2024-11-01　　金额单位：元（列至角分）

一、税额抵减情况

序号	抵减项目	期初余额 1	本期发生额 2	本期应抵减税额 3=1+2	本期实际抵减税额 4≤3	期末余额 5=3-4
1	增值税税控系统专用设备费及技术维护费	0.00	980.00	980.00	980.00	0.00
2	分支机构预征缴纳税款					
3	建筑服务预征缴纳税款					
4	销售不动产预征缴纳税款	0.00				0.00
5	出租不动产预征缴纳税款					

二、加计抵减情况

序号	加计抵减项目	期初余额 1	本期发生额 2	本期调减额 3	本期可抵减额 4=1+2-3	本期实际抵减额 5	期末余额 6=4-5
6	一般项目加计抵减额计算	0.00	0.00	0.00	0.00	0.00	0.00
7	即征即退项目加计抵减额计算	0.00	0.00	0.00	0.00	0.00	0.00
8	合计	0.00	0.00	0.00	0.00	0.00	0.00

图 2-7　增值税及附加税费申报表附列资料(四)

步骤八：填写"增值税减免申报明细表"，如图 2-8 所示。

增值税减免税申报明细表

税款所属期：2024-10-01 至 2024-10-31

纳税人名称（公章）：北京吉彩印刷有限公司　　纳税人识别号：91350423683056473R

填表日期：2024-11-01　　金额单位：元（列至角分）

一、减税项目

减税性质代码及名称	栏次	期初余额 1	本期发生额 2	本期应抵减税额 3=1+2	本期实际抵减税额 4≤3	期末余额 5=3-4	操作
合计	1	0.00	980.00	980.00	980.00	0.00	--
0001129914|-购置增值税税控	2	0.00	980.00	980.00	980.00	0.00	增加 删除

二、免税项目

免税性质代码及名称	栏次	免征增值税项目销售额 1	免税销售额扣除项目本期实际扣除金额 2	扣除后免税销售额 3=1-2	免税销售额对应的进项税额 4	适用税率	免税额 5	操作
合计	1	0.00	0.00	0.00	0.00	--	0.00	操作
出口免税	2	0.00	--	0.00	0.00	--	0.00	
其中:跨境服务	3	0.00	--	0.00	0.00	--	0.00	
请选择	4	0.00	0.00	0.00	0.00		0.00	增加 删除

图 2-8　增值税减免税申报明细表

步骤九：填写"增值税及附加税费申报表（一般纳税人适用）"，如图 2-9 所示。

增值税及附加税费申报表（一般纳税人适用）

税款所属期：2024-10-01 至 2024-10-31

纳税人名称（公章）北京吉彩印刷有限公司　　　　纳税人识别号 91350423683056473R

填表日期 2024-11-01　　　　　　　　　　　　　　金额单位:元(列至角分)

根据国家税收法律法规及增值税相关规定制定本表。纳税人不论有无销售额，均应按税务机关核定的纳税期限填写本表，并向当地税务机关申报。

纳税人识别号	91350423883058473R			所属行业	印刷		
纳税人名称（公章）	北京吉彩印刷有限公司	法定代表人姓名	王音清	注册地址	北京市朝阳区丽水路345号	生产经营地址	北京市朝阳区丽水路345号
开户银行及账号	中国工商银行北京分行 1102234348090811214			登记注册类型	有限公司	电话号码	010-57870810

	项目	栏次	一般项目		即征即退项目	
			本月数	本年累计	本月数	本年累计
销售额	（一）按适用税率计税销售额	1	4 219 193.29	30 219 931.75	0.00	0.00
	其中:应税货物销售额	2	3 770 917.43	29 771 655.89	0.00	0.00
	应税劳务销售额	3	448 275.86	448 275.86	0.00	0.00
	纳税检查调整的销售额	4	0.00	0.00	0.00	0.00
	（二）按简易办法计税销售额	5	0.00	0.00	0.00	0.00
	其中:纳税检查调整的销售额	6	0.00	0.00	0.00	0.00
	（三）免、抵、退办法出口销售额	7	0.00	0.00	—	—
	（四）免税销售额	8	0.00	0.00	—	—
	其中:免税货物销售额	9	0.00	0.00	—	—
	免税劳务销售额	10	0.00	0.00	—	—
税款计算	销项税额	11	397 658.43	3 777 754.43	0.00	0.00
	进项税额	12	317 830.00	3 078 230.00	0.00	0.00
	上期留抵税额	13	0.00	0.00	0.00	—
	进项税额转出	14	741.00	2 741.00	0.00	0.00
	免、抵、退应退税额	15	0.00	0.00	—	—

	项目	栏次	一般项目		即征即退项目	
			本月数	本年累计	本月数	本年累计
税款计算	按适用税率计算的纳税检查应补缴税额	16	0.00	0.00	—	—
	应抵扣税额合计	17＝12＋13－14－15＋16	317 089.00	—	0.00	—
	实际抵扣税额	18（如17＜11，则为17，否则为11）	317 089.00	3 073 489.00	0.00	0.00
	应纳税额	19＝11－18	80 569.43	704 265.43	0.00	0.00
	期末留抵税额	20＝17－18	0.00	0.00	0.00	—
	简易计税办法计算的应纳税额	21	0.00	0.00	0.00	0.00
	按简易计税办法计算的纳税检查应补缴税额	22	0.00	0.00	—	—
	应纳税额减征额	23	980.00	980.00	0.00	0.00
	应纳税额合计	24＝19＋21－23	79 589.43	703 285.43	0.00	0.00
税款缴纳	期初未缴税额（多缴为负数）	25	68 398.60	72 340.00	0.00	0.00
	实收出口开具专用缴款书退税额	26	0.00	0.00	—	—
	本期已缴税额	27＝28＋29＋30＋31	68 398.60	696 036.00	0.00	0.00
	① 分次预缴税额	28	0.00	—	0.00	—
	② 出口开具专用缴款书预缴税额	29	0.00	—	—	—
	③ 本期缴纳上期应纳税额	30	68 398.60	696 036.00	0.00	0.00
	④ 本期缴纳欠缴税额	31	0.00	0.00	0.00	0.00
	期末未缴税额（多缴为负数）	32＝24＋25＋26－27	79 589.43	79 589.43	0.00	0.00
	其中:欠缴税额(≥0)	33＝25＋26－27	0.00	—	0.00	—
	本期应补(退)税额	34＝24－28－29	79 589.43	—	0.00	—

项目		栏次	一般项目		即征即退项目	
			本月数	本年累计	本月数	本年累计
税款缴纳	即征即退实际退税额	35	—	—	0.00	0.00
	期初未缴查补税额	36	0.00	0.00	—	—
	本期入库查补税额	37	0.00	0.00	—	—
	期末未缴查补税额	38＝16＋22＋36－37	0.00	0.00	—	—
附加税费	城市维护建设税本期应补(退)税额	39	5 571.26	49 229.98		
	教育费附加本期应补(退)费额	40	2 387.68	21 098.56		
	地方教育附加本期应补(退)费额	41	1 591.79	14 065.71		

是否代理申报	○是　⊙否	代理人名称		代理人地址	
代理人员身份证件类型				代理人员身份证件号码	
授权声明	如果你已委托代理人申报,请填写下列资料: 为代理一切税务事宜,现授权　　　　 (地址)　　　　为本纳税人的代理申报人,任何与本申报表有关的往来文件,都可寄予此人。 授权人签字:		申报人声明	本纳税申报表是根据国家税收法律法规及相关规定填报的,我确定它是真实的、可靠的、完整的。 声明人签字:	
主管税务机关:		接收人:		接收日期:	

图 2-9　增值税及附加税申报表(一般纳税人适用)

步骤十:填写"增值税及附加税费申报表附列资料(五)",如图 2-10 所示。根据题意,点击"暂存",保存数据。

步骤十一:返回增值税及附加税费申报表并保存,点击"申报",点击"确定",如图 2-11 所示。

步骤十二:点击"缴款",选择清缴的税款,缴款方式选择"三方协议缴款",点击"立即缴款"完成税款的清缴,如图 2-12、图 2-13、图 2-14 所示。

项目二 增值税的计算与智能申报

图 2-10 增值税及附加税费申报表附列资料(五)

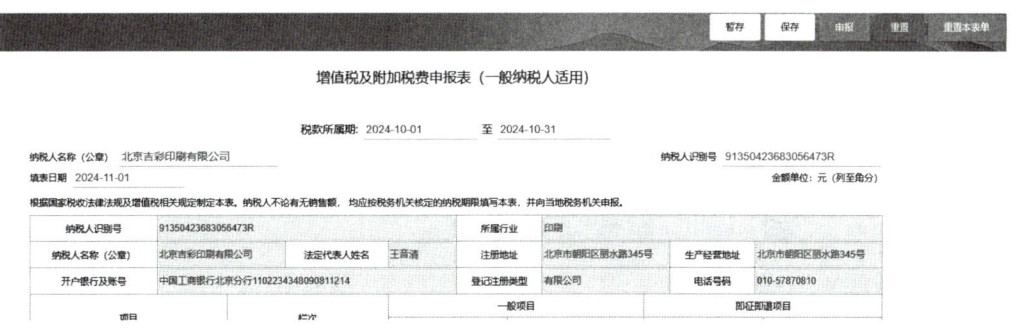

图 2-11 增值税及附加费申报表(一般纳税人适用)

申报成功

尊敬的北京吉彩印刷有限公司(91350423683056473R):
您的税款所属期为2024-10-01至2024-10-31的《增值税及附加税费申报表（一般纳税人适用）》
(应征凭证序号为:57283651595)已申报成功。税款金额：89140.16元，
请您尽快完成清缴税款，以免产生滞纳金

请及时缴纳税款，以免产生滞纳金！超过法律、行政法规规定或者税务机关依照法律、行政
法规的规定确定的缴纳期限缴款的，将从税款滞纳次日起按日加收滞纳税款万分之五的滞纳金

图 2-12 申报成功提示

图 2-13　选择扣款方式

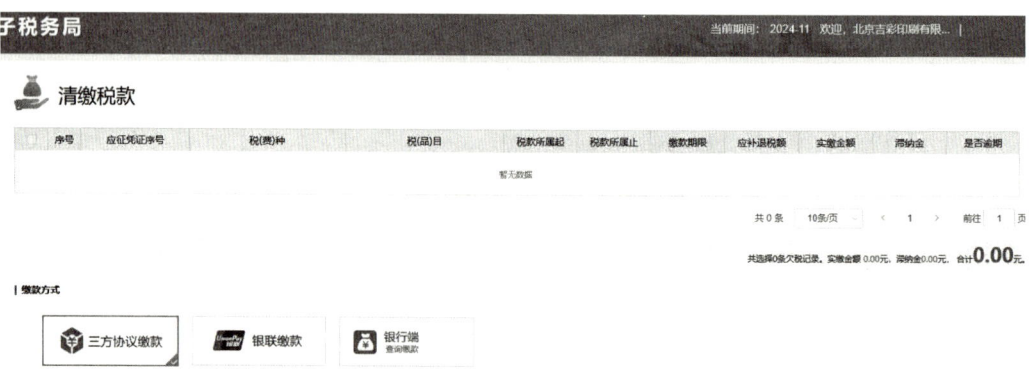

图 2-14　清缴税款

项目技能训练

一、单选题

1. 某童装生产企业年销售额60万元,会计核算制度健全,其计算应交增值税应采用( )。
   A. 13%税率　　　B. 9%税率　　　C. 4%征收率　　　D. 3%征收率

2. 我国现行增值税的类型属于( )。
   A. 生产型增值税　　　　　　　　B. 收入型增值税
   C. 消费型增值税　　　　　　　　D. 积累型增值税

3. 一般纳税人提供下列应税行为的,可以选择简易计税的是( )。
   A. 仓储服务业　　　　　　　　　B. 文化体育业
   C. 将自产货物用于对外投资　　　D. 交通运输业

4. 某人从事小商品批发,月应税销售额3 000元(当地规定起征点为2 000元),其应纳增值税计算公式为( )。
   A. 3 000×13%　　B. 3 000×6%　　C. 3 000×3%　　D. 1 000×4%

5. 某人从事食品批发,年应税销售额为200万元,按规定( )。
   A. 只能认定为一般纳税人
   B. 只能认定为小规模纳税人
   C. 可以选择成为一般纳税人或小规模纳税人
   D. 由税务局确定

6. 下列关于辅导期纳税人的管理规定中,不正确的是( )。
   A. 辅导期一般纳税人实行"先比对,后抵扣"
   B. 主管税务机关对辅导期纳税人实行限量限额发售增值税专用发票
   C. 辅导期纳税人一个月内多次领购专用发票的,应从当月第二次领购专用发票起,按照上一次已领购并开具的专用发票销售额的3%预缴增值税
   D. 新认定为一般纳税人的小型商贸批发企业实行纳税辅导期管理的期限不到6个月

7. 下列各项中,不属于视同销售行为的是( )。
   A. 将自产、委托加工货物用于集体福利或个人消费
   B. 将外购的货物用于集体福利或个人消费
   C. 将外购的货物作为投资
   D. 将自产、委托加工的货物作为投资

8. 下列说法中,不正确的是( )。
   A. 煤气管道运输属于交通运输业,应当缴纳增值税
   B. 会计师事务所、财务咨询公司均应当缴纳增值税
   C. 餐饮业属于现代服务业,应当缴纳增值税

D. 企业购买自用小汽车一律不允许抵扣增值税进项税额

9. 混合销售行为是指( )。

A. 一个企业既从事应税货物的销售又提供应税服务

B. 一个企业既提供应税服务又有销售货物的行为

C. 一项经营活动既涉及应税货物的销售又涉及应税服务

D. 一项经营活动既涉及增值税应税劳务又涉及应税服务

10. 下列关于混合销售行为中,正确的处理方法是( )。

A. 一切单位的混合销售行为均应缴纳增值税

B. 一切单位的混合销售行为均按13%税率缴纳增值税

C. 生产企业的混合销售行为应按生产销售行为适用税率缴纳增值税

D. 餐饮服务业的混合销售行为应按征收率简易计算缴纳增值税

11. 下列说法中,不正确的是( )。

A. 银行销售的金银,应当征收增值税

B. 典当业销售的死当物品,应当征收增值税

C. 货物期货应当征收增值税,并在期货的实物交割环节纳税

D. 提供技术咨询服务,应当缴纳营业税

12. 增值税纳税人的销售额中,不应包括的是( )。

A. 收取的手续费 B. 收取的包装物押金

C. 收取的运输装卸费 D. 收取的销项税额

13. 下列项目中包含的进项税额,不允许从销项税额中抵扣的是( )。

A. 购进职工福利用品 B. 购进生产所需的原材料

C. 办公用车加油 D. 购进不动产建设用材料

14. 下列行为中,无需确认销项税额的是( )。

A. 销售产品给一般纳税人 B. 销售产品给小规模纳税人

C. 自产的产品用于对外投资 D. 外购的原材料用于职工福利

15. 纳税人采用分期付款方式销售货物,其增值税的纳税义务发生时间为( )。

A. 收到第一笔货款的当天 B. 收到最后一笔货款的当天

C. 发出商品的当天 D. 合同约定的收款日期当天

16. 某商贸企业是辅导期一般纳税人,本月购入一批服装,取得增值税专用发票上注明的价款为1 000 000元,税款为130 000元,货物已验收入库。本月税务机关通知,上月增值税专用发票经交叉稽核比对无误税额30 000元。本月可抵扣的进项税额是( )元。

A. 30 000 B. 160 000 C. 130 000 D. 0

二、多选题

1. 增值税按对外购固定资产处理方式的不同可划分为( )。

A. 生产型增值税 B. 收入型增值税

C. 消费型增值税 D. 积累型增值税

2. 下列各项中,属于增值税免税项目的有(　　)。
A. 果农将自己生产的水果加工成罐头销售
B. 菜农将自己生产的蔬菜直接出售
C. 某外贸进出口公司从国外进口的供残疾人专用的物品
D. 由残疾人的组织直接进口供残疾人专用的物品

3. 下列各项中,属于混合销售的有(　　)。
A. 家政公司销售日用洗涤用品
B. 建筑公司提供建筑服务的同时销售建材
C. 地板销售商卖地板的同时提供有偿安装服务
D. 商场卖自行车的同时提供自行车出租业务

4. 下列各项中,允许抵扣增值税进项税额的有(　　)。
A. 外购维修用水泥用于维修厂房,取得增值税专用发票
B. 外购生产用原材料,取得增值税专用发票
C. 从农业生产者手中收购免税农产品
D. 用自产产品换取生产资料,双方互开增值税专用发票

5. 下列外购固定资产中,允许抵扣进项税额的有(　　)。
A. 外购两辆小汽车,取得增值税专用发票
B. 购买一栋房子用于生产厂房,取得增值税专用发票
C. 外购一条生产线,取得增值税专用发票
D. 外购一条生产线,取得增值税普通发票

6. 下列各项中,属于视同销售行为的有(　　)。
A. 将自产、委托加工货物用于集体福利
B. 将外购的货物用于集体福利或个人消费
C. 将外购的货物用于利润分配
D. 将自产、委托加工的货物用于利润分配

7. 我国的出口货物适用的增值税政策有(　　)。
A. 出口不免税也不退税　　　　B. 出口免税并退税
C. 出口免税不退税　　　　　　D. 出口环节征税

8. 关于增值税的纳税义务发生时间,下列说法正确的有(　　)。
A. 采取直接收款方式销售货物的,收到货款或取得索取货款的凭据,并将提货单交给买方的当天为纳税义务发生时间
B. 采取托收承付和委托银行收款方式销售货物的,纳税义务发生时间为发出货物并办妥托收手续的当天
C. 采取赊销和分期收款方式销售货物的,纳税义务发生时间为发出货物的当天
D. 纳税人提供建筑服务采用预收款方式的,纳税义务发生时间为收取预收款的当天

9. 关于增值税纳税地点,下列说法正确的有（　　）。
A. 固定业户应当向其机构所在地主管税务机关申报纳税
B. 固定业户到外县(市)销售货物的,应当向其机构所在地主管税务机关申请开具外出经营活动税收管理证明,向其机构所在地主管税务机关申报纳税务机关申请开具外出经营活动税
C. 纳税人转让不动产的,应当向不动产所在地申报纳税
D. 进口的货物,应当由进口人或其代理人向报关地海关申报缴纳增值税

10. 一般纳税人有下列情形者,不得领购使用专用发票（　　）。
A. 不能按税务机关要求准确核算增值税的进项税额、销项税额和应纳税额
B. 销售的货物全部属于免税货物
C. 违反规定使用增值税专用发票,经税务机关责令限期改正仍未改正的
D. 没有按期进行纳税申报的

三、判断题

1. 为了配合增值税专用发票的管理,按照生产规模大小和财务会计核算是否健全,增值税的纳税人可以划分为一般纳税人和小规模纳税人。对一般纳税人实行凭票扣税的计税方法(也称为抵扣制);对小规模纳税人实行按销售额和征收率简易计税和征收管理方法。（　　）

2. 从事货物生产或提供应税劳务的纳税人,以及从事货物生产或提供劳务为主,并兼营货物批发或零售的纳税人,年应税销售额在100万元(含)以下的,只能确认为小规模纳税人。（　　）

3. 销售额没达到标准的小规模纳税人,绝对不可以成为一般纳税人。（　　）

4. 如果一般纳税人的销售额达不到规定标准,可以申请转为小规模纳税人。（　　）

5. 新认定为一般纳税人的小型商贸批发企业通常要有一段时间的纳税辅导期管理。（　　）

6. 某一般纳税人购进某国有农场自产玉米,取得增值税普通发票注明价款65 830元,则不允许抵扣的进项税额。（　　）

7. 销售家具的厂商,在销售家具的同时送货上门,发生了增值税的混合销售行为。（　　）

8. 增值税纳税人发生了兼营行为,如果分别核算适用不同税率的应税行为的销售额,则分别计算应纳税额,否则从高计征。（　　）

9. 某商店为增值税小规模纳税人,2024年5月购进童装380套,六一儿童节之前以每套168元的含税价格全部销售出去,该商店当月销售这批童装应纳增值税税额为1 859.42元。（　　）

10. 自来水公司(一般纳税人)销售自产的自来水,可以选择按6%的征收率计算缴纳增值税。（　　）

11. 交通运输业纳入"营改增"范围后,适用13%的增值税税率。（　　）

12. 汽车租赁属于现代服务业,适用6%的增值税税率。（　　）

13. 汽车租赁企业符合一般纳税人条件的,可以选择按税率征税,也可以选择按3%的征收率简易征收增值税。（　　）

14. 小规模纳税人销售自己使用过的办公桌椅,适用3%的征收率减半征收。（　　）

15. 一般纳税人销售旧货,适用3%的征收率减半征收。（　　）

四、计算题

1. 某企业为增值税一般纳税人,2024年5月发生如下经济业务：

(1) 购进原材料一批,取得增值税专用发票注明价款900万元,适用13%税率,原材料已验收入库。

(2) 支付入库材料的运输费用2.5万元（不含税）,已取得运输部门开具的增值税专用发票。

(3) 销售产品,开具增值税专用发票注明价款1 000万元,适用13%税率。

(4) 以自产产品换取两辆小汽车自用,对外开具增值税专用发票注明价款30万元,适用13%税率;收到汽车生产企业开具增值税专用发票注明单价15万元,适用13%税率。该自产产品成本20万元,小汽车已作为固定资产入账。

(5) 购进商品一批,取得增值税专用发票注明价款10万元,适用13%税率。该批商品不含税市场价15万元。

(6) 前笔业务购进商品已经全部作为礼品送给客户。

要求：

(1) 根据上述资料计算该企业应纳增值税税额。

(2) 完成相应的账务处理。

2. 某公司承包了一项地板工程,工程总造价50 000元。其中,该公司提供的地板价值30 000元,施工费20 000元。工程完工后,该公司为顾客开具了普通发票,并通过转账方式收到了价格合计50 000元工程款。

要求：计算该公司应纳增值税税额。

3. 某计算机销售公司为增值税一般纳税人,以销售计算机为主,并为客户提供信息技术服务、维修维护服务等。本月该公司销售计算机取得收入600 000元,提供信息技术服务取得收入120 000元,为客户计算机修理取得收入55 000元,均开具增值税专用发票。以上收入均为不含税收入。

要求：

(1) 计算该公司当期应纳增值税税额。

(2) 如果该计算机公司未能将三项收入分别核算,应该如何处理？

4. 某商业企业为小规模纳税人,2024年11月共实现销售收入86 000元（含税）,对外提供修理劳务,取得收入14 000元。

要求：

(1) 计算该企业应纳增值税税额。

(2) 完成相应的账务处理。

5. 某生产企业为增值税一般纳税人,兼营出口和内销。2024年11月发生以下经济业务:购进原材料,取得增值税专用发票注明价款130万元;内销收入58万元,出口货物离岸价格182万元;支付内销货物销货运费,取得运输业增值税专用发票,注明运费1.8万元,适用9%税率。假设出口货物适用13%税率,出口退税率为9%。

要求:
(1) 计算当期不予抵扣或退税的税额。
(2) 计算当期应纳税额。
(3) 计算当期免抵退税额。
(4) 计算当期应退税额。
(5) 计算当期免抵税额。

五、项目实操演练

1. 某商贸公司2024年7月取得批发销售收入30万元,开具增值税专用发票,适用13%税率;取得零售收入8万元,开具增值税普通发票,适用13%税率;另取得0.6万元零售收入,消费者未索取发票。当月该公司购进商品,取得增值税专用发票,注明价款20万元,适用13%的税率;收购一批农产品,开具的收购凭证注明收购款7万元,支付采购运费价税合计0.34万元,取得运输公司开具的增值税专用发票。

上述符合规定的发票均认证相符,并且已经申报抵扣,该公司期初没有已经认证未抵扣的增值税专用发票。

要求:
(1) 分析该公司各项经济业务发生时应进行的账务处理。
(2) 计算该公司需要确认的销项税额,并逐笔分析经济业务。
(3) 计算该公司允许确认的进项税额,并逐笔分析经济业务。
(4) 计算该公司应纳增值税税额。
(5) 填写增值税纳税申报表主表及其各个附表。

2. D公司为小规模纳税人,2024年5月向甲公司销售商品,取得全部价款50 000元,通过税控系统开具增值税普通发票。另承担上述货物销售运费1 000元,取得运输部门开具的运费发票。

要求:
(1) 分析D公司各项经济业务发生时应进行的账务处理。
(2) 计算应纳增值税税额。
(3) 填写增值税纳税申报表主表、附表。

项目三　消费税的计算与智能申报

 学习目标

知识目标
1. 了解消费税和增值税的区别
2. 了解消费税的纳税环节
3. 熟悉消费税的基本法律知识
4. 熟悉消费税税率的表现形式，正确计算消费税
5. 掌握消费税的征收范围，根据业务资料填制消费税纳税申报表

能力目标
1. 能够正确计算出消费税应纳税额
2. 能够按规定申报、缴纳消费税

素养目标
1. 树立自觉纳税、做合格纳税人的观念
2. 养成自我学习的习惯

 项目引入

思维导图

北京欧蒂娜化妆品有限公司为增值税一般纳税人，主要生产和销售化妆品。2024年6月发生经济业务如下：

(1) 6月2日，收回委托北京蓝天实业有限公司(纳税人识别号：91110270590544459X)加工的500瓶(40毫升/瓶，合计20 000毫升)精华液。5月发出香水精等材料的账面成本为190 200元，收到增值税专用发票，注明加工费不含税金额160 000元。北京蓝天实业有限公司无同类产品价格。已知委托加工组成计税价格为412 000元，代收、代缴消费税61 800元。

(2) 6月5日，加工车间领用精华液375瓶(40毫升/瓶，合计领用15 000毫升)并投入生产。

(3) 6月8日，向天津百达商贸股份有限公司销售香水和面霜各200瓶，开具增值税专用发票，注明不含税金额合计312 200元。

(4) 6月12日,向北京京东世纪贸易有限公司销售香水和面霜各100瓶,开具增值税专用发票,注明不含税金额156 100元。

(5) 6月18日,向员工发放自产面霜60瓶。

(6) 6月30日,决定将商品眼霜500瓶,作为长期股权投资,投资给北京庄胜崇光百货商场,占其20%股权,该投资具有商业实质。

说明:

(1) 化妆品的消费税税率为15%,取得的扣税凭证符合抵扣规定。

(2) 精华液期初库存委托加工为0,代扣、代收税款凭证号码为009108,开具日期为2024年6月2日。商品价格表和销售汇总表如表3-1和表3-2所示。

表3-1 商品价格表　　　　　　　　　　　　　　金额单位:元

商品名称	单位	成本单价	最高售价(不含税)	平均价(不含税)
香水	30毫升/瓶	530	900	891
面霜	50毫升/瓶	400	680	670
眼霜	30毫升/瓶	318	550	530

表3-2 销售汇总表　　　　　　　　　　　　　　金额单位:元

日期	公司	商品名称	单位	数量	单价	金额	税额	价税合计	备注
6月8日	天津百达商贸股份有限公司	香水	瓶	200	891.00	178 200.00	23 166.00	201 366.00	
		面霜	瓶	200	670.00	134 000.00	17 420.00	151 420.00	
6月12日	北京京东世纪贸易有限公司	香水	瓶	100	891.00	89 100.00	11 583.00	100 683.00	
		面霜	瓶	100	670.00	67 000.00	8 710.00	75 710.00	
6月18日	员工福利	面霜	瓶	60	670.00	40 200.00	5 226.00	45 426.00	员工福利
6月30日	北京庄胜崇光百货商场	眼霜	瓶	500	530.00	265 000.00	34 450.00	299 450.00	投资

要求:

(1) 计算北京欧蒂娜化妆品有限公司6月应缴纳的消费税。

(2) 完成北京欧蒂娜化妆品有限公司6月消费税的智能申报及缴纳。

项目知识准备

消费税是以特定消费品为课税对象所征收的一种税,属于流转税。我国现行的消费税是1994年税制改革中新设置的一个税种。2008年11月5日,国务院第34次常务会议修订了《中华人民共和国消费税暂行条例》(以下简称《消费税暂行条例》),在对货物普遍征收增值税的基础上,选择少数消费品再征收一道消费税,目的是适当抑制某些特殊消费品的消费行为的消费需求,调节产品结构,正确引导消费方向,调节贫富差距,保证国家财政收入。具体税目并不是一成不变的,会随着经济的发展进行相应的调整。

任务一　认知消费税

一、消费税的纳税义务人

消费税的纳税义务人是指在中华人民共和国境内生产、委托加工和进口应税消费品的单位和个人,以及《消费税暂行条例》规定的消费品的其他单位和个人。

二、消费税的征收范围

凡是在我国境内生产、委托加工和进口规定的应税消费品,均属于消费税的征收范围。根据消费税的立法原则,在种类繁多的消费品中,列入消费税征收范围的消费品大体可归纳为4个类别,具体内容如表3-3所示。

表3-3　消费税的征收范围

类别	消费品
过度消费会对人身健康、社会秩序、生态环境、自然资源等方面造成一定危害的特殊消费品	烟、酒、鞭炮、焰火、电池、涂料、实木地板、木质一次性筷子等
非生活必需品、奢侈品	高档化妆品、贵重首饰、珠宝玉石、高尔夫球及球具、高档手表
高能耗及高档消费品	大排量摩托车、小汽车、游艇等
不可再生和替代的稀缺资源消费品	汽油、柴油等油品

(一) 消费税的特点

1. 征收项目具有选择性

我国目前征收的消费税实际上是对特定消费品或消费行为征收的税种。为适应我国目前的产业结构、消费水平和消费结构以及节能、环保等方面的要求,从2014年12月1日起,取消250毫升(不含)以下小排量摩托车、汽车轮胎、酒精等税目消费税。

2. 征收环节具有单一性

消费税是在生产进口、流通或消费的某一环节一次征收(卷烟、电子烟除外),而不是在消费品生产、流通或消费的每个环节多次征收,即一次课征制。

3. 征收方式具有多样性

为了适应不同消费品的应税情况,针对不同消费品采用不同的征收方式,我国消费税采用比例税率、定额税率和复合税率三种形式。

消费税税目、税率如表 3-4 所示。

表 3-4 消费税税目、税率表

税目	税率
一、烟 1. 卷烟 (1) 甲类卷烟[每标准条(200 支)调拨价≥70 元] (2) 乙类卷烟[每标准条(200 支)调拨价＜70 元] (3) 商业批发 2. 雪茄烟 3. 烟丝 4. 电子烟 (1) 生产(进口) (2) 商业批发	 56%加 0.003 元/支 36%加 0.003 元/支 11%加 0.005 元/支 36% 30% 36% 11%
二、酒 1. 白酒 2. 黄酒 3. 啤酒 (1) 甲类啤酒(每吨出厂价≥3 000 元) (2) 乙类啤酒(每吨出厂价＜3 000 元) 4. 其他酒	 20%加 0.5 元/500 克①(或者 500 毫升) 240 元/吨 250 元/吨 220 元/吨 10%
三、高档化妆品	15%
四、贵重首饰及珠宝玉石 1. 金银首饰、铂金首饰和钻石及钻石饰品(零售环节) 2. 其他贵重首饰和珠宝玉石	 5% 10%
五、鞭炮、焰火	15%
六、成品油 1. 汽油 2. 柴油 3. 航空煤油(暂缓征收) 4. 石脑油 5. 溶剂油 6. 润滑油 7. 燃料油	 1.52 元/升 1.20 元/升 1.20 元/升 1.52 元/升 1.52 元/升 1.52 元/升 1.20 元/升
七、摩托车 1. 气缸容量为 250 毫升的 2. 气缸容量在 250 毫升以上的	 3% 10%

---

① 500 克=1 斤。生活中常用斤作为酒的计量单位。

(续表)

税目	税率
八、小汽车 1. 乘用车 （1）气缸容量在 1.0 升（含 1.0 升）以下的 （2）气缸容量在 1.0 升以上至 1.5 升（含 1.5 升）的 （3）气缸容量在 1.5 升以上至 2.0 升（含 2.0 升）的 （4）气缸容量在 2.0 升以上至 2.5 升（含 2.5 升）的 （5）气缸容量在 2.5 升以上至 3.0 升（含 3.0 升）的 （6）气缸容量在 3.0 升以上至 4.0 升（含 4.0 升）的 （7）气缸容量在 4.0 升以上的 2. 中轻型商用客车（含驾驶员座在内的座位数≤23 座） 3. 超豪华小汽车（零售环节，加征）（价格在 130 万元及以上的）	 1% 3% 5% 9% 12% 25% 40% 5% 10%
九、高尔夫球及球具	10%
十、高档手表	20%
十一、游艇	10%
十二、木制一次性筷子	5%
十三、实木地板	5%
十四、电池	4%
十五、涂料 施工状态下挥发性有机物含量低于 420 克/升（含）的涂料	4% 免征

（1）游艇是指长度为 8~90 米（含 8 米、90 米），内置发动机，可以在水上移动，一般为私人或团体购置，主要用于水上运动和休闲娱乐等非牟利活动的各类机动艇。

（2）2022 年 10 月 25 日，财政部、海关总署、税务总局发布《关于对电子烟征收消费税的公告》，将电子烟纳入消费税征收范围，在烟税目下增设电子烟子目。电子烟是指用于产生气溶胶供人抽吸等的电子传输系统，包括烟弹、烟具以及烟弹与烟具组合销售的电子烟产品。烟弹是指含有雾化物的电子烟组件。烟具是指将雾化物雾化为可吸入气溶胶的电子装置。

（3）高档手表是指销售价格（不含增值税）每只在 10 000 元（含）以上的手表。

（二）消费税的减免税

纳税人出口消费税应税消费品，免征增值税，国务院另有规定的除外。

消费税的特殊规定如下：

（1）对成品油生产企业在生产成品油过程中，作为燃料、动力及原料消耗掉的自产成品油，免征消费税。

（2）对利用废弃的动物油和植物油为原料生产的纯生物柴油，免征消费税。

（3）石脑油生产企业自产石脑油、燃料油用于生产乙烯、芳烃类化工产品的，按实际耗用数量暂免征收消费税。

【知识拓展 3-1】关于对电子烟征收消费税的公告

（4）对用外购或委托加工收回的已税汽油生产的乙醇汽油，免征消费税。

（5）对无汞原电池、金属氢化物镍蓄电池（又称氢镍蓄电池或镍氢蓄电池）、锂原电池、锂离子蓄电池、太阳能电池、燃料电池和全钒液流电池，免征消费税。

 **素养小园地**

保护生态环境，建设美好中国

1994年，消费税法律制度在我国正式确立。作为一个独立的流转税种，消费税对一国的社会消费结构、经济模式等都产生着重要的影响。为了促进环境保护和资源节约，更好地引导有关产品的生产和消费，牢固树立"绿水青山就是金山银山"理念，全面落实科学发展观和构建节约型社会，我国于2006年对实木地板等产品征收消费税。生态文明建设关系百姓福祉，关乎民族未来。生态环境是人类生存最为基础的条件，是我国持续发展最为重要的基础。生态环境没有替代品，用之不绝，失之难存。人类发展活动必须尊重自然、保护自然，我们的先人们早就认识到了生态环境的重要性。"草木荣华滋硕之时则斧斤不入山林，不夭其生，不绝其长也""竭泽而渔，岂不获得？而明年无鱼；焚薮而田，岂不获得？而明年无兽"，这些质朴睿智的自然观，至今仍给人以深刻警示和启迪。人类在制定经济政策时往往会受到利益的指引，对利益最大化的追求往往会导致经济行为的不理智。过度掠夺自然资源就是其中的典型代表。对于生态文明建设而言，国家通过对破坏环境和生态的行为收税，增加其环境成本，引导消费者的生态消费行为，进而激励生产者进行产业升级和环保技术创新，使环境价值得以实现。让我们坚持和贯彻新发展理念，正确处理经济发展同生态环境保护的关系，坚定不移走生产发展、生活富裕、生态良好的文明发展道路，推进美丽中国建设，努力走向社会主义生态文明新时代，实现"两个一百年"奋斗目标、实现中华民族伟大复兴的中国梦。

任务二　消费税的计算

一、消费税的计算方法

按照消费税法律制度的基本规定，消费税应纳税额的计算分为从价定率、从量定额和复合计税三种方法。

（一）从价定率计算方法

在从价定率计算方法下，应纳税额的计算取决于应纳消费税的销售额和适用税率两

个因素,其基本计算公式为:

$$应纳税额 = 应税消费品的销售额 \times 比例税率$$

1. 销售额

销售额为纳税人销售应税消费品向购买方收取的全部价款和价外费用,不包括应向购货方收取的增值税税款。如果销售额中包含增值税税款,在计算消费税时,应当换算为不含增值税税款的销售额。其换算公式为:

$$应税消费品的销售额 = 含增值税的销售额 \div (1 + 增值税税率或征收率)$$

2. 包装物销售计税

应税消费品在销售时连同包装物销售的,无论包装物是否单独计价或在会计上如何核算,均应并入应税消费品的销售额中一起征收消费税。

3. 包装物收取押金计税

包装物收取押金计税,如表3-5所示。

表3-5 包装物收取押金计税

包装物押金种类		收取押金	逾期或超过1年未退还
非酒类的应税消费品		不缴纳增值税,不缴纳消费税	缴纳增值税和消费税
酒类	黄酒、啤酒	不缴纳增值税,不缴纳消费税	缴纳增值税,不缴纳消费税（从量征收消费税）
	其他酒类	缴纳增值税和消费税	不再缴纳增值税和消费税

[**工作实例3-1**] 某化妆品有限公司为增值税一般纳税人,10月1日向某大型商场销售化妆品一批,开具增值税专用发票,取得不含税销售额50万元,增值税税额6.5万元;10月10日向某单位销售化妆品一批,开具增值税普通发票,取得含税销售额4.52万元。

[**工作要求**] 计算该公司10月应缴纳的消费税税额（化妆品适用消费税税率为30%）。

[**工作实施**] 化妆品销售额 = 50 + 4.52 ÷ (1 + 13%) = 54(万元)

应缴纳的消费税税额 = 54 × 30% = 16.20(万元)

纳税人兼营不同税率的应税消费品,应当分别核算不同税率应税消费品的销售额、销售数量。未分别核算销售额、销售数量,或者将不同税率的应税消费品组成成套消费品销售的,从高适用税率。

(二) 从量定额计算方法

在从量定额计算方法下,应纳税额的计算取决于消费品的应税数量和单位税额两个因素。其基本计算公式为:

$$应纳税额 = 应税消费品的销售数量 \times 定额税率$$

销售数量是指纳税人生产、加工和进口应税消费品的数量。具体规定为：

(1) 销售应税消费品的,为应税消费品的销售数量。

(2) 自用应税消费品的,为应税消费品的移送使用数量。

(3) 委托加工应税消费品的,为纳税人收回的应税消费品的数量。

(4) 进口的应税消费品,为海关核定的应税消费品进口数量。

《消费税暂行条例》规定,黄酒、啤酒以吨为计税单位;汽油、柴油以升为计税单位。但是,考虑到在实际销售过程中,一些纳税人会把吨和升这两个计量单位混用,为了规范不同产品的计量单位,计量单位换算标准为：

黄酒 1 吨＝962 升　　啤酒 1 吨＝988 升　　汽油 1 吨＝1 388 升

柴油 1 吨＝1 176 升　　航空煤油 1 吨＝1 246 升

石脑油 1 吨＝1 385 升　　溶剂油 1 吨＝1 282 升

润滑油 1 吨＝1 126 升　　燃料油 1 吨＝1 015 升

[工作实例3-2] 某啤酒厂为增值税一般纳税人,本月对外销售 480 吨啤酒,每吨不含税出厂价为 3 000 元。则该啤酒厂应税啤酒的数量为 480 吨,适用的单位税额为 250 元/吨。

[工作要求] 计算该啤酒厂应纳消费税税额。

[工作实施] 应纳消费税税额＝480×250＝120 000(元)

(三) 复合计税计算方法

复合计税计算方法是指从价定率和从量定额混合计算方法。现行消费税的征税范围中,只有卷烟和白酒采用混合计算方法。其基本计算公式为：

$$应纳税额 = 应税销售数量 \times 定额税率 + 应税销售金额 \times 比例税率$$

[工作实例3-3] 某酒厂本月销售 900 箱白酒,每箱 10 千克,每箱不含税的出厂价为 500 元。

[工作要求] 计算该酒厂本月应缴纳的消费税。

[工作实施] 粮食白酒采取复合计税的办法计算征收消费税。

该酒厂本月应税白酒数量为 900×10×2＝18 000(斤),单位税额 0.5 元。

从价定率征收的销售额为 900×500＝450 000(元),比例税率为 20%。

该酒厂应纳消费税税额＝18 000×0.5＋450 000×20%＝99 000(元)

(四) 外购应税消费品已纳税款的扣除

由于某些应税消费品是用外购已缴纳消费税的应税消费品连续生产出来的,在对这些连续生产出来的应税消费品计算征税时,税法规定应按领用数量计算准予扣除外购的应税消费品已纳的消费税税额。扣除范围包括：

(1) 以外购已税烟丝为原料生产的卷烟。

(2) 以外购已税珠宝玉石为原料生产的贵重首饰及珠宝玉石。

(3) 以外购已税鞭炮、焰火为原料生产的鞭炮、焰火。

(4) 以外购已税杆头、杆身和握把为原料生产的高尔夫球杆。

(5) 以外购已税木制一次性筷子为原料生产的木制一次性筷子。

(6) 以外购已税实木地板为原料生产的实木地板。

(7) 以外购汽油、柴油用于连续生产甲醇汽油、生物柴油。

(8) 以外购已税润滑油为原料生产的润滑油。

(9) 以外购已税摩托车连续生产摩托车（如用外购两轮摩托车改装三轮摩托车）。

(10) 以外购已税石脑油、燃料油为原料生产的应税消费品。

上述当期准予扣除外购应税消费品已纳消费税税款的计算公式为：

$$当期准予扣除的外购应税消费品已纳税款 = 当期准予扣除的外购应税消费品买价或数量 \times 外购应税消费品适用税率或税额$$

$$当期准予扣除的外购应税消费品买价 = 期初库存的外购应税消费品的买价 + 当期购进的应税消费品的买价 - 期末库存的外购应税消费品的买价$$

需要说明的是，纳税人用外购的已税珠宝玉石生产的在零售环节征收消费税的金银首饰，在计税时一律不得扣除外购珠宝玉石的已纳税款。

对自己不生产应税消费品，购进后再销售应税消费品的工业企业，其销售的化妆品、护肤护发品、鞭炮、焰火和珠宝玉石，凡不能构成最终消费品直接进入消费品市场，而需要进一步生产加工的，应当征收消费税，同时允许扣除上述外购应税消费品的已纳税款。

外购应税消费品已纳税额的扣除，仅限于同一税目之间，不允许跨税目扣除，而且允许扣除的范围不包括酒类产品、小汽车、高档手表和游艇；外购烟丝加工卷烟可以扣除已纳税款，外购烟丝加工雪茄烟不可以扣除。

[工作实例3-4] 某卷烟厂为增值税一般纳税人，5月外购一批烟丝，取得增值税专用发票，注明不含增值税价款为680 000元，期初库存的外购烟丝买价为150 000元，期末库存的外购烟丝买价为280 000元。已知烟丝的消费税税率为30%。

[工作要求] 计算该卷烟厂本月应纳消费税中可扣除的已纳消费税税额。

[工作实施] 当期准予扣除的外购烟丝的买价 = 680 000 + 150 000 - 280 000
= 550 000（元）

当期准予扣除的外购烟丝已纳消费税税额 = 550 000 × 30% = 165 000（元）

二、消费税的征税环节

我国消费税实行单一环节纳税，即在某个环节一次性征收后其他环节就不再征收了。现行政策规定，消费税的纳税环节有生产销售（包括视同销售）、委托加工、进口报关和零售环节（仅限于金银钻、铂金首饰），部分应税消费品（卷烟、电子烟、豪华小汽车）选择在批发环节或零售环节加征一道消费税，详见表3-6。

表 3-6 消费税征税环节

经营范围	应税消费品	纳税环节	单一环节征税/多环节征税
生产应税消费品（包括视同销售）	除金银首饰、铂金首饰、钻石及钻石饰品以外的其他应税消费品	于生产环节纳税；自产自用的应税消费品于移送使用环节纳税	单一环节纳税
委托加工应税消费品		于委托方提货时由委托方代收代缴消费税	单一环节纳税
进口应税消费品		于报关进口环节由海关征收消费税	单一环节纳税
零售应税消费品	金银首饰、铂金首饰、钻石级钻石饰品	于零售环节纳税	单一环节纳税
	超豪华小汽车		多环节纳税
批发应税消费品	卷烟、电子烟	于批发销售环节纳税	多环节纳税

三、特殊情况应纳消费税的计算

（一）自产自用应税消费品应纳税额的计算

纳税人将自产自用的应税消费品用于连续生产应税消费品的，不纳税；用于其他方面（包括生产非应税消费品、在建工程、管理部门、非生产机构、提供劳务、馈赠、赞助、集资、广告、样品、职工福利、奖励等方面）的，于移送时纳税。

纳税人自产自用的应税消费品，按照纳税人生产的同类消费品的销售价格计算纳税；没有同类消费品销售价格的，按照组成计税价格计算纳税。

实行从价定率办法计算纳税的组成计税价格的计算公式为：

$$组成计税价格 =（成本＋利润）÷（1－比例税率）$$

实行复合计税办法计算纳税的组成计税价格的计算公式为：

$$组成计税价格 =（成本＋利润＋自产自用数量×定额税率）÷（1－比例税率）$$

1993 年 12 月 28 日，国家税务总局颁发了《消费税若干具体问题的规定》，确定应税消费品全国平均成本利润率，详见表 3-7。

表 3-7 应税消费品全国平均成本利润率

应税消费品	平均成本利润率	应税消费品	平均成本利润率
甲类卷烟	10%	贵重首饰及珠宝玉石	6%
乙类卷烟	5%	摩托车	6%
雪茄烟	5%	乘用车	8%

(续表)

应税消费品	平均成本利润率	应税消费品	平均成本利润率
烟丝	5%	中轻型商用客车	5%
电子烟	10%	高尔夫球及球具	10%
粮食白酒	10%	高档手表	20%
薯类白酒	5%	游艇	10%
其他酒	5%	木制一次性筷子	5%
化妆品、护肤品	5%	实木地板	5%
鞭炮、焰火	5%		

[**工作实例3-5**] 贵阳某生活化妆品有限公司本月销售自产化妆品50 000元(不含增值税);用于连续生产化妆品的自产化妆品100 000元(不含增值税);另有成本为6 000元的自产化妆品用于职工福利。

[**工作要求**] 计算该公司应缴纳消费税税额。

[**工作实施**] 用于连续生产化妆品的自产化妆品不纳税。

应纳税销售额 = 50 000 + (6 000 + 6 000 × 5%) ÷ (1 − 30%)
　　　　　　= 50 000 + 9 000 = 59 000(元)

应纳税额 = 59 000 × 30% = 17 700(元)

(二) 委托加工应税消费品应纳税额的计算

委托加工是指由委托方提供原料和主要材料,受托方只收取加工费和代垫部分辅助材料加工的生产方式。

委托加工的应税消费品直接出售的,不再缴纳消费税。

委托个人加工的应税消费品,由委托方收回后缴纳消费税。

委托加工的应税消费品,按照受托方的同类消费品的销售价格计算纳税;没有同类消费品销售价格的,按照组成计税价格计算纳税。

实行从价定率办法计算纳税的组成计税价格的,其计算公式为:

组成计税价格 = (材料成本 + 加工费) ÷ (1 − 比例税率)

实行复合计税办法计算纳税的组成计税价格的,其计算公式为:

组成计税价格 = (材料成本 + 加工费 + 委托加工数量 × 定额税率) ÷ (1 − 比例税率)

委托加工的应税消费品,应当由受托方在交货时代收、代缴消费税;委托方收回后直接销售的,不再征收消费税;委托方收回货物后用于连续生产应税消费品的,其已纳税额准予按照规定从连续生产的应税消费品应纳消费税税额中抵扣。按照国家税务总局的规定,下列连续生产的应税消费品准予从应纳消费税税额中按当期生产领用数量计算扣除

【知识拓展3-2】视同销售行为的组成计税价格

委托加工收回的应税消费品的已纳消费税税款。

(1) 以委托加工收回的已税烟丝为原料生产的卷烟。

(2) 以委托加工收回的已税珠宝玉石为原料生产的贵重首饰及珠宝玉石。

(3) 以委托加工收回的已税鞭炮、焰火为原料生产的鞭炮、焰火。

(4) 以委托加工收回的已税杆头、杆身和握把为原料生产的高尔夫球杆。

(5) 以委托加工收回的已税木制一次性筷子为原料生产的木制一次性筷子。

(6) 以委托加工收回的已税实木地板为原料生产的实木地板。

(7) 以委托加工收回的已税汽油、柴油用于连续生产甲醇汽油、生物柴油。

(8) 以委托加工收回的已税润滑油为原料生产的润滑油。

(9) 以委托加工收回的已税摩托车连续生产摩托车。

(10) 以委托加工收回的已税石脑油、燃料油为原料生产的应税消费品。

上述准予扣除委托加工收回的应税消费品已纳消费税税额的计算公式为:

$$当期准予扣除的委托加工扣除的委托加工应税消费品已纳税额 = 期初库存的委托加工应税消费品已纳税额 + 当期收回的委托加工应税消费品已纳税额 - 期末库存的委托加工应税消费品已纳税额$$

[工作实例3-6] 贵阳某生活化妆品有限公司9月委托甲厂加工化妆品A,收回时被代扣消费税400元;委托乙厂加工化妆品B,收回时被代扣消费税500元。该公司将两者继续加工化妆品C出售,当月实现销售额50 000元。已知该公司期初库存的委托加工已税消费品已纳税额270元,期末库存的委托加工应税消费品已纳税额340元。

[工作要求] 计算该公司9月应纳消费税税额。

[工作实施]

9月准予扣除的委托加工应税消费品已纳税款=270+400+500-340=830(元)

9月应纳消费税税额=50 000×30%-830=14 170(元)

(三) 进口应税消费品应纳税额的计算

进口的应税消费品,于报关进口时缴纳消费税,其消费税由海关代征,由进口人或其代理进口人向报关地海关申报纳税。

纳税人进口应税消费品,按照组成计税价格和规定的税率计算应纳税额,其计算公式如下。

(1) 实行从价定率办法的应税消费品的应纳税额的计算公式为:

$$应纳税额 = 组成计税价格 \times 消费税税率$$
$$组成计税价格 = (关税完税价格 + 关税) \div (1 - 消费税税率)$$

(2) 实行从量定额办法的应税消费品的应纳税额的计算公式为:

$$应纳税额 = 应税消费品数量 \times 消费税单位税额$$

(3) 实行从价定率和从量定额混合征收办法的应税消费品的应纳税额的计算公式为:

应纳税额＝组成计税价格×消费税税率＋应税消费品数量×消费税单位税额

组成计税价格＝关税完税价格＋关税＋进口数量×消费税定额税率÷(1－消费税比例税率)

[**工作实例3-7**] 贵阳某化妆品有限公司进口成套化妆品(包含高档化妆品和护肤品)一批,到岸价折合人民币400 000元,关税税率为40%,消费税税率为15%。

[**工作要求**] 计算该公司应纳税额。

[**工作实施**] 应纳关税税额＝400 000×40%＝160 000(元)

消费税组成计税价格＝(400 000＋160 000)÷(1－15%)＝658 823.53(元)

应纳消费税税额＝658 823.53×15%＝98 823.53(元)

增值税组成计税价格＝400 000＋160 000＋98 823.53＝658 823.53(元)

应纳增值税税额＝658 823.53×13%＝85 647.06(元)

任务三　消费税的征收管理与智能申报

一、纳税义务发生时间和地点

(一) 纳税义务发生时间

纳税义务发生时间由结算方式或应税消费品的应税行为确定,具体如表3-8所示。

表3-8　消费税纳税义务发生时间

应税行为		纳税义务发生时间
销售应税消费品	采取赊销和分期收款结算方式的	书面合同约定的收款日期的当天;书面合同没有约定收款日期或者无书面合同的,为发出应税消费品的当天
	采取预收货款结算方式的	发出应税消费品的当天
	采取托收承付和委托银行收款方式的	发出应税消费品并办妥托收手续的当天
	采取其他结算方式的	收讫销售款或者取得销售款凭据的当天
自产自用应税消费品		移送使用的当天
委托加工应税消费品		纳税人提货的当天
进口应税消费品		报关进口的当天

(二) 纳税地点

(1) 纳税人销售的应税消费品,以及自产自用的应税消费品,除国家另有规定外,应当向纳税人核算地主管税务机关申报纳税。

（2）委托加工的应税消费品，除受托方为个人外，由受托方向所在地主管税务机关代收、代缴消费税税额。委托个人加工的应税消费品，由委托方向其机构所在地或者居住地主管税务机关申报纳税。

（3）进口的应税消费品，由进口人或者其代理人向报关地海关申报纳税。

（4）纳税人到外县（市）销售或者委托外县（市）代销自产应税消费品的，于应税消费品销售后，向机构所在地或者居住地主管税务机关申报纳税。

（5）纳税人的总机构与分支机构不在同一县（市）的，应当分别向各自机构所在地的主管税务机关申报纳税；经财政部、国家税务总局或者其授权的财政、税务机关批准的，可以由总机构汇总向总机构所在地的主管税务机关申报纳税。

二、纳税申报

消费税的纳税申报表包括烟类应税消费品消费税纳税申报表、酒类消费税纳税申报表、成品油消费税纳税申报表、小汽车消费税纳税申报表和其他应税消费品消费税纳税申报表五种，企业需要选择相应的申报表填写、申报。

（一）纳税人需要报送资料

根据纳税人应税项目的不同，消费税纳税人申报缴纳消费税时，需要分别报送下列资料：

（1）成品油消费税纳税申报表及其附表。

（2）烟类消费税纳税申报表及其附表、卷烟消费税纳税申报表（批发）。

（3）酒类消费税纳税申报表及其附表。

（4）小汽车消费税纳税申报表及其附表。

（5）其他应税消费品消费税纳税申报表及其附表。

（6）除消费税纳税申报表及其附表外，纳税人还应当提供以下资料：①外购应税消费品连续生产应税消费品的，提供外购应税消费品增值税专用发票（抵扣联）原件和复印件。如果外购应税消费品的增值税专用发票属于汇总填开的，除提供增值税专用发票（抵扣联）原件和复印件外，还应提供随同增值税专用发票取得的由销售方开具并加盖发票专用章的销货清单原件和复印件；②提供代税凭证原件和复印件；③进口应税商品连续生产应税消费品提供海关进口消费税专用缴款书原件和复印件；④以进口葡萄酒为原料连续生产葡萄酒的纳税人，提供海关进口消费税专用缴款书复印件；⑤销售给乙烯、芳类产品生产企业作为生产乙烯、芳烃类产品原料，享受免征石脑油消费税的，提供石脑油使用管理证明单（免税联）；⑥从事烟类应税消费品生产的，提供各牌号规格卷烟消费税计税价格；⑦已核定白酒消费税最低计税价格的，提供已核定最低计税价格白酒清单。

(二) 消费税纳税申报

本书以卷烟厂为例介绍烟类应税消费品消费税纳税申报表的结构及其填写方法。其他类型的消费税纳税申报表可参照此表填报。烟类应税消费品消费税纳税申报表如表 3-9 和表 3-10 所示。

[**工作实例 3-8**] 贵州天星卷烟厂为增值税一般纳税人，纳税人识别号为 52015098732526180M，2024 年 9 月发生如下经济业务：

(1) 9 月 1 日，结存外购烟丝 30 万元，9 月 30 日结存外购烟丝 10 万元。

(2) 9 月 3 日，购进已税烟丝售价 20 万元，取得增值税专用发票，烟丝已于当日验收入库。

(3) 9 月 6 日，发往 B 厂烟叶 15 万元委托加工烟丝，支付加工费价税合计 6 万元，B 厂没有同类产品市场售价。

(4) 9 月 20 日，委托 B 厂加工烟丝收回，款项已结算完毕，B 厂开具增值税专用发票。收回烟丝中一半直接出售，取得含税收入 20 万元，生产卷烟领用另一半。

(5) 9 月 27 日，销售自产卷烟 60 箱（每标准箱 50 000 支），共取得收入 120 万元；成本价销售外购烟丝取得收入 10 万元，开具增值税专用发票。

(6) 9 月 28 日，没收销售卷烟逾期未收回的包装物押金 2.26 万元。

[**工作要求**]

(1) 计算该卷烟厂应缴纳的消费税。

(2) 填写消费税纳税申报表主表及其附表。

[**工作实施**]

(1) 计算应缴纳的消费税：

其一，9 月 6 日，收回委托加工烟丝，需由受托方代收、代缴消费税。

消费税税额 = (150 000 + 60 000) ÷ (1 − 30%) × 30% = 90 000(元)

其中，一半烟丝用于连续生产应税消费品，这一半烟丝已交消费税准予扣除。

准予扣除金额 = 90 000 × 50% = 45 000(元)

其二，9 月 27 日，自产卷烟每箱售价 20 000 元，适用 56% 比例税率以及 150 元/箱的定额税率。

销售自产卷烟应缴纳的消费税 = 1 200 000 × 56% + 150 × 60 = 681 000(元)

其三，9 月 28 日，没收销售卷烟逾期未收回包装物押金，需要按卷烟的适用税率计算消费税。

没收包装物押金应缴纳的消费税 = 22 600 ÷ (1 + 13%) × 56% = 11 200(元)

综合以上业务，外购烟丝允许扣除消费税为：

外购烟丝允许扣除消费税 = (300 000 + 200 000 − 200 000 − 100 000) × 30%
= 60 000(元)

委托加工烟丝代收、代缴消费税 90 000 元，其中允许扣除 45 000 元。

该卷烟厂本期应缴纳的消费税税额 = 681 000 + 11 200 − 45 000 − 60 000 = 587 200(元)

（2）根据计算结果填写烟类应税消费品消费税纳税申报表，如表3-9至表3-11所示。

表 3-9　烟类应税消费品消费税纳税申报表

税款所属期：2024年9月1日至2024年9月30日

纳税人名称（公章）：　　　　　　　纳税人识别号：

填表日期：　年　月　日　　数量单位：卷烟（万支）、雪茄烟（支）、烟丝（千克）；　金额单位：元（列至角分）

项目	适用税率		销售数量	销售额	应纳税额
	定额税率	比例税率			
卷烟	30元/万支	56%	300	1 220 000	692 200
卷烟	30元/万支	36%			
雪茄烟	—	36%			
烟丝	—	30%			
合计	—	—	—	—	692 200

本期准予扣除税额：105 000	声明 此纳税申报表是根据国家税收法律的规定填报的，我确定它是真实的、可靠的、完整的。 经办人（签章）： 财务负责人（签章）： 联系电话：
本期减（免）税额：	
期初未缴税额：	
本期缴纳前期应纳税额：	（如果你已委托代理人申报，请填写） 授权声明 　　为代理一切税务事宜，现授权____ _____（地址）为本纳税人的代理申报人，任何与本申报表有关的往来文件，都可寄予此人。 授权人签章：
本期预缴税额：	
本期应补（退）税额：587 200	
期末未缴税额：587 200	

以下由税务机关填写

受理人（签章）：　　　　受理日期：　年　月　日　　受理税务机关（章）：

表 3-10　本期准予扣除税额计算表

税款所属期：2024年9月1日至2024年9月30日

纳税人名称（公章）：　　　　　　　纳税人识别号：

填表日期：2024年10月10日　　　　　　　　　　　　　　金额单位：元（列至角分）

一、当期准予扣除的委托加工烟丝已纳税款计算	
1. 期初库存委托加工烟丝已纳税款：	
2. 当期收回委托加工烟丝已纳税款：	45 000

(续表)

3. 期末库存委托加工烟丝已纳税款：	
4. 当期准予扣除的委托加工烟丝已纳税款：	45 000
二、当期准予扣除的外购烟丝已纳税款计算	
1. 期初库存外购烟丝买价：	300 000
2. 当期购进烟丝买价：	200 000
3. 期末库存外购烟丝买价：	100 000
4. 当期准予扣除的外购烟丝已纳税款：	60 000
三、本期准予扣除税款合计：	105 000

表 3-11 本期代收代缴税额计算表

税款所属期：2024 年 9 月 1 日至 2024 年 9 月 30 日

纳税人名称（公章）：　　　　纳税人识别号：□□□□□□□□□□

填表日期：2024 年 10 月 10 日　　　　　　　　　　金额单位：元（列至角分）

项目	应税消费品名称	卷烟	雪茄烟	烟丝	合计
适用税率	定额税率	30元/万支	30元/万支	—	—
	比例税率	56%	36%	36%	30%
受托加工数量					—
同类产品销售价格					—
材料成本				150 000	
加工费				60 000	
组成计税价格				300 000	—
本期代收代缴税款				90 000	90 000

（三）消费税智能申报

本书以化妆品有限公司为例介绍高档化妆品类应税消费品消费税的智能申报步骤。其他类型的消费税智能申报可参照此步骤填报。

三、消费税的纳税期限

消费税的纳税期限分别为 1 日、3 日、5 日、10 日、15 日、1 个月或者 1 个季度。纳税人的具体纳税期限，由主管税务机关根据纳税人应纳税额的大小分别核定；不能按照固定期限纳税的，可以按次纳税。

纳税人以1个月或者1个季度为一个纳税期的,自期满之日起15日内申报纳税;以1日、3日、5日、10日或者15日为一个纳税期的,自期满之日起5日内预缴税款,于次月1日起15日内申报纳税并结清上月应纳税额。

纳税人进口应税消费品,应当自海关填发海关进口消费税专用缴款书之日起15日内缴纳税款。

如果纳税人不能按照规定的纳税期限依法纳税,将按《中华人民共和国税收征收管理法》的有关规定处理。

 项目引入解析及实操

1. 计算应纳消费税

计算北京欧蒂娜化妆品有限公司6月应缴纳的消费税,如表3-12所示。

表3-12 应纳消费税计算表 金额单位:元(列至角分)

项目	适用税率		销售数量(瓶)	销售额/组成计税价格	应交税额
	定额税率	比例税率			
香水		15%	300	267 300.00	40 095.00
面霜		15%	360	241 200.00	36 180.00
眼霜		15%	500	275 000.00	41 250.00
—					
合计	—	—	—	783 500.00	117 525.00
本月被代收代缴消费税	46 350.00				
本期准予减免税额					
本月应纳消费税额	71 175.00				

该公司用于员工福利和投资的应税消费品都是视同销售行为,都需要缴纳消费税。根据销售汇总表统计出香水、面霜、眼霜的销售数量分别为300瓶、360瓶与500瓶;销售数量乘以产品平均价格可以计算出销售额,销售额乘以比例税率可以计算出应交税额。

委托方收回货物后用于连续生产应税消费品的,其已纳税额准予按照规定从连续生产的应税消费品应纳消费税税额中抵扣。项目引入中,收回500瓶精华液,只有375瓶用于继续生产,因此本期可扣除375瓶精华液的已交增值税。

本月可抵扣的代收、代缴消费税 = 61 800 × 375 ÷ 500 = 46 350(元)

2. 智能申报实操步骤

步骤一:进入国家税务总局电子税务局平台,点击"我要办税"—"税费申报及缴纳",如图3-1所示。

图 3-1 进入办税系统

步骤二：勾选"已阅，不再提醒"，点击"确定"，进入填写申报表界面，如图 3-2 所示。

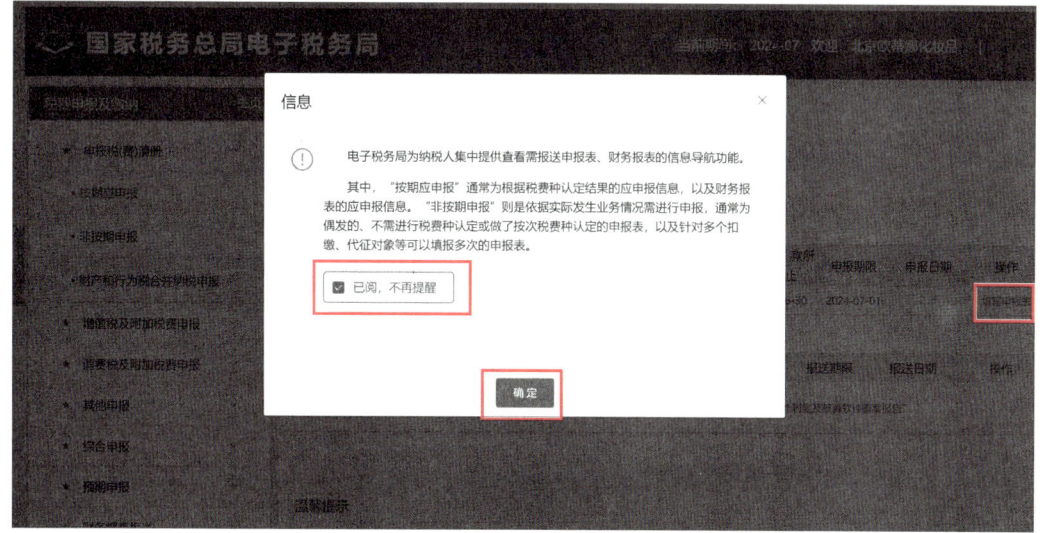

图 3-2 进入填写申报表界面

步骤三：点击右侧"消费税及附加税费申报表"，选择应税消费品名称"高档化妆品"，如图 3-3 所示。

步骤四：根据计算结果填写消费税及附加税费申报表第 3 栏、第 4 栏、第 5 栏、第 9 栏、第 11 栏；点击"暂存"，如图 3-4 所示。

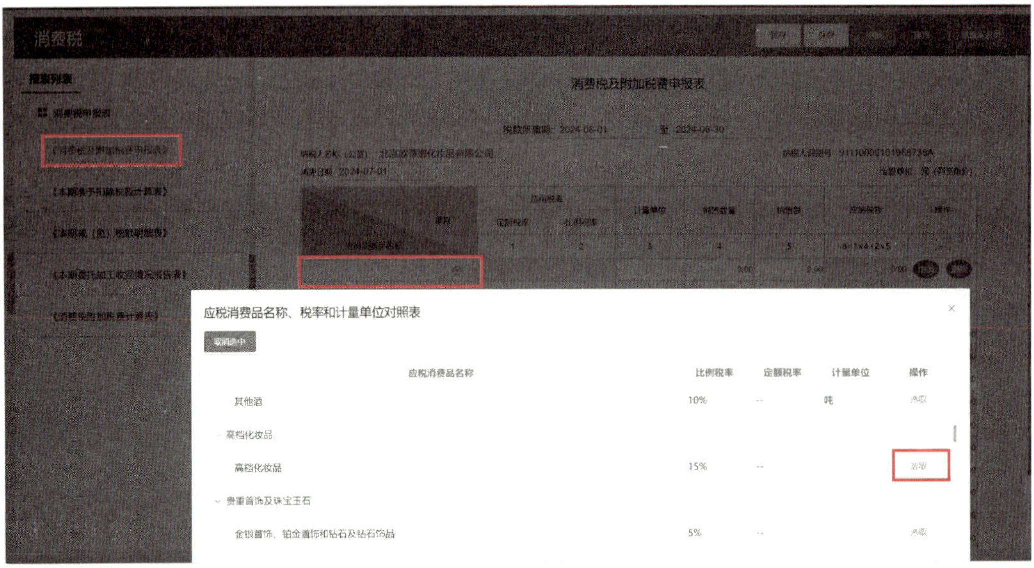

图 3-3 进入消费税及附加税费申报表

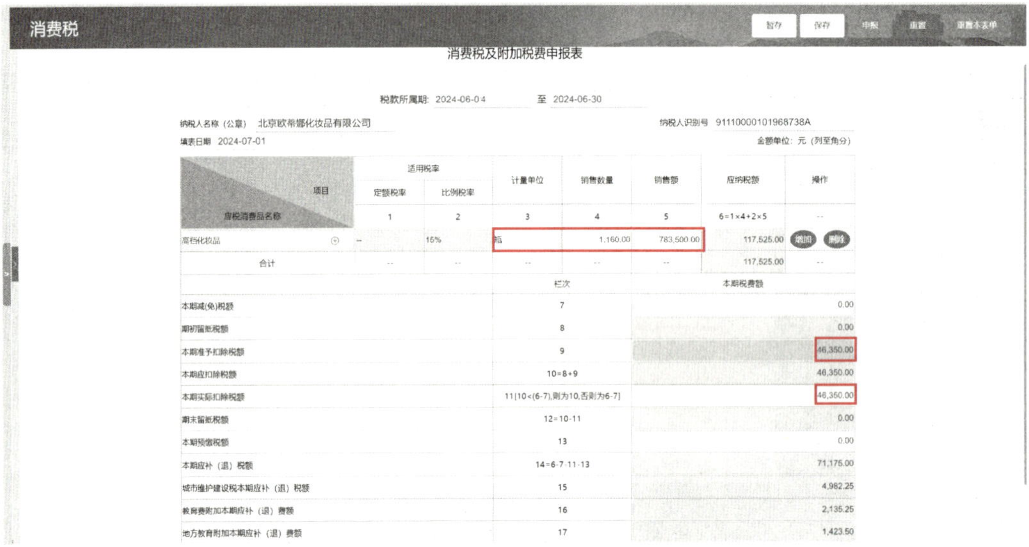

图 3-4 填写消费税及附加税费申报表

步骤五：根据计算结果填写本期准予扣除税额计算表第 2 栏和第 4 栏，如图 3-5 所示。

步骤六：根据计算结果填写本期委托加工收回情况报告表框选的栏次，如图 3-6 所示。

步骤七：打开消费税附加税费计算表，无需填写，检查无误后点击"暂存"，如图 3-7 所示。

步骤八：点击"申报"进行申报，如图 3-8 所示。

消费税

报表列表

消费税申报表

《消费税及附加税费申报表》

《本期准予扣除税额计算表》

《本期减（免）税额明细表》

《本期委托加工收回情况报告表》

《消费税附加税费计算表》

准予扣除项目		应税消费品名称		高档化妆品
一、本期准予扣除的委托加工应税消费品已纳税款计算		期初库存委托加工应税消费品已纳税款	1	0.00
		本期收回委托加工应税消费品已纳税款	2	61,800.00
		期末库存委托加工应税消费品已纳税款	3	0.00
		本期领用不准予扣除委托加工应税消费品已纳税款	4	15,450.00
		本期准予扣除委托加工应税消费品已纳税款	5=1+2-3-4	46,350.00
	（一）从价计税	期初库存外购应税消费品买价	6	0.00
		本期购进应税消费品买价	7	0.00
		期末库存外购应税消费品买价	8	0.00
		本期领用不准予扣除外购应税消费品买价	9	0.00
		适用税率	10	15%

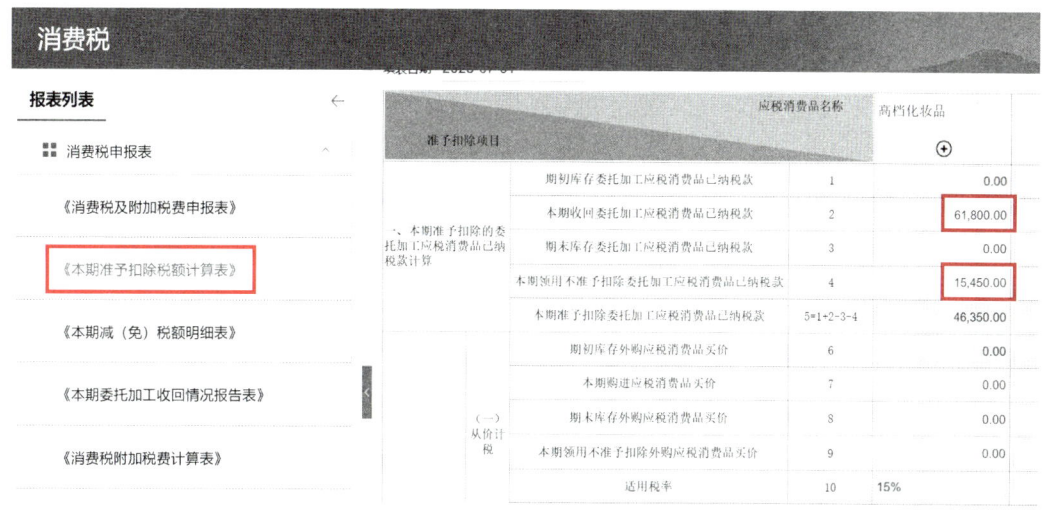

图 3-5　填写本期准予扣除税额计算表

暂存　保存　申报　重置　重置本表单

本期委托加工收回情况报告表

税款所属期：2024-06-01　至　2024-06-30

纳税人名称（公章）　北京欧蒂娜化妆品有限公司　　纳税人识别号　91110000101968738A

填表日期　2024-07-01　　金额单位：元

一、委托加工收回应税消费品代收代缴税款情况

应税消费品名称	商品和服务税收分类编码	委托加工收回应税消费品数量	委托加工收回应税消费品计税价格	适用税率		受托方已代收代缴的税款	受托方(扣缴义务人)名称	受托方(扣缴义务人)识别号	税收缴款书（代扣代收专用）号码	税收缴款书（代扣代收专用）开具日期
				定额税率	比例税率					
1	2	3	4	5	6	7=3×5+4×6	8	9	10	11
高档化妆品		500.00	412,000.00	--	15%	61,800.00	北京蓝天实业有限	91110270590544	009108	2023-06-02

二、委托加工收回应税消费品领用存情况

应税消费品名称	商品和服务税收分类编码	上期库存数量	本期委托加工收回入库数量	本期委托加工收回直接销售数量	本期委托加工收回用于连续生产数量	本期结存数量	操作
1	2	3	4	5	6	7=3+4-5-6	8
高档化妆品		0.00	500.00	0.00	375.00	125.00	增加

图 3-6　填写本期委托加工收回情况报告表

报表列表

消费税申报表

《消费税及附加税费申报表》

《本期准予扣除税额计算表》

《本期减（免）税额明细表》

《本期委托加工收回情况报告表》

《消费税附加税费计算表》

消费税附加税费计算表

税款所属期：2024-06-01　至　2024-06-30

纳税人名称（公章）　北京欧蒂娜化妆品有限公司　　纳税人识别号　911100001019

填表日期　2024-07-01

税（费）种	计税（费）依据	税（费）率（征收率）(%)	本期应纳税（费）额	本期减免税（费）额		增值税小规模纳税人"六税两费"减征政策		本期已缴税（费）额
	消费税税额			减免性质代码	减免税（费）额	减征比例（%）	减征额	
	1	2	3=1×2	4	5	6	7=（3-5）×6	8
城市维护建设税	71,175.00	0.07	4,982.25		0.00		0.00	0.00
教育费附加	71,175.00	0.03	2,135.25		0.00		0.00	0.00
地方教育附加	71,175.00	0.02	1,423.50		0.00		0.00	0.00
合计	--	--	8,541.00	--	0.00	--	0.00	0.00

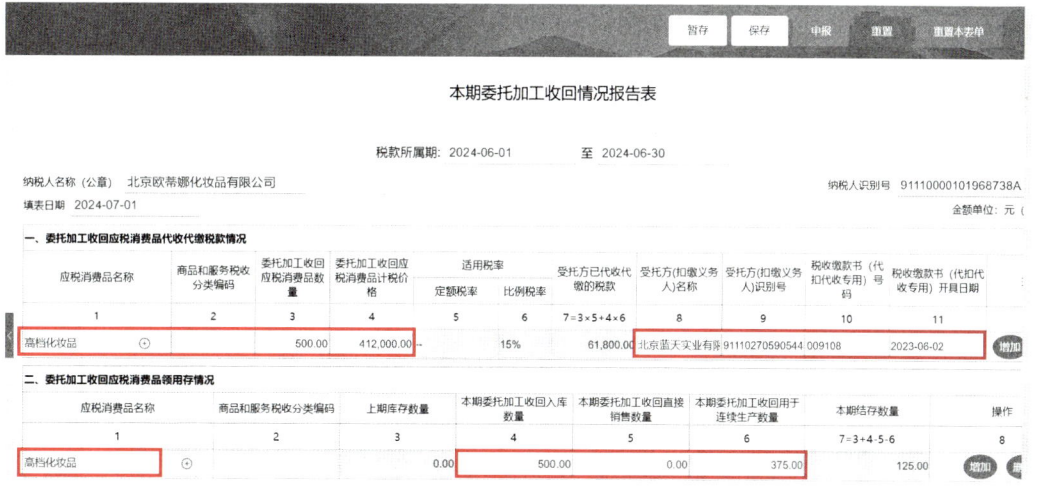

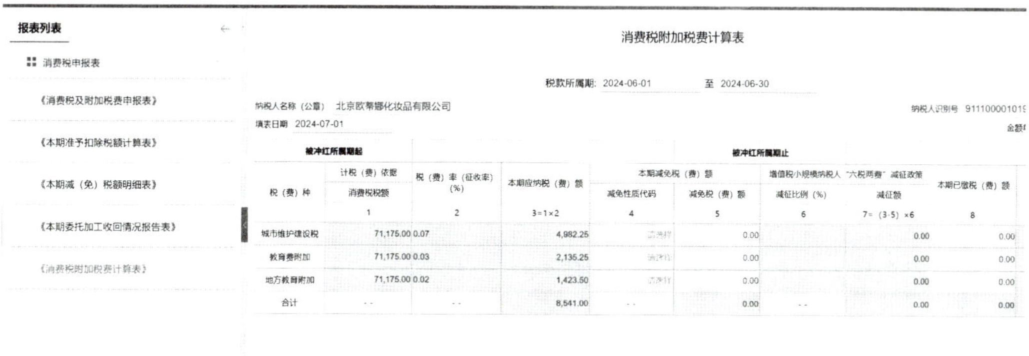

图 3-7　检查消费税附加税费计算表

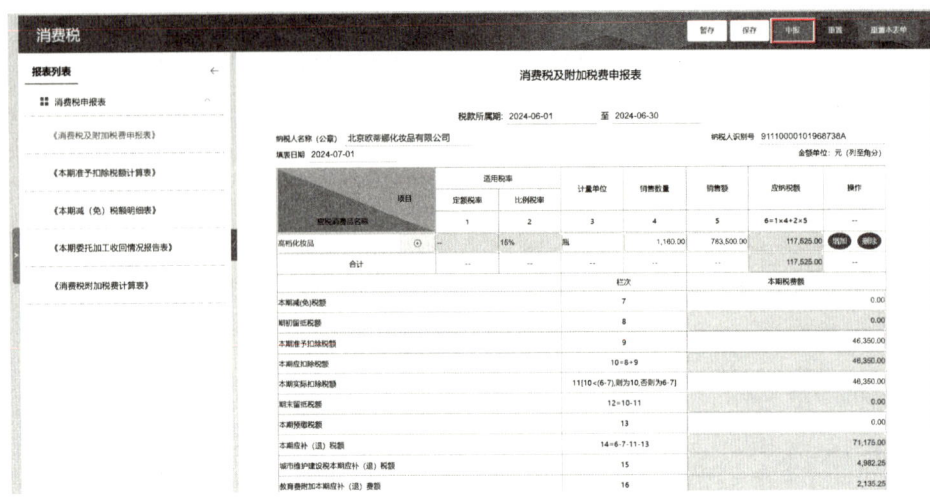

图 3-8　进行申报

步骤九：提示申报成功，点击"缴费"进入下一步，如图 3-9 所示。

图 3-9　申报成功

步骤十：勾选提交的申报表，选择缴款方式，点击"立即缴款"完成税款的清缴，如图 3-10 所示。

图 3-10　进行缴费

项目技能训练

一、单选题

1. 下列关于消费税的说法中,正确的是(   )。
   A. 消费税是一种流转税
   B. 消费税是针对所有商品征收的
   C. 缴纳增值税的商品都要缴纳消费税
   D. 消费税的征收范围包括服务

2. 下列各项中,不属于酒类税目征收范围的是(   )。
   A. 葡萄酒　　　　B. 果酒　　　　C. 酒精　　　　D. 黄酒

3. 下列各项中,属于消费税征收范围的是(   )。
   A. 高档手机　　　B. 洗发水　　　C. 电池　　　　D. 烟叶

4. 烟被列入消费税征收范围主要是考虑到(   )。
   A. 吸烟有害身体健康　　　　　　B. 促进烟草行业发展
   C. 增加国家税收　　　　　　　　D. 完善消费税体系

5. 下列各项中,属于消费税征收范围的商品是(   )。
   A. 酒精　　　　　　　　　　　　B. 卡丁车
   C. 汽车轮胎　　　　　　　　　　D. 气缸容量为250毫升的摩托车

6. 下列各项中,免征消费税的应税消费品是(   )。
   A. 出口的小汽车
   B. 以植物油为原料生产的纯生物柴油
   C. 石脑油生产企业自产的石脑油
   D. 成品油生产企业在生产成品油过程中,作为原料消耗掉的外购成品油

7. 应在收取包装物押金时并入到商品的销售额中一起征收消费税的是(   )。
   A. 果酒　　　　　　　　　　　　B. 涂料
   C. 卷烟　　　　　　　　　　　　D. 木制一次性筷子

8. 纳税人自产自用的应税消费品用于赞助的,如果该消费品采用从价定率和从量定额复合计税的方法,其组成计税价格的计算公式为(   )。
   A. 组成计税价格=成本÷(1−比例税率)
   B. 组成计税价格=(成本+利润)×(1−比例税率)+自产自用数量×定额税率
   C. 组成计税价格=(成本+利润)÷(1−比例税率)+自产自用数量×定额税率
   D. 组成计税价格=(成本+利润+自产自用数量×定额税率)÷(1−比例税率)

9. 委托加工的应税消费品没有同类消费品销售价格的,按组成计税价格计算纳税,采用从价定率和从量定额的复合方法计算组成计税价格的计算公式为(   )。
   A. 组成计税价格=(材料成本+加工费)×(1+消费税税率)

B. 组成计税价格＝(材料成本＋加工费＋委托加工数量×定额税率)×(1＋消费税税率)

C. 组成计税价格＝(材料成本＋加工费)÷(1－消费税税率)＋委托加工数量×定额税率

D. 组成计税价格＝(材料成本＋加工费＋委托加工数量×定额税率)÷(1－消费税税率)

10. 不可以扣除外购应税消费品已纳税额的应税商品为(　　)。

A. 外购的已税鞭炮生产的鞭炮

B. 外购的已税烟丝生产的卷烟

C. 外购的已税杆头、杆身和握把为原料生产的高尔夫球杆

D. 外购的原油生产的应税成品油

11. 某公司进口了一批高档手表,海关核定的关税完税价格为 800 000 元,已知其关税税率为 30%,消费税税率为 20%,则该批高档手表应纳消费税税额为(　　)元。

A. 160 000　　　　B. 260 000　　　　C. 240 000　　　　D. 208 000

二、多选题

1. 下列关于消费税的说法中,正确的有(　　)。

A. 消费税最终由消费者承担

B. 消费税的纳税人不包括个人

C. 增值税和消费税都是流转税

D. 消费税是选择部分价格比较贵的消费品来征收的

2. 消费税的特征不包括(　　)。

A. 税负具有转嫁性　　　　　　　　B. 均在生产环节征收

C. 征收方法单一　　　　　　　　　D. 征税项目具有一定的选择性

3. 我国现行的消费税税目不包括(　　)。

A. 汽车轮胎　　　B. 原油　　　C. 游艇　　　D. 涂料

4. 消费税纳税义务人是指在我国境内(　　)的单位和个人。

A. 生产应税消费品　　　　　　　　B. 购买应税消费品

C. 进口应税消费品　　　　　　　　D. 使用应税消费品

5. 下列各项中,属于成品油税目子税目的有(　　)。

A. 柴油　　　B. 润滑油　　　C. 石脑油　　　D. 重油

6. 小汽车税目的子税目包括(　　)。

A. 乘用车　　　　　　　　　　　　B. 卡车

C. 货车　　　　　　　　　　　　　D. 中轻型商用客车

7. 下列各项中,属于消费税纳税人的有(　　)。

A. 销售金银首饰的商场　　　　　　B. 进口实木地板的厂家

C. 零售啤酒的饭店　　　　　　　　D. 批发卷烟的贸易公司

8. 下列各项中,适用定额税率的应税消费品有（　　）。
A. 润滑油　　　　B. 啤酒　　　　C. 果酒　　　　D. 涂料
9. 下列各项中,不属于消费税征收范围的有（　　）。
A. 酒精　　　　　　　　　　　　B. 汽车轮胎
C. 气缸容量为250毫升的摩托车　　D. 太阳能电池
10. 消费税的纳税期限的有（　　）。
A. 1日　　　　B. 10日　　　　C. 1个月　　　　D. 半年

三、计算题

1. 某卷烟厂为增值税一般纳税人,2024年5月外购了一批烟丝,取得增值税专用发票上注明不含增值税价款为380 000元,本月生产卷烟领用了部分烟丝,生产的卷烟对外销售取得不含增值税销售额为640 000元,数量为20标准箱。期初库存的外购烟丝成本为26 000元,期末库存烟丝成本为78 000元。已知烟丝的消费税税率为30%,该类型卷烟的消费税税率为56%加150元/标准箱。

要求:计算该卷烟厂本月应缴纳的消费税税额。

2. 某化妆品企业为增值税一般纳税,2024年4月购进一批香水精,取得增值税专用发票上注明不含增值税价格为51 000元,将其用于生产香水,并将该批香水作为样品赠送给经销商。已知市场上无同类香水销售价格,其生产成本共计124 000元,该产品的成本利润率为5%,高档化妆品适用税率为15%。

要求:计算该化妆品企业应缴纳的消费税税额。

3. 甲公司为增值税一般纳税人,2024年5月购进一批原材料,取得的增值税专用发票上注明不含增值税价格为860 000元。甲公司将该批原材料运往乙涂料厂,委托其加工生产涂料,并为此支付运费,取得运费的增值税专用发票注明不含增值税价款为2 560元。甲公司支付加工费60 000元。已知委托加工的涂料无市场同类产品,涂料的消费税税率为4%。

要求:计算乙涂料厂应代收、代缴的消费税税额。

4. 甲公司为增值税一般纳税人,主要从事化妆品的生产和销售。2024年4月发生部分经济业务如下:

(1) 进口一批化妆品。

(2) 将一批自产的香水精用于生产香水。

(3) 委托乙公司代为生产一批口红,提供原材料成本为179 500元,将该批原材料运往乙公司并支付运费,取得增值税专用发票上注明运费含增值税价格为1 221元。

(4) 将一批自产的成套化妆品作为样品赠送给经销商。

要求:

(1) 分析说明甲公司2024年4月的业务中需要缴纳的消费税。

(2) 计算委托生产口红的组成计税价格。

项目四　城市维护建设税和教育费附加的计算与智能申报

学习目标

知识目标

1. 熟悉城市维护建设税、教育费附加征收管理的规定
2. 掌握城市维护建设税、教育费附加应纳税额的计算

技能目标

1. 能够向企业员工宣传城市维护建设税和教育费附加相关法规政策，共同进行纳税筹划
2. 能够根据企业自身情况与税务部门沟通，积极争取税务部门的支持，获得税收优惠

素质目标

1. 培养刻苦钻研的学习精神
2. 培养敬业精神、团队合作能力和良好的职业道德修养
3. 树立"税收连你我，强国靠大家"的观念

项目引入

思维导图

厦门三棵树环保油漆有限公司为增值税一般纳税人，该公司2024年3月发生如下经济业务：

（1）4日，支付加工费3 000元，辅料费120元（均不含增值税），取得增值税专用发票2张。

（2）10日，支付北京宏顺物流有限公司运费，取得1张增值税专用发票，运输费用3 500元。

（3）15日，购进树脂材料，获得1张增值税专用发票注明价款147 880元，增值税19 224.40元。购进乙醇，获得1张增值税专用发票注明价款150 680元，增值税19 588.40元。

（4）16日，销售3 310罐油漆778 960元（不含税），开具增值税专用发票。

说明:上述业务涉及的相关票据均已通过主管税务机关比对认证,可扫描二维码查看。

要求:根据资料及二维码展示的内容,填写表4-1。

附表4-1

表4-1 增值税及附加税费申报表附列资料(五)(附加税费情况表)

	税款所属期:_____										
纳税人名称(公章)_____ 填表日期_____				纳税人识别号_____ 金额单位:元(列至角分)							
本期是否适用试点建设培育产教融合型企业抵免政策:○ 是 ● 否			当期新增投资额								
			上期留抵可抵免金额								
			结转下期可抵免金额								
可用于扣除的增值税留抵退税额使用情况			当期新增可用于扣除的留抵退税额								
			上期结存可用于扣除的留抵退税额								
			结转下期可用于扣除的留抵退税额								
被冲红所属期起			被冲红所属期止								
申报表信息											
税(费)种	计税(费)依据				税(费)率(%)	本期应纳税(费)额	本期减免税(费)额		试点建设培育产教融合型企业		本期已缴税(费)额	本期应补(退)税(费)额
	增值税税额	增值税限额减免金额	增值税免抵税额	留抵退税本期扣除额			减免性质代码	减免税(费)额	减免性质代码	本期抵免金额		
		3	4	5	6=(1+2−4+3)×5	7	8	9	10	11	12=6−8−10−11
城市维护建设税											
教育费附加											
地方教育附加											
合计											

 项目知识准备

任务一　认知城市维护建设税

一、城市维护建设税的纳税义务人及其特点

城市维护建设税,是国家对缴纳增值税和消费税(以下简称"两税")的单位和个人,实际缴纳的"两税"税额为计税依据而征收的一种税,是流转税的附加税种。

(一)城市维护建设税的纳税义务人

(1)负有增值税、消费税扣缴义务的单位和个人:这些单位和个人在扣缴增值税、消费税的同时,也需要扣缴城市维护建设税。

(2)在中国境内的所有缴纳增值税、消费税的单位和个人:包括国有企业、集体企业、私营企业、股份制企业、其他企业、行政单位、事业单位、军事单位、社会团体以及其他单位和个体工商户及个人。

(3)外商投资企业和外国企业。

综上所述,城市维护建设税的纳税义务人是那些负有增值税、消费税扣缴义务的单位和个人,以及在中华人民共和国境内缴纳相关税费的所有单位和个体经营者。

(二)城市维护建设税的特点

(1)城市维护建设税是一种附加税。它是以纳税人实际缴纳的"两税"税额为计税依据,附加于"两税"税额,本身没有特定、独立的征税对象。

(2)城市维护建设税是一种具有特定目的的税,其税款专门用于城市的公用事业和公共设施维护建设。

二、城市维护建设税的征收范围

城市维护建设税的征收范围比较广,具体包括城市、县城、建制镇,以及税法规定征收"两税"的其他地区,不得随意扩大或缩小各行政区域的管辖范围。

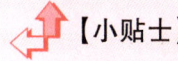【小贴士】

城市维护建设税的纳税人是在征收范围内从事工商经营,并缴纳增值税、消费税

【知识拓展4-1】我国内外资企业税制的统一

的单位和个人。不论是国有企业、集体企业、私营企业、个体工商户,还是其他单位和个人,只要缴纳增值税、消费税中的任何一种税,都必须同时缴纳城市维护建设税。自2010年12月1日起,对外商投资企业、外国企业及外籍个人开征城市维护建设税和教育费附加。

三、城市维护建设税的税率

城市维护建设税的税率是指纳税人应缴纳城市维护建设税税额与纳税人实际缴纳的"两税"税额之间的比率。城市维护建设税采用地区差别比例税率,共分三档,如表4-2所示。

表4-2 城市维护建设税税率

档次	纳税人所在地	税率
1	市区	7%
2	县、城、镇	5%
3	不在市、县、城、镇	1%

四、城市维护建设税的计税依据和应纳税额的计算

(一)城市维护建设税的计税依据

(1)城市维护建设税的计税依据是纳税人实际缴纳的增值税税额、消费税税额之和。

(2)纳税人违反"两税"有关规定,被查补"两税"和被处以罚款时,也应对其偷漏的城市维护建设税进行补税和罚款。

(3)纳税人违反"两税"有关规定,而加收的滞纳金和罚款,不作为城市维护建设税的计税依据。

(4)出口产品退还增值税、消费税的,不退还已缴纳的城市维护建设税;进口产品需征收增值税、消费税的,不征收城市维护建设税,即城市维护建设税"进口环节不征,出口环节不退"。

(二)城市维护建设税应纳税额的计算

城市维护建设税应纳税额的计算公式如下:

$$应纳税额 = (实际缴纳的增值税税额 + 实际缴纳的消费税税额) \times 适用税率$$

[**工作实例4-1**] 大庆市水利厂2024年2月内销业务缴纳的增值税为15万元,消费税

20万元;取得出口退还增值税为8万元;缴纳进口关税为5万元;缴纳进口增值税为35万元,进口消费税为22万元。

[**工作要求**]计算大庆市水利厂2024年2月应交纳的城市维护建设税税额。

[**工作实施**]城市维护建设税以实际缴纳的增值税税额、消费税税额为计税依据,进口不征,出口不退。市区适用7%的城市维护建设税税率。

应交城市维护建设税税额=(150 000+200 000)×7%=24 500(元)

若该水利厂同时被税务机关查出应补缴增值税、消费税8万元,同时应交罚款、滞纳金5万元。那么,查补的8万元税金应一并作为计税基数计算缴纳城市维护建设税,罚款和滞纳金5万元不作为城市维护建设税计税基数。

补缴的城市维护建设税税额=80 000×7%=5 600(元)

五、城市维护建设税纳税减免政策

(一)城市维护建设税的减免优惠

城市维护建设税原则上不单独减免,但因其具有附加税性质,当主税发生减免时,城市维护建设税相应发生税收减免。城市维护建设税的税收优惠政策有以下几项:

(1)城市维护建设税按减免后实际缴纳的"两税"税额计征,即随"两税"的减免而减免。

(2)对于因减免税而需进行"两税"退库的,城市维护建设税也可同时退库。

(3)海关进口产品代征增值税、消费税的,不征收城市维护建设税;对出口产品退还增值税、消费税的,不退还已缴纳的城市维护建设税。

(4)对增值税、消费税实行先征后返、先征后退、即征即退办法的,除另有规定外,对随"两税"附征的城市维护建设税,一律不予退(返)还。

(5)下岗失业人员从事个体经营(除建筑业、娱乐业、广告业、桑拿、按摩、网吧、氧吧外)的,自领取税务登记证之日起,3年内免征城市维护建设税。

(6)对个别缴纳城市维护建设税确有困难的单位和个人,由县(市)级人民政府审批,可酌情给予照顾。

自2005年1月1日起,经国家税务总局正式审核批准的当期免抵的增值税税额应纳入城市维护建设税和教育费附加的计征范围,分别按规定的税(费)率征收城市维护建设税和教育费附加。

(二)附加税费情况表

附加税费情况表,如表4-3所示。

表 4-3　增值税及附加税费预缴表附列资料（附加税费情况表）

税（费）款所属时间：　　年　月　日至　　年　月　日

纳税人名称：（公章）　　　　　　　　　　　　　　　　　　　　　　　金额单位：元（列至角分）

税（费）种	计税（费）依据 增值税预缴税额	税（费）率（%）	本期应纳税（费）额	本期减免税（费）额		增值税小规模纳税人"六税两费"减征政策			本期实际预缴税（费）额
				减免性质代码	减免税（费）额	本期是否适用 □是　□否			
						减征比例（%）	减征额		
	1	2	3=1×2	4	5	6	7=(3-5)×6		8=3-5-7
城市维护建设税									
教育费附加									
地方教育附加									
合计			—						

六、城市维护建设税纳税申报

1. 城市维护建设税的纳税期限

城市维护建设税的纳税期限分别与"两税"的纳税期限一致。城市维护建设税具体纳税期限，主管税务机关根据纳税人应纳税额大小分别核定。不能按照固定期限纳税的，可以按次纳税。增值税小规模纳税人缴纳城市维护建设税，原则上实行按季申报。

由于城市维护建设税是与增值税、消费税同时征收的，一般情况下，城市维护建设税不单独加收滞纳金或罚款。如果纳税人缴纳"两税"后，却不按规定缴纳城市维护建设税，则可以对其单独加收滞纳金或罚款。

2. 城市维护建设税的纳税地点

城市维护建设税以纳税人实际缴纳的增值税、消费税税额为计税依据，因此，纳税人缴纳"两税"的地点，就是该纳税人缴纳城市维护建设税的地点。但属于下列情况的企业、单位其纳税地点为：

（1）对代扣、代缴"两税"的单位和个人，其纳税地点为代扣、代缴地，按代扣、代缴地税率计算缴纳城市维护建设税。

（2）对跨省开采的油田，下属生产单位与核算单位不在同一个省内的，其生产的原油在油井所在地缴纳城市维护建设税。

（3）对管道输油部门的收入，由取得收入的各管理局于所在地缴纳城市维护建设税。

（4）对流动经营等无固定纳税地点的单位和个人，应随同"两税"在经营地缴纳城市维护建设税。

3. 城市维护建设税的申报表

城市维护建设税的申报表,如表 4-4 所示。

表 4-4　增值税及附加税费预缴表

税款所属时间:　　年　月　日　至　　年　月　日

纳税人识别号(统一社会信用代码):□□□□□□□□□□□□□□□□□□　是否适用一般计税方法　是 □　否 □

纳税人名称:　　　　　　　　　　　　　　　　　　　　　　　　　金额单位:元(列至角分)

项目编号:　　　　　　　　　项目名称:

项目地址:

预征项目和栏次		销售额	扣除金额	预征率	预征税额
		1	2	3	4
建筑服务	1				
销售不动产	2				
出租不动产	3				
	4				
	5				
合计	6				
附加税费					
城市维护建设税实际预缴税额			教育费附加实际预缴费额		地方教育附加实际预缴费额

声明:此表是根据国家税收法律法规及相关规定填写的,本人(单位)对填报内容(及附带资料)的真实性、可靠性、完整性负责。

　　　　　　　　　　　　　　　　　　　　　　纳税人(签章):　　　　　　年　月　日

经办人: 经办人身份证号: 代理机构签章: 代理机构统一社会信用代码:	受理人: 受理税务机关(章): 受理日期:　　年　月　日

任务二　认知教育费附加

一、教育费附加的纳税义务人

教育费附加是由税务机关负责征收,同级教育部门统筹安排,同级财政部门监督管理,专门用于发展地方教育事业的预算外资金。为了贯彻落实《中共中央关于教育体制改革的决定》,加快发展地方教育事业,扩大地方教育经费的资金来源,国务院于 1986 年 4 月

28日发布《征收教育费附加的暂行规定》,指出凡缴纳消费税、增值税的单位和个人,除按照《国务院关于筹措农村学校办学经费的通知》(国发〔1984〕174号文)的规定,缴纳农村教育事业费附加的单位外,都应当按照该规定缴纳教育费附加。

教育费附加是以单位和个人缴纳的增值税税额、消费税税额为计算依据征收的一种附加费。教育费附加名义上是一种专项资金,实际上具有税收的性质。

二、教育费附加的征收范围

教育费附加对缴纳增值税、消费税的单位和个人征收,以其实际缴纳的增值税、消费税税额为计税依据,并分别与增值税、消费税同时缴纳。

三、教育费附加的计征比率

教育费附加的计征比率为3%。我国曾经对生产卷烟和烟叶的单位减半征收教育费附加,但2005年10月1日后全额征收。

四、教育费附加的计算

教育费附加应纳税额的计算公式如下:

$$应纳税额 = (实际缴纳增值税税额 + 实际缴纳消费税税额) \times 征收比率$$

[**工作实例4-2**] 贵州省某企业2024年3月实际缴纳增值税20万元、消费税38万元。
[**工作要求**] 计算该企业应缴纳的教育费附加。
[**工作实施**] 应缴纳教育费附加 = (200 000 + 380 000) × 3% = 17 400(元)

五、教育费附加的减免规定

1. 教育费附加的优惠政策

(1) 教育费附加随"两税"的减免而减免。

(2) 对增值税、消费税实行先征后返、先征后退、即征即退办法的,除另有规定外,对随"两税"附征的教育费附加,一律不予退(返)还。随增值税、消费税附征的城市维护建设税、教育费附加免于零申报。

(3) 海关进口产品代征增值税、消费税的,不征收教育费附加;对出口产品退还增值税、消费税的,不还已缴纳的教育费附加。

(4) 下岗失业人员从事个体经营(除建筑业、娱乐业以及广告业、桑拿、按摩、网吧、氧吧外)的,自领取税务登记之日起,3年内免征教育费附加。

（5）对个别缴纳教育费附加确有困难的单位和个人，由县（市）级人民政府审批，可酌情给予照顾。

 **素养小园地**

税收的重要性

税收作为重要的市场经济手段，应该为增加财政收入和达到环境保护目标而得到运用。虽然城市维护建设税是个小税种，但是由于其所具有的环保性质，对于促进我国的城市发展以及解决不同企业之间、企业与居民之间的环境公平具有决定意义。当前城市化进程发展迅速，经济与环境之间的矛盾更加突出，解决这个问题需要配套的扩张措施，市政建设与维护作为一种公共物品，需要政府投入大量的人力、物力和财力。因此，只有保障地方的基本开支，才能保证其扩张过程的顺利进行。如果地方政府的财政陷入困境，就无法为居民提供基础的公共产品和服务。

六、教育费附加的申请表

教育费附加的申请表，可扫描二维码查看。

附表 4-2

 **项目引入解析及实操**

相关解析可参考项目二的"项目引入解析及实操"。

项目技能训练

一、单选题

1. 某市一企业为增值税一般纳税人,2024年1月内销售业务缴纳的增值税为16万元、消费税为11万元,取得出口退还增值税8万元,缴纳进口消费税7万元,进口增值税6万元,该企业2024年1月应缴纳的城市维护建设税为( )万元。

A. 1.89　　　　　　　　　　　　B. 2.33
C. 1.00　　　　　　　　　　　　D. 2.81

2. 某生产企业为增值税一般纳税人,本期进口原材料一批,向海关缴纳进口环节增值税12元,本期缴纳国内销售产品增值税40万元、消费税51万元,由于缴纳消费税超期被罚滞纳金1万元;出口产品退回增值税7万元。该企业本期应缴纳城市维护建设税和教育费附加分别是( )万元。

A. 5.32　4.12　　　　　　　　　B. 4.55　2.73
C. 8.10　2.14　　　　　　　　　D. 7.80　5.10

3. 下列各项中,应作为城市维护建设税计税依据的是( )。

A. 纳税人滞纳增值税而加收的滞纳金　　B. 纳税人出口商品实际退还的增值税
C. 纳税人偷逃增值税被处的罚款　　　　D. 纳税人偷逃消费税后被查补的税款

4. 某市税局对辖区一家外资企业进行税务检查时,发现该企业恶意少缴增值税58万元,遂按相关的规定对该企业做出补缴增值税、城市维护建设税和教育费附加并加收滞纳金(滞纳时间为50天)和罚款(与税额)的处罚决定。该企业应补缴增值税、城市维护建设税和教育费附加合计为( )万元。

A. 116.00　　　　　　　　　　　B. 125.28
C. 120.64　　　　　　　　　　　D. 129.20

5. 下列各项中,应缴纳城市维护建设税的纳税人是( )。

A. 印花税的纳税人　　　　　　　B. 个人所得税的纳税人
C. 车船使用税的纳税人　　　　　D. 既交增值税又交消费税的纳税人

6. 城市维护建设税实行( )税率。

A. 地区差别定额　　　　　　　　B. 地区差别比例
C. 分类分项定额　　　　　　　　D. 分类分项比例

7. 下列关于城市维护建设税的说法中,错误的是( )。

A. 外商投资企业应缴纳城市维护建设税
B. 城市维护建设税的税款专款专用,属于一种附加税
C. 城市维护建设税的计税依据是纳税人实际缴纳的消费税税额和增值税税额
D. 对出口产品退还增值税和消费税的,应同时退还已缴纳的城市维护建设税

8. 某市一生产企业2024年5月内销业务实际缴纳增值税40万元,进口货物缴纳增

值税17万元、消费税30万元。则该企业当月应缴纳的教育费附加税为( )万元。

A. 2.80 B. 6.09
C. 1.20 D. 2.10

二、多选题

1. 下列关于城市维护建设税的表述中,正确的有( )。
   A. 城市维护建设税的纳税人不包括外商投资企业
   B. 城市维护建设税的纳税环节就是纳税人缴纳"两税"的环节
   C. 城市维护建设税实行地区差别比例税率,设置了7%、5%和1%三档税率
   D. 进口环节缴纳增值税和消费税的纳税人也是城市维护建设税纳税人

2. 下列各项中,符合城市维护建设税相关规定的有( )。
   A. 受托方代收代缴消费税的同时应代收代缴城市维护建设税
   B. 跨省开采的油田,下属单位与核算单位不在同一省内的,各油井应纳城市维护建设税由油井所在地汇总缴纳
   C. 流动经营的单位,应随同"两税"在纳税人机构所在地缴纳城市维护建设税
   D. 代扣、代缴"两税"的单位,应按纳税人所在地适用税率缴纳城市维护建设税

3. 下列关于城市维护建设税减免税规定的表述中,正确的有( )。
   A. 城市维护建设税原则上随"两税"的减免而减免
   B. 海关对进口产品代征的增值税、消费税,不征收城市维护建设税
   C. 先征后返"两税"的,城市维护建设税也随之返还
   D. 对国家重大水利工程建设基金免征城市维护建设税

4. 下列关于教育费附加的说法,正确的有( )。
   A. 对海关进口的产品征收的消费税,不征收教育费附加
   B. 对由于减免增值税、消费税而发生退税的,不退还已征收的教育费附加
   C. 对出口产品退还增值税、消费税的,同时退还已征收的教育费附加
   D. 对国家重大水利工程建设基金,免征教育费附加

5. 下列说法中,正确的有( )。
   A. 只要缴纳增值税就可能缴纳城市维护建设税
   B. 同时缴纳增值税、消费税的纳税人才需要缴纳城市维护建设税
   C. 城市维护建设税随两税征收而征收,随两税退还而退还
   D. 城市维护建设税的纳税人是缴纳增值税、消费税的单位和个人

6. 下列各项中,属于城市维护建设税纳税人的有( )。
   A. 私营企业 B. 个体工商户 C. 外商投资企业 D. 行政事业单位

7. 下列情况中,无需缴纳城市维护建设税的有( )。
   A. 外商投资企业缴纳了增值税
   B. 外商投资企业缴纳了消费税滞纳金
   C. 内资企业本月进口货物海关代征了增值税

D. 服务公司本年免征增值税

8. 下列各项中,符合城市维护建设税计税依据规定的有(　　)。

A. 进口货物缴纳的消费税

B. 出口货物征收的增值税

C. 偷逃增值税而被查补的增值税款

D. 偷逃消费税而被税务机关处以的罚款

三、判断题

1. 海关对进出口产品代征的增值税、消费税代征城市维护建设税和教育费附加。(　　)

2. 纳税人逾期缴纳增值税的滞纳金也应该计入城市维护建设税的计税依据。(　　)

3. 纳税人偷逃税款的罚款不计入城市维护建设税的计税依据。(　　)

4. 从出口业务,出口货物享受免、退税政策的内资企业不需要缴纳城市维护建设税。(　　)

5. 城市维护建设税的计税依据是纳税人实际缴纳的增值税税额和消费税税额。(　　)

6. 纳税人因违反增值税、消费税有关税法而加收的滞纳金和罚款,也作为城市维护建设税的计税依据。(　　)

四、计算题

1. 2024年5月,某县城服装公司缴纳增值税10万元、消费税30万元;取得出口退税5万元;缴纳进口关税8万元、进口增值税20万元、进口消费税10万元;被税务机关查补上月应交消费税6万元。

要求:计算该公司本月应缴纳的城市维护建设税和教育费附加。

2. 2024年6月,甲企业委托乙企业加工一批轴承,支付加工费50 000元。假设甲企业和乙企业月初均无进项税余额,甲企业、乙企业均为一般纳税人。

要求:计算甲企业应缴纳的城市维护建设税和教育费附加。

五、项目实操演练

北京吉彩印刷有限公司为增值税一般纳税人,主要经营图书、报刊等的印刷业务,兼营各种办公用品印刷制作。根据2024年10月相关业务计算本月销项税额、进项税额及应纳税额,并填报申报表。

(1) 接受出版社委托,由印刷厂自行购买纸张,印刷采用国际标准书号编序并具有国内统一刊号的图书、杂志,取得不含税收入3 770 000元(适用税率9%),开具增值税专用发票。

(2) 接受学校委托,由学校提供纸张,印刷信纸、信封、会议记录本和练习本。向学校收取含税印刷费506 551.72元(适用税率13%),开具普通发票。

(3) 接受个人委托,由印刷厂提供纸张,印刷杂志,收到现金1 000元,未开具发票(适用税率9%)。

(4) 当月购买墨盒、纸张,取得13%增值税专用发票3张,注明不含税价2 431 000元,购进货物以及销售货物支付不含税运费20 000元,取得增值税一般纳税人开具的增值税专用发票1张。

(5) 10月9日,首次购入增值税税控开票系统一套,含税单价980元,取得增值税专用发票1张。

(6) 由于月末管理不善,仓库的原材料黄色油墨损坏无法使用,账面成本5 700元(已抵扣13%进项税额),填写报废单,经单位领导批准后,做管理费用处理。

实操网址:https://cloud.acctedu.com/#/login?edu=kysoft23。

项目五　企业所得税的计算与智能申报

学习目标

知识目标

1. 了解企业所得税的法律规定,明确企业所得税的纳税义务人、征税对象、税率
2. 熟悉企业所得税的税收优惠政策
3. 掌握应纳税所得额的确定方法、应纳税额的计算方法
4. 掌握企业所得税的征收管理要求及纳税申报

能力目标

1. 能够熟练运用企业所得税税收优惠政策
2. 能够准确计算企业所得税应纳税所得额和应纳税额
3. 能够填写企业所得税纳税申报表,进行企业所得税纳税申报和税款缴纳

素养目标

1. 了解企业所得税作为我国财政税收主要来源的地位
2. 培养查阅资料的好习惯,关注企业所得税相关政策法规的变化
3. 培养责任担当意识、法治精神及依法诚信纳税的社会主义核心价值观

思维导图

北京广智科技有限公司是电子信息制造业,为增值税一般纳税人,主要从事电子元器件、电容的开发及销售,2017年起被认定为国家重点扶持的高新技术企业,减按15%的税率征收企业所得税。请根据提供的资料(表5-1和表5-2),对该公司2024年第三季度应预缴的企业所得税进行纳税申报(该公司不属于技术入股递延纳税事项,不属于国家限制或禁止行业,不属于小型微利企业,无固定资产加速折旧,无不征税收入,无免税、减计收入)。

表 5-1　各季度相关数据(附列资料1)

各季度相关数据								
项目	第一季度		第二季度		第三季度		第四季度	
	季初	季末	季初	季末	季初	季末	季初	季末
从业人数(人)	383	381	381	382	382	385		

(续表)

项目	各季度相关数据							
	第一季度		第二季度		第三季度		第四季度	
	季初	季末	季初	季末	季初	季末	季初	季末
资产总额(万元)	94.56	204.98	204.98	323.42	323.42	451.86		
应纳税所得额(累计值)(元)	468 442.03		1 165 215.92		1 376 681.49			
本企业属于高新技术企业								

表 5-2　利润表(附列资料 2)

编制单位:北京广智科技有限公司　　　　2024 年 7～9 月　　　　　　　　会企 02 表
　　　　　　　　　　　　　　　　　　　　　　　　　　　　　　　　　　单位:元

项目	本期金额	本年累计
一、营业收入	530 041.59	3 186 448.64
减:营业成本	313 493.87	1 975 300.63
税金及附加	702.82	3 999.94
销售费用	23 655.17	102 939.58
管理费用	14 080.00	186 557.69
研发费用	16 600.00	16 600.00
财务费用		6 935.27
其中:利息费用		
利息收入		
加:其他收益		
投资收益(损失以"-"号填列)		
其中:对联营企业和合营企业的投资收益		
以摊余成本计量的金融资产终止确认收益(损失以"-"号填列)		
净敞口套期收益(损失以"-"号填列)		
公允价值变动收益(损失以"-"号填列)		
信用减值损失(损失以"-"号填列)		
资产减值损失(损失以"-"号填列)		-22 165.45
资产处置收益(损失以"-"号填列)		

(续表)

项目	本期金额	本年累计
二、营业利润(亏损以"-"号填列)	161 509.73	871 950.08
加:营业外收入	72 150.33	563 300.45
减:营业外支出	22 194.49	58 569.04
三、利润总额(亏损总额以"-"号填列)	211 465.57	1 376 681.49
减:所得税费用	31 719.83	206 502.22
四、净利润(净亏损以"-"号填列)	179 745.74	1 170 179.27
(一)持续经营净利润(净亏损以"-"号填列)	179 745.74	1 170 179.27
(二)终止经营净利润(净亏损以"-"号填列)		
五、其他综合收益的税后净额	179 745.74	1 170 179.27
(一)不能重分类进损益的其他综合收益		
1. 重新计量设定受益计划变动额		
2. 权益法下不能转损益的其他综合收益		
3. 其他权益工具投资公允价值变动		
4. 企业自身信用风险公允价值变动		
……		
(二)将重分类进损益的其他综合收益		
1. 权益法可转损益的其他综合收益		
2. 其他债权投资公允价值变动		
3. 金融资产重分类计入其他综合收益的金额		
4. 其他债权投资信用限值准备		
5. 现金流量套期储备		
6. 外币财务报表折算差额		
……		
六、综合收益总额		
七、每股收益:		
(一)基本每股收益		
(二)稀释每股收益		

 项目知识准备

任务一　认知企业所得税

一、企业所得税的纳税义务人

企业所得税是指对中华人民共和国境内的企业(居民企业及非居民企业)和其他取得收入的组织以其生产经营所得和其他所得征收的一种所得税。作为企业所得税纳税人,应按照《中华人民共和国企业所得税法》(以下简称《企业所得税法》)缴纳企业所得税。《企业所得税法》于 2007 年 3 月 16 日由第十届全国人民代表大会第五次会议通过,自 2008 年 1 月 1 日起施行。2017 年 2 月 24 日第十二届全国人民代表大会常务委员会第二十六次会议发布《关于修改〈中华人民共和国企业所得税法〉的决定》,进行第一次修正;2018 年 12 月 29 日第十三届全国人民代表大会常务委员会第七次会议发布《关于修改〈中华人民共和国电力法〉等四部法律的决定》,进行第二次修正。《企业所得税法》经过修正,对企业税收实现了"四个统一":内资、外资企业适用统一的企业所得税法;统一并适当降低企业所得税税率;统一和规范税前扣除办法和标准;统一税收优惠政策,实行"产业优惠为主、区域优惠为辅"的新税收优惠体系。企业所得税是国家参与企业利润分配并调节其收益水平的一个关键性税种,体现国家与企业的分配关系。

在中华人民共和国境内,企业和其他取得收入的组织(以下统称企业,不包括个人独资企业、合伙企业)为企业所得税的纳税人。根据登记注册地和实际管理机构所在地双重标准,我国把企业分为居民企业和非居民企业。

(一) 居民企业

居民企业,是指依法在中国境内成立,或者依照外国(地区)法律成立但实际管理机构在中国境内的企业,包括国有企业、集体企业、私营企业、联营企业、股份制企业、外商投资企业、外国企业,以及有生产、经营所得和其他所得的其他组织。其中,有生产、经营所得的其他组织,是指经国家有关部门批准,依法注册、登记的事业单位、社会团体等组织;实际管理机构,是指对企业的生产经营、人员、账务、财产等实施实质性全面管理和控制的机构。

(二) 非居民企业

非居民企业,是指依照外国(地区)法律成立且实际管理机构不在中国境内,但在中国境内设立机构、场所的,或者在中国境内未设立机构、场所,但有来源于中国境内所得的

企业。

个人独资企业、合伙企业不具有法人资格不是企业所得税的纳税人,由自然人投资者缴纳个人所得税。

二、企业所得税的征税对象

企业所得税的征税对象包括纳税人的生产经营所得和其他所得。其中,生产经营所得,是指从事制造业、采掘业、交通运输业、建筑安装业、农业、林业、畜牧业、渔业、水利业、商品流通业、金融业、保险业、邮电通信业、服务业,以及国务院、财政、税务部门确认的其他营利事业取得的合法所得;其他所得,是指股息、利息、租金、转让各类财产、特许权使用费以及营业外收益等所得。

(一)居民企业的征税对象

居民企业应当就其来源于中国境内、境外的所得缴纳企业所得税,包括销售货物所得、提供劳务所得、转让财产所得、股息红利等权益性投资所得、利息所得、租金所得、特许权使用费所得、接受捐赠所得和其他所得。

(二)非居民企业的征税对象

非居民企业在中国境内设立机构、场所的,应当就其所设机构、场所来源于中国境内的所得,以及发生在中国境外但与其所设机构、场所有实际联系的所得,缴纳企业所得税。

非居民企业在中国境内未设立机构、场所的,或者虽设立机构、场所但取得的所得与其所设机构、场所没有实际联系的,应当就其来源于中国境内的所得缴纳企业所得税。

(三)所得来源地的确定

(1)销售货物和提供劳务的所得,按经营活动发生地确定。

(2)转让财产所得,不动产按照不动产所在地确定,动产按照动产的企业或者机构、场所所在地确定,权益性投资资产按照被投资企业所在地确定。

(3)股息、红利等权益性投资所得,按照分配所得的企业所在地确定。

(4)利息所得,按照负担、支付所得的企业或者机构、场所所在地确定,或者按照负担、支付所得的个人的住所地确定。

(5)租金所得,按实际负担或支付租金的企业或机构、场所所在地确定。

(6)特许权使用费所得,按实际负担或支付特许权使用费的企业或机构、场所所在地确定。

(7)其他所得,由国务院财政、税务主管部门确定。

【小贴士】

企业所得税纳税义务人与征税对象总结，如表5-3所示。

表5-3　企业所得税纳税义务人与征税对象

企业类型	在中国境内成立（是/否）	实际管理机构在中国（是/否）	征税对象	
居民企业	是	是	无限纳税义务	来源于中国境内、境外的所得
	是	否		
	否	是		
非居民企业	否	否	有限纳税义务	非居民企业在中国境内设立机构、场所的，应就其所设机构、场所取得的来源于中国境内的所得以及发生在中国境外但与其所设机构、场所有实际联系的所得纳税
				非居民企业在中国境内未设立机构、场所或取得与所设立机构场所无关的，仅就来源于中国境内的所得纳税

三、企业所得税的税率

企业所得税实行比例税率，具体规定如表5-4所示。

表5-4　企业所得税的税率

税率		适用对象
基本税率	25%	居民企业
		在中国境内设立机构场所且取得所得与所设机构场所有实际联系的非居民企业
优惠税率	20%（减按10%执行）	在中国境内未设立机构、场所的非居民企业
		虽设立机构、场所但取得的所得与其设机构、场所没有实际联系的非居民企业
	20%	符合条件的小型微利企业
	15%	国家需要重点扶持的高新技术企业
		技术先进型服务企业
		设在西部地区，以《西部地区鼓励类产业目录》中规定的产业项目为主营业务，且其主营业务收入占企业收入总额60%以上的企业

(续表)

税率		适用对象
优惠税率	15%	注册在海南自由贸易港并实质性运营的以《鼓励类产业目录》项目为主营业务,且其主营业务收入占总收入60%以上的企业

【知识拓展5-1】小型微利企业的税收优惠

任务二　企业所得税的税收优惠

税收优惠是指国家运用税收政策在税收法律、行政法规中规定对某一部分特定企业和课税对象给予减轻或免除税收负担的一种措施。企业所得税的减免权在中央,除税法规定的减免税项目外,各级政府及各部门无权减免企业所得税。

我国企业所得税的税收优惠方式包括:免税收入、所得减免、降低税率、加计扣除、抵扣应纳税所得额、加速折旧、税额抵免等。

一、免税收入

(1) 国债利息收入。
(2) 符合条件的居民企业之间的股息、红利等权益性投资收益。
(3) 在中国境内设立机构、场所的非居民企业从居民企业取得与该机构、场所有实际联系的股息、红利等权益性投资收益。
(4) 符合条件的非营利组织的收入,不包括非营利组织从事营利性活动取得的收入,但国务院财政、税务主管部门另有规定的除外。

【小贴士】

(1) 企业债券利息收入,不属于免税收入。
(2) 国债利息收入免税,国债转让收益征税。
(3) 来自非上市公司(居民企业)的股息、红利等权益性投资收益,免税。
(4) 来自上市公司(居民企业)的股息、红利等权益性投资收益:连续持有上市公司股票12个月以上的,免税;不足12个月的,征税。

二、免征企业所得税

(1) 从事农、林、牧、渔业的所得。企业从事下列项目的所得,免征企业所得税:①蔬菜、谷物、薯类、油料、豆类、棉花、麻类、糖料、水果、坚果的种植;②农作物新品种的选育;③中药材的种植;④林木的培育和种植;⑤牲畜、家禽的饲养;⑥林产品的采集;⑦灌溉、农产品初加工、兽医、农技推广、农机作业和维修等农、林、牧、渔服务业项目；⑧远洋捕捞。

（2）居民企业一个纳税年度内 500 万元以内的技术转让所得。

（3）合格境外机构投资者境内转让股票等权益性投资资产所得。

（4）非营利性科研机构、高等学校接收企业、个人和其他组织机构基础研究资金收入。

素养小园地

免征企业所得税新政速递

《财政部 税务总局 民政部关于生产和装配伤残人员专门用品企业免征企业所得税的公告》（财政部 税务总局 民政部公告 2023 年第 57 号）为帮助伤残人员康复或者恢复残疾肢体功能，对生产和装配伤残人员专门用品的企业免征企业所得税政策明确如下。

对符合下列条件的居民企业，免征企业所得税：

（1）生产和装配伤残人员专门用品，且在民政部发布的《中国伤残人员专门用品目录》范围之内。

（2）以销售本企业生产或者装配的伤残人员专门用品为主，其所取得的年度伤残人员专门用品销售收入（不含出口取得的收入）占企业收入总额 60% 以上。收入总额，是指《企业所得税法》第 6 条规定的收入总额。

（3）企业账证健全，能够准确、完整地向主管税务机关提供纳税资料，且本企业生产或者装配的伤残人员专门用品所取得的收入能够单独、准确核算。

（4）企业拥有假肢制作师、矫形器制作师资格证书的专业技术人员不得少于 1 人；其企业生产人员如超过 20 人，则其拥有假肢制作师、矫形器制作师资格证书的专业技术人员不得少于全部生产人员的 1/6。

（5）具有与业务相适应的测量取型、模型加工、接受腔成型、打磨、对线组装、功能训练等生产装配专用设备和工具。

（6）具有独立的接待室、假肢或者矫形器（辅助器具）制作室和假肢功能训练室，使用面积不少于 115 平方米。

符合本公告规定条件的企业，按照《国家税务总局关于发布修订后的〈企业所得税优惠政策事项办理办法〉的公告》（国家税务总局公告 2018 年第 23 号）的规定，采取"自行判别、申报享受、相关资料留存备查"的办理方式享受税收优惠政策。

本公告执行至 2027 年 12 月 31 日。

三、减半征收企业所得税

（1）花卉、茶以及其他饮料作物和香料作物的种植。

(2) 海水养殖、内陆养殖。
(3) 居民企业一个纳税年度内超过 500 万元的技术转让所得的超过部分。

四、三免三减半企业所得税

(1) 企业从事国家重点扶持的"公共基础设施"项目的投资经营所得，自项目取得第一笔生产经营收入所属纳税年度起，第 1 年至第 3 年免征企业所得税，第 4 年至第 6 年减半征收企业所得税。但是，企业承包经营、承包建设和内部自建自用的，不得享受上述企业所得税优惠。

(2) 企业从事符合条件的"环境保护""节能节水"项目的所得，自项目取得第一笔生产经营收入所属纳税年度起，第 1 年至第 3 年免征企业所得税，第 4 年至第 6 年减半征收企业所得税。符合条件的环境保护、节能节水项目，包括公共污水处理、公共垃圾处理、沼气综合开发利用、节能减排技术改造、海水淡化等。

五、降低税率

(1) 非居民企业税率为 20% 的，实际按 10% 执行。
(2) 符合条件的小型微利企业，减按 20% 的税率征收企业所得税。
(3) 国家重点扶持的高新技术企业、经认定的技术先进型服务企业和西部鼓励类项目的企业，减按 15% 的税率征收企业所得税。

六、加计扣除

(1) 根据《财政部 国家税务总局 科技部关于完善研究开发费用税前加计扣除政策的通知》(财税〔2015〕119 号)、《财政部 税务总局关于进一步完善研发费用税前加计扣除政策的公告》(2023 年第 7 号)规定，自 2023 年 1 月 1 日起，企业开展研发活动中实际发生的研发费用，未形成无形资产计入当期损益的，在按规定据实扣除的基础上，再按照实际发生额的 100% 在税前加计扣除；形成无形资产的，按照无形资产成本的 200% 在税前摊销。除烟草制造业、住宿和餐饮业、批发和零售业、房地产业、租赁和商务服务业、娱乐业等以外，其他行业企业均可享受。

(2) 安置残疾人员的工资，加计扣除 100%。

七、抵扣应纳税所得额

(1) 创业投资企业采取股权投资方式投资于未上市的中小高新技术企业 2 年以上的，可以按照其投资额的 70% 在股权持有满 2 年的当年抵扣该创业投资企业的应纳税所得额；当年不足抵扣的，可以在以后纳税年度结转抵扣。

(2) 有限合伙制创业投资企业采取股权投资方式投资于未上市的中小高新技术企业满2年(24个月)的，其法人合伙人可按照对未上市中小高新技术企业投资额的70%抵扣该法人合伙人从该有限合伙制创业投资企业分得的应纳税所得额；当年不足抵扣的，可以在以后纳税年度结转抵扣。

八、加速折旧

(1) 可以采取缩短折旧年限或者采取加速折旧方法的固定资产：①由于技术进步，产品更新换代较快的固定资产；②常年处于强震动、高腐蚀状态的固定资产。

(2) 采取缩短折旧年限方法的，最低折旧年限不得低于法定折旧年限的60%。

(3) 采取加速折旧方法的，可以采取双倍余额递减法或者年数总和法。

素养小园地

关于设备、器具扣除企业所得税新政速递

根据《财政部 税务总局关于设备、器具扣除有关企业所得税政策的公告》(财政部 税务总局公告2023年第37号)，为引导企业加大设备、器具投资力度，现就有关企业所得税政策公告如下：

(1) 企业在2024年1月1日至2027年12月31日新购进的设备、器具，单位价值不超过500万元的，允许一次性计入当期成本费用在计算应纳税所得额时扣除，不再分年度计算折旧；单位价值超过500万元的，仍按《中华人民共和国企业所得税法实施条例》《财政部 国家税务总局关于完善固定资产加速折旧企业所得税政策的通知》(财税〔2014〕75号)、《财政部 国家税务总局关于进一步完善固定资产加速折旧企业所得税政策的通知》(财税〔2015〕106号)等相关规定执行。

(2) 本公告所称设备、器具，是指除房屋、建筑物以外的固定资产。

九、减计收入

(1) 企业以《资源综合利用企业所得税优惠目录》规定的资源作为主要原材料，生产国家非限制和禁止并符合国家和行业相关标准的产品取得的收入，减按90%计入收入总额。

(2) 企业提供社区养老、托育、家政服务取得的收入，减按90%计入收入总额。

十、税额抵免

企业购置并实际使用《环境保护专用设备企业所得税优惠目录》《节能节水专用设备

企业所得税优惠目录》和《安全生产专用设备企业所得税优惠目录》规定的"环境保护""节能节水""安全生产"等专用设备的,该专用设备投资额的10%可以从企业当年的应纳税额(非应纳税所得额)中抵免;当年不足抵免的,可以在以后5个纳税年度结转抵免。

【知识拓展5-2】不征税收入与免税收入的区别

任务三　企业所得税应纳税所得额的确定

企业每一纳税年度的收入总额,减除不征税收入、免税收入、各项扣除以及允许弥补的以前年度亏损后的余额,为应纳税所得额,是计算企业所得税的计税依据。其计算公式如下:

$$应纳税所得额 = 收入总额 - 不征税收入 - 免税收入 - 准予扣除项目金额 - 税前弥补以前年度亏损额(直接法)$$

纳税人在计算应纳税所得额时,按照税法规定计算出的应纳税所得额与企业按照财务会计制度计算的会计所得额(即会计利润),在很多情况下是不一致的。当税法与会计准则有矛盾时,应按税法调整为:

$$应纳税所得额 = 会计利润 \pm 纳税调整项目(间接法)$$

一、收入总额

企业以货币形式(现金、存款、应收账款、应收票据、准备持有至到期的债券投资以及债务的豁免等)和非货币形式(固定资产、生物资产、无形资产、股权投资、存货、不准备持有至到期的债券投资、劳务以及有关权益等)从各种来源取得的收入,为收入总额。具体包括:

(1) 销售货物收入:销售商品、产品、原材料、包装物、低值易耗品以及其他存货。

(2) 提供劳务收入:从事建筑安装、修理修配、交通运输、仓储租赁、金融保险、邮电通信、咨询经纪、文化体育、科学研究、技术服务、教育培训、餐饮住宿、中介代理、卫生保健、社区服务、旅游、娱乐、加工以及其他劳务服务活动。

(3) 转让财产收入:转让固定资产、生物资产、无形资产、股权、债权等的所有权。

(4) 股息、红利等权益性投资收入:因权益性投资从被投资方取得的收入。

(5) 利息收入:存款利息、贷款利息、债券利息、欠款利息。

(6) 租金收入:提供固定资产、包装物或者其他有形资产的使用权。

(7) 特许权使用费收入:提供专利权、非专利技术、商标权、著作权以及其他特许权的使用权。

(8) 接受捐赠收入:接受的来自其他企业、组织或者个人无偿给予的货币性资产、非货币性资产。

（9）其他收入：包括固定资产盘盈收入、罚款收入、因债权人缘故确实无法支付的应付款项、物资及现金溢余收入、教育费附加返还款、包装物押金收入等。

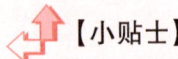【小贴士】

企业发生非货币性资产交换，以及将货物、财产、劳务用于职工福利、利润分配、捐赠、偿债、赞助、广告、样品等用途的，应当视同销售货物、转让财产或提供劳务确认相应的收入，国务院财政、税务主管部门另有规定的除外。

二、不征税收入

收入总额中的下列收入为不征税收入：
（1）财政拨款。
（2）依法收取并纳入财政管理的行政事业性收费、政府性基金。
（3）国务院规定的其他不征税收入。

三、免税收入

免税收入是指属于企业的应纳税所得但按照税法规定免予征收企业所得税的收入，具体包括：
（1）国债利息收入。
（2）符合条件的居民企业之间的股息、红利等权益性投资收益。
（3）在中国境内设立机构、场所的非居民企业从居民企业取得与该机构、场所有实际联系的股息、红利等权益性投资收益。
（4）符合条件的非营利组织的收入。

其中，符合条件的非营利组织的收入，不包括非营利组织从事营利性活动取得的收入，国务院财政、税务主管部门另有规定的除外。

四、准予扣除的项目

（一）扣除项目

企业实际发生的与取得收入有关的、合理的支出，包括成本、费用、税金、损失和其他支出，准予在计算应纳税所得额时扣除。

1. 成本

成本是指企业在生产经营活动中发生的主营业务成本、其他业务成本等以及其他耗费。

2. 费用

费用是指纳税人每一纳税年度生产、经营商品和提供劳务等所发生的可扣除的销售费用、管理费用和财务费用,已计入成本的有关费用除外。

3. 税金

税金是指计入税金及附加在当期扣除的消费税、资源税、土地增值税(房地产开发企业)、出口关税、城市维护建设税、教育费附加、房产税、车船税、城镇土地使用税、印花税等。企业缴纳的增值税是价外税,故不在扣除之列。

4. 损失

损失是指纳税人生产、经营过程中的各项营业外支出、已发生的经营亏损和投资损失,以及其他损失,如固定资产和存货盘亏、毁损、报废损失、转让财产损失、呆账损失、坏账损失,以及自然灾害等不可抗力因素造成的损失。但违法、犯罪行为造成的损失不得扣除,包括各种行政性罚款、没收违法所得、刑事责任附加刑中的罚金、没收财产等。准予扣除损失的计算公式如下:

准予扣除的损失 = 损失的存货成本 + 因不得抵扣而转出的增值税进项税额 − 责任人赔偿 − 保险赔款

企业在财务会计处理与税法规定不一致时,应按税收规定予以调整。纳税人不能提供完整、准确的收入及成本、费用凭证,不能正确计算应纳税所得额的,税务机关有权核定其应纳税所得额。

(二) 扣除项目的扣除范围和标准

1. 借款利息支出

纳税人在生产、经营期间,向金融机构借款的利息支出,按照实际发生数扣除;向非金融机构借款的利息支出,按不高于金融机构同期、同类贷款利率计算的数额扣除。

纳税人用于建造、购置固定资产,开发、购置无形资产,以及筹办期间发生利息支出、按规定应予资本化的,不得在所得税前扣除。

[**工作实例 5-1**] 甲企业 2024 年度"财务费用"账户中的利息,包括 5 月 1 日以年利率 4.35% 向银行借入 8 个月生产周转用 200 万元借款利息,还包括向非金融机构借入的同期生产周转用 50 万元资金借款利息。

[**工作要求**] 计算 2024 年甲企业应纳税所得额可以扣除的利息费用。

[**工作实施**] 可在税前扣除的银行利息费用 $= 200 \times 4.35\% \div 12 \times 8 = 5.80$(万元)

向非金融机构借款可扣除利息费用限额 $= 50 \times 4.35\% \div 12 \times 8 = 1.45$(万元)

甲企业支付给非金融机构的利息超过同类同期银行借款利息,只能按照限额扣除。

2024 年度计算应纳税所得额时可扣除的利息费用 $= 5.80 + 1.45 = 7.25$(万元)

2. 工资薪金支出

企业实际发生的合理的工资薪金支出,准予据实扣除。工资薪金支出是指企业每一纳税年度支付给本企业任职或与其有雇佣关系的员工的所有现金或非现金形式的劳动报酬,包括基本工资、薪金、津贴、补贴、年终加薪、加班工资,以及与任职或者受雇有关的其他支出。

3. 职工福利费、工会经费、职工教育经费

企业发生的职工福利费、工会经费、职工教育经费按标准扣除,未超过标准的按实际数扣除,超过标准的只能按标准扣除。

(1) 企业发生的职工福利费,不超过工资、薪金总额14%的部分准予扣除。

(2) 企业拨缴的工会经费,不超过工资、薪金总额2%的部分准予扣除。

(3) 除国务院财政、税务主管部门另有规定外,企业发生的职工教育经费支出,不超过工资、薪金总额8%的部分准予扣除,超过部分准予结转以后纳税年度扣除。

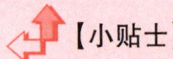

【小贴士】

集成电路设计企业、符合条件的软件企业、航空企业职工教育经费据实扣除。

[工作实例5-2] 甲企业2024年支付职工工资160万元,职工福利费28万元,职工工会经费3万元,职工教育经费17万元。

[工作要求] 甲企业2024年企业所得税汇算时需如何调整?

[工作实施] 职工福利费的扣除限额 = $160 \times 14\%$ = 22.40(万元)

职工福利费实际发生28万元,大于扣除限额22.40万元。

应调增应纳税所得额 = $28 - 22.40$ = 5.60(万元)

职工工会经费的扣除限额 = $160 \times 2\%$ = 3.20(万元)

职工工会经费实际发生3万元,小于扣除限额3.20万元,无须调整。

职工教育经费的扣除限额 = $160 \times 8\%$ = 12.80(万元)

职工教育经费实际发生17万元,大于扣除限额12.80万元。

应调增应纳税所得额 = $17 - 12.80$ = 4.20(万元)

4. 捐赠支出

1) 公益性捐赠支出

公益性捐赠是指企业通过公益性社会团体或者县级以上人民政府及其部门,用于《中华人民共和国公益事业捐赠法》规定的公益事业的捐赠。公益性捐赠有限额扣除和全额扣除两种情况:

(1) 限额扣除是指年度利润总额12%以内的部分,准予在计算应纳税所得额时扣除;超过年度利润总额12%的部分,准予结转以后3年内在计算应纳税所得额时扣除。年度利润总额是指企业依照国家统一会计准则的规定计算的年度会计利润。

(2) 全额扣除是指企业用于"目标脱贫地区的扶贫"的公益性捐赠支出准予在计算企业所得税应纳税所得额时据实扣除。

2) 非公益性捐赠支出

纳税人向受赠人的直接捐赠,不允许扣除。

[工作实例 5-3] 甲企业 2024 年实现利润总额 800 万元,通过公益性社会团体向希望小学捐款 50 万元;直接捐赠给某大学贫困学生助学补贴 10 万元。

[工作要求] 甲企业 2024 年企业所得税汇算时需如何调整?

[工作实施]

通过公益性社会团体向希望小学捐款的扣除限额 $= 800 \times 12\% = 96$(万元)

实际捐赠支出 50 万元,小于扣除限额 96 万元,无须进行纳税调整。

直接捐赠给某大学贫困学生助学补贴 10 万元,不得在企业所得税税前扣除,应调增应纳税所得额 10 万元。

【知识拓展 5-3】公益性捐款的法规

5. 业务招待费

企业发生的与生产经营活动有关的业务招待费支出,按照发生额的 60% 扣除,但最高不得超过当年销售(营业)收入的 5‰。

纳税人申报扣除的业务招待费,应提供能证明真实性的有效凭证或资料,不能提供资料的,不得在税前扣除。

[工作实例 5-4] 甲企业 2024 年全年销售收入总额 3 600 万元,发生与经营活动相关的业务招待费 100 万元。

[工作要求] 甲企业 2024 年企业所得税汇算时需如何调整?

[工作实施] 业务招待费的 60% $= 100 \times 60\% = 60$(万元)

业务招待费的扣除限额 $= 3\ 600 \times 5‰ = 18$(万元)

比较数据大小后取较小者,则当年可在税前扣除的业务招待费金额为 18 万元。

应调增应纳税所得额 $= 100 - 18 = 82$(万元)

思考:如发生与经营活动相关的业务招待费为 20 万元,则甲企业 2024 年企业所得税汇算时需如何调整?

6. 保险费和住房公积金

(1)纳税人参加财产保险和运输保险,按照规定缴纳的保险费用,准予扣除。

(2)企业发生的合理的劳动保护支出,准予扣除。

(3)职工基本社会保险。企业依照国务院有关主管部门或者省级人民政府规定的范围和标准为职工缴纳的基本养老保险费、基本医疗保险费、失业保险费、工伤保险费、生育保险费等基本社会保险费和住房公积金,准予扣除。

(4)补充社会保险。企业根据国家有关政策规定,为在本企业任职或者受雇的全体员工支付的补充养老保险费、补充医疗保险费,不超过职工工资总额 5% 标准内的部分在计算应纳税所得额时准予扣除;超过的部分不予扣除。

(5)商业人身保险。企业职工因公出差乘坐交通工具发生的人身意外保险费支出,准予扣除。除企业依照国家规定为特殊工种职工支付的人身安全保险费和国务院财政、税务主管部门规定可以扣除的其他商业保险费外,企业为投资者或者职工支付的商业保险费,不得扣除。

7. 租赁费

纳税人以经营租赁方式租入固定资产的租赁费,可根据受益时间均匀扣除。

纳税人以融资租赁方式取得的固定资产,其租金支出不得扣除,但可以按规定提取折旧费用,分期扣除。

8. 资产减值准备

企业持有各项资产期间资产增值或者减值,除国务院财政、税务主管部门规定可以确认的损益外,不得调整该资产的计税基础。

9. 资产盘亏、毁损净损失

纳税人当期发生的固定资产和流动资产盘亏、毁损净损失,经主管税务机关审核后,准予扣除。

10. 广告费和业务宣传费

企业发生的符合条件的广告费和业务宣传费支出,除国务院财政、税务主管部门另有规定外,不超过当年销售(营业)收入15%的部分,准予扣除;超过部分准予在以后纳税度结转扣除。

【小贴士】

业务宣传费的特殊规定

(1) 企业在筹建期间,发生的广告费和业务宣传费,可按实际发生额计入企业筹办费,并按有关规定在税前扣除。

(2) 对化妆品制造或销售、医药制造和饮料制造(不含酒类制造)企业发生的广告费和业务宣传费支出,不超过当年销售(营业)收入30%的部分,准予扣除;超过部分准予在以后纳税年度结转扣除。

(3) 烟草企业的烟草广告费和业务宣传费支出,一律不得在计算应纳税所得额时扣除。

[**工作实例5-5**] 甲企业2024年全年销售收入总额3 600万元,发生与经营活动相关的广告宣传费800万元。

[**工作要求**] 甲企业2024年企业所得税汇算时需如何调整?

[**工作实施**] 广告宣传费扣除限额=3 600×15%=540(万元)

广告宣传费实际发生800万元,大于扣除限额540万元。

应调增应纳税所得额=800-540=260(万元)

11. 党建经费

非公有制企业党组织工作经费纳入企业管理费列支,不超过职工年度工资薪金总额1%的部分,准予扣除。

12. 研发费用

对于会计核算健全、实行查账征收并能够准确归集研发费用的居民企业,除烟草、住宿和餐饮业、批发和零售业、房地产业、租赁和商务服务业、娱乐业的企业外，企业开展研发活动中实际发生的研发费用，未形成无形资产计入当期损益的，在按规定据实扣除的基础上，自2023年1月1日起，再按照实际发生额的100%在税前加计扣除；形成无形资产的，按照无形资产成本的200%在税前摊销。

13. 环境保护专项资金

企业依照法律、行政法规有关规定提取的用于环境保护、生态恢复等方面的专项资金，准予扣除。上述专项资金提取后改变用途的，不得扣除。

【小贴士】

限额扣除项目的扣除比例总结如表5-5所示。

表5-5 限额扣除项目

限额扣除项目	准予扣除	超过部分
利息费用	不超过按照金融企业同期同类贷款利率计算的利息	不得扣除
职工福利费	不超过工资薪金总额的14%	不得扣除
工会经费	不超过工资薪金总额的2%	不得扣除
职工教育经费	不超过工资薪金总额的8%	当年不得扣除，超过部分准予结转以后纳税年度扣除
公益性捐赠支出	不超过年度利润总额12%的部分	超过年度利润总额12%的部分，准予结转以后3年内在计算应纳税所得额时扣除
业务招待费	按照发生额的60%扣除，但最高不得超过当年销售（营业）收入的5‰	不得扣除
广告费和业务宣传费	不超过当年销售（营业）收入15%的部分	当年不得扣除，超过部分准予结转以后纳税年度扣除

【知识拓展5-4】准备金支出所得税前扣除须核定

除上述各项之外，限额扣除项目还有全国人大及其常务委员会通过的法律、国务院公布的行政法规和财政部、国家税务总局规定的有关税前扣除项目。

五、不允许扣除的项目

根据企业所得税相关法律规定，在计算应纳税所得额时，下列项目不得从收入总额中扣除：

（1）向投资者支付的股息、红利等权益性投资收益款项。

（2）企业所得税税款。

（3）税收滞纳金、罚款。

（4）违法经营的罚金、罚款和被没收财物的损失。

（5）超过扣除限额的捐赠支出。

（6）赞助支出。

（7）未经核定的准备金支出。

（8）企业之间支付的管理费、企业内营业机构之间支付的租金和特许权使用费，以及非银行企业内营业机构之间支付的利息。

（9）与取得收入无关的其他支出。

六、亏损弥补

亏损是指企业按照《企业所得税法》及其实施条例的规定，将每一纳税年度的收入总额减除不征税收入、免税收入和各项扣除后小于零的数额。

《企业所得税法》规定，纳税人发生年度亏损的，可以用下一纳税年度的所得弥补；下一纳税年度的所得不足弥补的，可以逐年延续弥补，但是延续弥补期最长不得超过 5 年。5 年内不论是盈利还是亏损，都作为实际弥补期限计算，亏损弥补年限的规定如表 5-6 所示。

表 5-6 亏损弥补年限的规定

企业类型	亏损弥补年限
一般企业	某一纳税年度发生的亏损，可以用下一年度的所得弥补，下一年度的所得不足弥补的，可以逐年延续弥补，但是最长不得超过 5 年
高新技术企业、科技型中小企业	自 2018 年 1 月 1 日起，当年具备资格的企业，其具备资格年度之前 5 个年度发生的尚未弥补完的亏损，准予结转以后年度弥补，最长结转年限由 5 年延长至 10 年

【小贴士】

亏损弥补应注意以下问题：

（1）亏损弥补期应连续计算，不得间断，不论 5 年的税前亏损弥补期内企业是盈利或亏损。

（2）连续发生亏损，其亏损弥补期应按每个年度分别计算，按先亏先补的顺序弥补，超过税前弥补期限的亏损一律不得再在税前弥补。

（3）企业在汇总计算缴纳企业所得税时，其境外营业机构的亏损不得抵减境内营业机构的盈利。

（4）筹办期间不计算为亏损年度，企业应从开始生产经营的年度计算为损益年度。

[工作实例 5-6] 甲企业 2018—2024 年应纳税所得额如表 5-7 所示。

表 5-7　甲企业 2018—2024 年应纳税所得额　　　　　　　　　　　单位：万元

年份	2018年	2019年	2020年	2021年	2022年	2023年	2024年
未弥补亏损前的所得	-90	10	-30	20	30	20	60

[工作要求]假设无其他纳税调整项目，计算甲企业 2024 年度企业所得税应纳税所得额。

[工作实施]2018 年的亏损用 2019—2023 年的所得弥补，在此期间，2020 年也亏损，也要占用一个抵扣年度，并遵循先亏先补的原则。到 2023 年，2018 年亏损未弥补完，但 5 年弥补期已满，还有 10 万元亏损不得在税前弥补。

2021—2023 年的所得，已被用来弥补 2018 年的亏损，2020 年的亏损只能用 2024 年所得弥补，则 2024 年补亏后应纳税所得额为 30 万元(60-30)。

七、资产的税务处理

资产的税务处理是企业所得税对各项资产在税前进行的计提折旧、摊销和合理扣除等。对企业资产进行税务处理，将影响企业应纳税所得额和应纳税额的确定。

企业的各项资产包括固定资产、无形资产、生产性生物资产、长期待摊费用、投资资产、存货等，各项资产的处理要以历史成本为计税基础。

(一) 固定资产的处理

1. 固定资产的计税基础

(1) 外购的固定资产，以购买价款和支付的相关税费以及直接归属于使该资产达到预定用途发生的其他支出为计税基础。

(2) 自行建造的固定资产，以竣工结算前发生的支出为计税基础。

(3) 融资租入的固定资产，以租赁合同约定的付款总额和承租人在签订租赁合同过程中发生的相关费用为计税基础；租赁合同未约定付款总额的，以该资产的公允价值和承租人在签订租赁合同过程中发生的相关费用为计税基础。

(4) 盘盈的固定资产，以同类固定资产的重置完全价值为计税基础。

(5) 改建的固定资产，以改建过程中发生的改建支出增加计税基础。

(6) 通过捐赠、投资、非货币性资产交换、债务重组等方式取得的固定资产，以该资产的公允价值和支付的相关税费为计税基础。

2. 不得计算折旧扣除的固定资产

(1) 房屋、建筑物以外未投入使用的固定资产。

(2) 以经营租赁方式租入的固定资产。

(3) 以融资租赁方式租出的固定资产。

(4) 已提足折旧仍继续使用的固定资产。

(5) 与经营活动无关的固定资产。
(6) 单独估价作为固定资产入账的土地。
(7) 其他不得计提折旧扣除的固定资产。

3. 固定资产折旧的计提方法

(1) 固定资产按照直线法计算的折旧，准予扣除。
(2) 企业应当自固定资产投入使用月份的次月起计提折旧；停止使用的固定资产应当自停止使用月份的次月起停止计提折旧。
(3) 企业应当根据固定资产的性质和使用情况，合理确定固定资产的预计净残值，一经确定不得变更。

4. 固定资产计算折旧的最低年限

(1) 房屋、建筑物：20年。
(2) 飞机、火车、轮船、机器、机械和其他生产设备：10年。
(3) 与生产经营活动有关的器具、工具、家具等：5年。
(4) 飞机、火车、轮船以外的运输工具：4年。
(5) 电子设备：3年。

(二) 生产性生物资产的处理

生物资产是指有生命的动物和植物。生产性生物资产是指为产出农产品、提供劳务或出租等目的而持有的生物资产，包括经济林、薪炭林、产畜和役畜等。

1. 生产性生物资产折旧的计提方法

(1) 生产性生物资产按照直线法计算的折旧，准予扣除。
(2) 企业应当自生产性生物资产投入使用月份的次月起计算折旧；停止使用的生产性生物资产应当自停止使用月份的次月起停止计算折旧。

2. 生产性生物资产计算折旧的最低年限

(1) 林木类生产性生物资产：10年。
(2) 畜类生产性生物资产：3年。

(三) 无形资产的处理

无形资产是指企业长期使用但没有实物形态的资产，包括专利权、商标权、著作权、土地使用权、非专利技术、商誉等。

1. 无形资产的计税基础

(1) 外购的无形资产，以购买价款和支付的相关税费以及直接归属于使该资产达到预定用途发生的其他支出为计税基础。
(2) 自行开发的无形资产，以开发过程中该资产符合资本化条件后至达到预定用途前发生的支出为计税基础。
(3) 通过捐赠、投资、非货币性资产交换、债务重组等方式取得的无形资产，以该资产的公允价值和支付的相关税费为计税基础。

2. 无形资产的摊销范围

下列无形资产不得计算摊销费用扣除：

（1）自行开发的支出已在计算应纳税所得额时扣除的无形资产。

（2）自创商誉。

（3）与经营活动无关的无形资产。

（4）其他不得计算摊销费用扣除的无形资产。

3. 无形资产的摊销方法

无形资产按照直线法计算的摊销费用，准予扣除。当月增加当月摊销，当月减少当月不摊销。

4. 无形资产的摊销年限

无形资产的摊销年限不得低于10年。作为投资或者受让的无形资产，有关法律规定或合同约定了使用年限的，可以按照规定或者约定的使用年限分期摊销。

（四）长期待摊费用的处理

长期待摊费用是指企业发生的应在一个纳税年度以上或几个纳税年度进行摊销的费用。在计算应纳税所得额时，企业发生的下列支出，作为长期待摊费用，按照规定摊销的，准予扣除：

（1）已足额提取折旧的固定资产的改建支出，按照固定资产预计尚可使用年限分期摊销。

（2）（经营）租入固定资产的改建支出，按照合同约定的剩余租赁期限分期摊销。

（3）固定资产的大修理支出，按照固定资产尚可使用年限分期摊销。

（4）其他应当作为长期待摊费用的支出，自支出发生月份的次月起分期摊销，摊销年限不得低于3年。

《企业所得税法》中对固定资产大修理支出的定义是指同时符合以下条件的支出：

（1）修理支出达到取得固定资产时的计税基础50%以上。

（2）修理后固定资产的使用年限延长2年以上。

（五）投资资产的处理

投资资产是指企业对外进行权益性投资和债权性投资形成的资产。

1. 投资资产的成本

（1）通过支付现金方式取得的投资资产，以购买价款为成本。

（2）通过支付现金以外的方式取得的投资资产，以该资产的公允价值和支付的相关税费为成本。

2. 投资成本的扣除方法

（1）企业对外投资期间，投资资产的成本在计算应纳税所得额时不得扣除。

(2) 企业在转让或者处置投资资产时,投资资产的成本准予扣除。

(六) 存货的处理

存货是指企业持有以备出售的产品或者商品、处在生产过程中的在产品、在生产或者提供劳务过程中耗用的材料和物料等。

1. 存货成本的确定

(1) 通过支付现金方式取得的存货,以购买价款和支付的相关税费为成本。

(2) 通过支付现金以外的方式取得的存货,以该存货的公允价值和支付的相关税费为成本。

(3) 生产性生物资产收获的农产品,以产出或者采收过程中发生的材料费、人工费和分摊的间接费用等必要支出为成本。

2. 存货成本的计算方法

企业使用或者销售的存货成本的计算方法,可以在先进先出法、加权平均法、个别计价法中选用一种。计价方法一经选用,不得随意变更。

任务四　企业所得税的计算

一、居民企业应纳税额的计算

企业所得税实行按年计征、分月或分季预缴、年终汇算清缴、多退少补的征收办法。具体计算缴纳企业所得税时,又分为核算征收和核定征收两种。

(一) 核算征收应纳税额的计算

应纳税额的计算公式如下:
(1) 直接计算法:

$$应纳税额 = 应纳税所得额 \times 税率$$

$$应纳税所得额 = 收入总额 - 不征税收入 - 免税收入 - 准予扣除项目金额 - 税前弥补以前年度亏损额$$

(2) 间接计算法:

$$应纳税所得额 = 会计利润总额 \pm 纳税调整项目金额$$

1. 按月(季)预缴所得税的计算方法

纳税人预缴所得税时,应当按纳税期限内应纳税所得额的实际数预缴;按实际数预缴有困难的,可按上一年度应纳税所得额的 1/12 或 1/4 预缴,或者按当地税务机关认可的其他方法分期预缴所得税。预缴方法一经确定,不得随意变更。其计算公式为:

$$应纳税额 = 月（季）应纳税所得额 \times 税率$$

或

$$应纳税额 = 上年全年应纳税所得额 \times 1/12（或 1/4） \times 税率$$

2. 年终汇算清缴所得税的计算方法

$$全年应纳税额 = 全年应纳税所得额 \times 税率$$

$$应补（退）所得税额 = 全年应纳税额 - 月（季）已预缴所得税税额$$

[工作实例 5-7] 某企业 2024 年度有关会计资料如下：主营业务收入 1 200 万元，主营业务成本 600 万元，其他业务收入 100 万元，其他业务成本 30 万元，固定资产盘盈净收入 15 万元，销售费用 20 万元，财务费用 5 万元，管理费用 25 万元，国债利息收入 10 万元，公益救济性捐赠 100 万元，税收滞纳金 3 万元，2019 年尚未弥补的亏损 40 万元。

[工作要求] 计算该企业应纳税所得额。

[工作实施]

(1) 该企业收入总额 = 1 200 + 100 + 15 + 10 = 1 325（万元）

(2) 免税收入 10 万元（国债利息收入免税）。

(3) 企业会计利润 = 1 200 + 100 + 15 + 10 − 600 − 30 − 20 − 5 − 25 − 100 − 3
   = 542（万元）

允许扣除捐赠支出限额 = 542 × 12% = 65.04（万元）

(4) 准予扣除项目金额 = 600 + 30 + 20 + 5 + 25 + 65.04 = 745.04（万元）（税收滞纳金 3 万元不允许税前扣除）

(5) 应纳税所得额 = 1 325 − 10 − 745.04 − 40 = 529.96（万元）

(6) 应纳企业所得税税额 = 529.96 × 25% = 132.49（万元）

以上是根据公式"应纳税所得额 = 收入总额 − 不征税收入 − 免税收入 − 准予扣除项目金额 − 税前弥补以前年度亏损额"计算的企业应纳税所得额，这种方法通常称为直接计算法。

实务中，常常先计算出企业的会计利润，将会计利润调整为应纳税所得额，再据此计算企业的应纳所得税税额，这种方法我们称为间接计算法。

在[工作实例 5-7]中，在计算出会计利润的基础上，如果采用间接法，应先确定会计利润和税法标准的差异，然后将会计利润中已经增加或减少的项目金额反向冲销，再重新按税法标准计算出应纳税所得额。具体步骤如下：

(1) 企业会计利润 = 1 200 + 100 + 15 + 10 − 600 − 30 − 20 − 5 − 25 − 100 − 3
   = 542（万元）

允许扣除的捐赠支出限额 = 542 × 12% = 65.04（万元）

(2) 应纳税所得额 = 542 − 10 + 100 − 65.04 + 3 − 40 = 529.96（万元）

其中，"−10"万元是国债利息免征所得税；"+100−65.04"万元是调增会计利润中已经扣减的公益救济性捐赠支出，按税法标准重新扣减；"+3"万元是会计利润中已经扣减的、按税法标准不允许扣除的税收滞纳金;"-40"万元是允许税前扣除的以前年度亏损。

(3) 应纳企业所得税税额 = 529.96 × 25% = 132.49(万元)

[工作实例5-8] 某居民企业为增值税一般纳税人,主要生产销售洗衣机,2024年度销售洗衣机取得不含税收入13 000万元,销售成本和税金及附加合计5 500万元;实现的会计利润为350万元。部分费用支出如下:

(1) 销售费用3 100万元,其中广告费2 000万元。

(2) 管理费用3 600万元,其中业务招待费120万元。

(3) 财务费用1 000万元,其中含向非金融机构借款1 000万元所支付的年利息100万元(当年金融企业贷款的年利率为4.35%)。

(4) 计入成本、费用中的实发工资750万元,发生的工会经费20万元、职工福利费160万元(不包括列入企业员工工资薪金制度、固定与工资薪金一起发放的福利性补贴)、职工教育经费80万元。

(5) 营业外支出130万元,其中包括通过公益性社会团体向贫困山区的捐款60万元。

[工作要求] 计算该企业当年应缴纳的企业所得税税额。

[工作实施]

(1) 广告费用扣除限额 = 13 000 × 15% = 1 950(万元)

应调增的应纳税所得额 = 2 000 - 1 950 = 50(万元)

(2) 业务招待费的60% = 120 × 60% = 72(万元)

业务招待费的扣除限额 = 13 000 × 5‰ = 65(万元)

比较数据大小后取较小者,则当年可在税前扣除的业务招待费为65万元。

应调增的应纳税所得额 = 120 - 65 = 55(万元)

(3) 向非金融企业借款的利息支出,不超过按照金融企业同期同类贷款利率计算的数额的部分,准予税前扣除。

该企业向非金融企业借款所支付的年利息应调增的应纳税所得额 = 100 - 1 000 × 4.35% = 56.50(万元)

(4) 工会经费限额 = 750 × 2% = 15(万元)

应调增的应纳税所得额 = 20 - 15 = 5(万元)

职工福利费限额 = 750 × 14% = 105(万元)

应调增的应纳税所得额 = 160 - 105 = 55(万元)

职工教育经费限额 = 750 × 8% = 60(万元)

应调增的应纳税所得额 = 80 - 60 = 20(万元)

合计应调增的应纳税所得额 = 5 + 55 + 20 = 80(万元)

(5) 企业发生的公益性捐赠支出,不超过年度利润总额12%的部分,准予在计算应纳税所得额时扣除。

该企业公益性捐赠应调增的应纳税所得额 = 60 - 350 × 12% = 18(万元)

该企业的应纳税所得额 = 350 + 50(广告费纳税调增) + 55(业务招待费纳税调增) +

80(三费经费纳税调增)+56.50(不得扣除的利息支付纳税调增)+18(公益性捐赠纳税调增)=609.50(万元)

应缴纳的企业所得税税额=609.5×25%=152.38(万元)

(二)核定征收应纳税额的计算

1. 核定征收企业所得税的适用范围

为了加强企业所得税的征收管理,纳税人具有下列情形之一的,应采取核定征收方式征收企业所得税:

(1)依照税收法律法规规定,可以不设账簿的或应设账簿但未设账簿的。

(2)只能准确核算收入总额,或收入总额能够查实,但其成本费用支出不能准确核算的。

(3)只能准确核算成本费用支出,或成本费用支出能够查实,但其收入总额不能准确核算的。

(4)收入总额及成本费用支出均不能正确核算,不能向主管税务机关提供真实、准确、完整纳税资料,难以查实的。

(5)账目设置和核算虽然符合规定,但并未按规定保存有关账簿凭证及有关纳税资料的。

(6)发生纳税义务,未按照税收法律法规规定的期限办理纳税申报,经税务机关责令限期申报,逾期仍不申报的。

2. 核定征收的方法

核定征收的方式主要包括定额征收和核定应税所得率征收两种办法。

(1)定额征收,是指税务机关按照一定的标准、程序和方法,直接核定纳税人年度应纳企业所得税额,由纳税人按规定进行申报缴纳的一种办法。

(2)核定应税所得率征收,是指税务机关按照一定的标准、程序和方法,预先核定纳税人的应税所得率,由纳税人根据纳税年度内的收入总额或成本费用等项目的实际发生额,按预先核定的应税所得率计算缴纳企业所得税额的办法。

实行核定应税所得率征收办法的,应纳税额的计算公式如下:

$$应纳税额 = 应纳税所得额 \times 适用税率$$

$$应纳税所得额 = 收入总额 \times 应税所得率$$

或

$$应纳税所得额 = 成本费用支出额 \div (1 - 应税所得率) \times 应税所得率$$

自2007年1月1日起,企业应税所得率执行标准,如表5-8所示。

表 5-8 应税所得率表

经营行业	应税所得率
农、林、牧、渔业	3%～10%
制造业	5%～15%
批发和零售贸易业	4%～15%
交通运输业	7%～15%
建筑业	8%～20%
饮食业	8%～25%
娱乐业	15%～30%
其他行业	10%～30%

[**工作实例 5-9**] 某饭店经税务机关批准，采用核定征收企业所得税办法，应税所得率为 20%。2024 年 2 月 5 日向税务机关进行纳税申报，资料表明该饭店 1 月营业收入 18 万元，发生的直接成本 12 万元，其他费用 7 万元，亏损 1 万元。经税务机关检查，该饭店收入核算准确，但成本费用核算有误。

[**工作要求**] 计算该饭店应纳所得税税额。

[**工作实施**] 应纳税所得额 = 收入总额 × 应税所得率 = 180 000 × 20% = 36 000(元)

应纳所得税额 = 应纳税所得额 × 适用税率 = 36 000 × 25% = 9 000(元)

[工作实例 5-9]中，若经税务机关检查，其成本费用无误，但收入总和不能准确核算，计算该饭店应缴纳的企业所得税税额。

该饭店收入不能准确核算，但成本费用计量准确，故应按照成本费用金额核定应纳税所得额，再根据应纳税所得额计算企业的应纳所得税额。

应纳税所得额 = 成本费用支出额 ÷ (1 − 应税所得率) × 应税所得率
　　　　　　 = (120 000 + 70 000) ÷ (1 − 20%) × 20% = 47 500(元)

应纳所得税税额 = 47 500 × 25% = 11 875(元)

二、非居民企业应纳税额的计算

对于在中国境内未设立机构、场所的，或者虽设立机构、场所但取得所得与其所设立机构、场所没有实际联系的非居民企业的所得，按照下列方法计算应纳税所得额：

(1) 股息、红利等权益性投资收益和利息、租金、特许使用费所得以收入全额为应纳税所得额。收入全额是指非居民企业向支付人收入的全部价款和价外费用，一般不扣除任何成本费用。

(2) 转让财产所得以收入全额减去财产净值后的余额为应纳税所得额，其中财产净值是指财产的计税基础减除已经按照规定扣除的折旧、摊销、准备金等后的净额。

(3) 其他所得，参照前两项规定的方法计算应纳税所得额。

非居民企业还可能因向中国境内的企业或个人提供咨询而从中国境内取得咨询费收入，因向中国境内企业或个人提供境外保险而从中国境内取得保险费收入等，这些收入也按收入全额征收企业所得税。其计算公式为：

$$应纳税额 = 应纳税所得额 \times 适用税率（减按10\%）$$

任务五　企业所得税的征收管理

一、纳税地点

（一）居民企业的纳税地点

除税收法律、行政法规另有规定外，居民企业以企业登记注册地为纳税地点；但登记注册地在境外的，以实际管理机构所在地为纳税地点。企业注册登记地是指企业依照国家有关规定登记注册的住所地。居民企业在中国境内设立不具有法人资格的营业机构的，应当汇总计算并缴纳企业所得税。

（二）非居民企业的纳税地点

（1）非居民企业在中国境内设立机构、场所的，以其所设机构、场所取得的来源于中国境内的所得，以及发生在中国境外但与其所设机构、场所有实际联系的所得，以机构、场所所在地为纳税地点。

（2）非居民企业在中国境内设立两个或者两个以上机构、场所的，经税务机关审核批准，可以选择其主要机构、场所汇总缴纳。

（3）非居民企业在中国境内未设立机构、场所的，或者虽设立机构、场所，但取得的所得与其所设机构、场所没有实际联系的，以扣缴义务人所在地为纳税地点。

二、纳税期限

企业所得税按年计征，分月或者分季预缴，年终汇算清缴，多退少补。企业在纳税年度内无论盈利或亏损，都应当按照规定的期限，向当地主管税务机关报送预缴企业所得税纳税申报表、年度企业所得税纳税申报表、财务会计报告和税务机关规定应当报送的其他有关资料。

（1）按月或按季预缴的，应当自月份或者季度终了之日起15日内，向税务机关报送预缴企业所得税纳税申报表，预缴税款。

（2）企业应当自年度终了之日起5个月内，向税务机关报送年度企业所得税纳税申报表,并汇算清缴,结清应缴应退税款。

(3) 企业在年度中间终止经营活动的,应当自实际经营终止之日起 60 日内,向税务机关办理当期企业所得税汇算清缴。

三、纳税年度

(1) 纳税年度自公历 1 月 1 日起至 12 月 31 日止。

(2) 企业在一个纳税年度中间开业,或者终止经营活动,使该纳税年度的实际经营期不足 12 个月的,应当以其实际经营期作为一个纳税年度。

(3) 企业依法清算时,应当以清算期间作为一个纳税年度。

四、纳税申报资料

纳税人办理纳税申报时,应当如实填写纳税申报表,并根据不同情况相应报送下列资料:

(1) 财务会计报表及其说明材料。
(2) 与纳税有关的合同、协议书。
(3) 税控装置的电子报税资料和异地完税凭证。
(4) 外出经营活动税收管理证明。
(5) 境内或者境外公证机构出具的有关证明文件。
(6) 税务机关规定应当报送的其他有关证件、资料。

任务六　企业所得税的智能申报与缴纳

一、企业所得税的预缴纳税申报

纳税人分月或者分季预缴企业所得税时,应当按照月度或者季度的实际利润额预缴;按月度或者季度的实际利润额预缴有困难的,可以按照上一纳税年度应纳税所得额的月度或者季度平均额预缴,或者按照经税务机关认可的其他方法预缴。预缴方法一经确定,该纳税年度内不得随意变更。

实行查账征收的居民企业纳税人在月(季)度预缴企业所得税时填制"中华人民共和国企业所得税月(季)度预缴纳税申报表(A 类)",如表 5-9 所示。实行核定征收的纳税人预缴企业所得税时填制"中华人民共和国企业所得税月(季)度预缴和年度纳税申报表(B 类)",如表 5-10 所示。

表 5-9　A200000 中华人民共和国企业所得税月(季)度预缴纳税申报表(A 类)

税款所属期间：　　年　月　日至　　年　月　日

纳税人识别号(统一社会信用代码)：□□□□□□□□□□□□□□□□□□□□

纳税人名称：　　　　　　　　　　　　　　　　　　　金额单位：人民币元(列至角分)

优 惠 及 附 报 事 项 有 关 信 息										
项目	一季度		二季度		三季度		四季度		季度平均值	
	季初	季末	季初	季末	季初	季末	季初	季末		
从业人数										
资产总额(万元)										
国家限制或禁止行业	□是 □否				小型微利企业				□是 □否	
附 报 事 项 名 称										金额或选项
事项 1	(填写特定事项名称)								
事项 2	(填写特定事项名称)								

	预 缴 税 款 计 算	本年累计	
1	营业收入	
2	营业成本	
3	利润总额	
4	加:特定业务计算的应纳税所得额	
5	减:不征税收入	
6	减:资产加速折旧、摊销(扣除)调减额(填写 A201020)	
7	减:免税收入、减计收入、加计扣除(7.1+7.2+…)	
7.1	(填写优惠事项名称)	
7.2	(填写优惠事项名称)	
8	减:所得减免(8.1+8.2+…)	
8.1	(填写优惠事项名称)	
8.2	(填写优惠事项名称)	
9	减:弥补以前年度亏损	
10	实际利润额(3+4-5-6-7-8-9)\ 按照上一纳税年度应纳税所得额平均额确定的应纳税所得额	
11	税率(25%)	
12	应纳所得税额(10×11)	
13	减:减免所得税额(13.1+13.2+…)	
13.1	(填写优惠事项名称)	
13.2	(填写优惠事项名称)	
14	减:本年实际已缴纳所得税额	

(续表)

		预 缴 税 款 计 算	本年累计
15		减:特定业务预缴(征)所得税额	
16		本期应补(退)所得税额(12－13－14－15)\税务机关确定的本期应纳所得税额	
汇总纳税企业总分机构税款计算			
17	总机构	总机构本期分摊应补(退)所得税额(18+19+20)	
18		其中:总机构分摊应补(退)所得税额(16×总机构分摊比例____%)	
19		财政集中分配应补(退)所得税额(16×财政集中分配比例____%)	
20		总机构具有主体生产经营职能的部门分摊所得税额(16×全部分支机构分摊比例____%×总机构具有主体生产经营职能部门分摊比例____%)	
21	分支机构	分支机构本期分摊比例	
22		分支机构本期分摊应补(退)所得税额	
实际缴纳企业所得税计算			
23		减:民族自治地区企业所得税地方分享部分:□免征 □减征:减征幅度____%	本年累计应减免金额[(12－13－15)×40%×减征幅度]
24		实际应补(退)所得税额	

谨声明:本纳税申报表是根据国家税收法律法规及相关规定填报的,是真实的、可靠的、完整的。

纳税人(签章): 年 月 日

经办人: 经办人身份证号: 代理机构签章: 代理机构统一社会信用代码:	受理人: 受理税务机关(章): 受理日期: 年 月 日

国家税务总局监制

表5-10 B100000 中华人民共和国企业所得税月(季)度预缴和年度纳税申报表

(B类,2018年版)

税款所属期间: 年 月 日至 年 月 日

纳税人识别号(统一社会信用代码):□□□□□□□□□□□□□□□□□□

纳税人名称: 金额单位:人民币元(列至角分)

核定征收方式	□核定应税所得率(能核算收入总额的) □核定应税所得(能核算成本费用总额的) □核定应纳所得税额									
按 季 度 填 报 信 息										
项目	一季度		二季度		三季度		四季度		季度平均值
	季初	季末	季初	季末	季初	季末	季初	季末	
从业人数									
资产总额(万元)									

(续表)

国家限制或禁止行业	□是 □否	小型微利企业	□是 □否
按 年 度 填 报 信 息			
从业人数(填写平均值)		资产总额(填写平均值,单位:万元)	
国家限制或禁止行业	□是 □否	小型微利企业	□是 □否

行次	项目	本年累计金额
1	收入总额	
2	减:不征税收入	
3	减:免税收入(4+5+10+11)	
4	国债利息收入免征企业所得税	
5	符合条件的居民企业之间的股息、红利等权益性投资收益免征企业所得税(6+7.1+7.2+8+9)	
6	其中:一般股息红利等权益性投资收益免征企业所得税	
7.1	通过沪港通投资且连续持有H股满12个月取得的股息红利所得免征企业所得税	
7.2	通过深港通投资且连续持有H股满12个月取得的股息红利所得免征企业所得税	
8	居民企业持有创新企业CDR取得的股息红利所得免征企业所得税	
9	符合条件的居民企业之间属于股息、红利性质的永续债利息收入免征企业所得税	
10	投资者从证券投资基金分配中取得的收入免征企业所得税	
11	取得的地方政府债券利息收入免征企业所得税	
12	应税收入额(1-2-3)\成本费用总额	
13	税务机关核定的应税所得率(%)	
14	应纳税所得额(第12×13行)\[第12行÷(1-第13行)×第13行]	
15	税率(25%)	
16	应纳所得税额(14×15)	
17	减:符合条件的小型微利企业减免企业所得税	
18	减:实际已缴纳所得税额	
L19	减:符合条件的小型微利企业延缓缴纳所得税额(是否延缓缴纳所得税 □是 □否)	

(续表)

行次	项目	本年累计金额
19	本期应补(退)所得税额(16—17—18—L19)＼税务机关核定本期应纳所得税额	
20	民族自治地方的自治机关对本民族自治地方的企业应缴纳的企业所得税中属于地方分享的部分减征或免征(□ 免征 □ 减征:减征幅度____%)	
21	本期实际应补(退)所得税额	

谨声明:本纳税申报表是根据国家税收法律法规及相关规定填报的,是真实的、可靠的、完整的。

　　　　　　　　　　　　　　　　　　　纳税人(签章):　　　年 月 日

经办人: 经办人身份证号: 代理机构签章: 代理机构统一社会信用代码:	受理人: 受理税务机关(章): 受理日期:　　　年 月 日

国家税务总局监制

二、企业所得税的年度汇算清缴纳税申报

企业所得税汇算清缴是指应税纳税人在纳税年度(公历年)终了之日起 5 个月内或实际经营终止之日起 60 日内,依照税收法律、法规、规章及其他有关企业所得税的规定,自行计算本纳税年度应纳税所得额和应纳税额,根据月度或季度预缴企业所得税的数额,确定该纳税年度应补或者应退税额,向主管税务机关办理企业所得税年度纳税申报、结清全年企业所得税款的行为。

实行查账征收企业所得税的居民纳税人在年度企业所得税汇算清缴时填写"企业所得税年度纳税申报表(A 类)"及相关附表,共有 38 张表单,本书附部分常见表格及税法填表说明,可扫描二维码查看。

附表 5-1

 素养小园地

企业所得税新政链接速递

(1)《国家税务总局关于落实小型微利企业所得税优惠政策征管问题的公告》(2023 年第 6 号)。

(2)《财政部　税务总局关于进一步完善研发费用税前加计扣除政策的公告》(2023 年第 7 号)。

(3)《国家税务总局　财政部关于优化预缴申报享受研发费用加计扣除政策有关事项的公告》(2023 年第 11 号)。

(4)《财政部 税务总局关于进一步支持小微企业和个体工商户发展有关税费政策的公告》(2023年第12号)。

(5)《财政部 税务总局关于支持小微企业融资有关税收政策的公告》(2023年第13号)。

(6)《财政部 税务总局关于设备、器具扣除有关企业所得税政策的公告》(2023年第37号)。

(7)《财政部 税务总局 国家发展改革委 工业和信息化部关于提高集成电路和工业母机企业研发费用加计扣除比例的公告》(2023年第44号)。

(8)《财政部 税务总局关于延续实施支持农村金融发展企业所得税政策的公告》(2023年第55号)。

(9)《财政部 税务总局 民政部关于生产和装配伤残人员专门用品企业免征企业所得税的公告》(2023年第57号)。

(10)《财政部 税务总局关于铁路债券利息收入所得税政策的公告》(2023年第64号)。

项目引入解析及实操

步骤一:点击"我要办税"—"税费申报及缴纳",如图5-1所示。

图5-1 进入办税系统

步骤二:观察税款所属期、申报月份等信息,点击右侧"填写申报表",如图5-2所示。

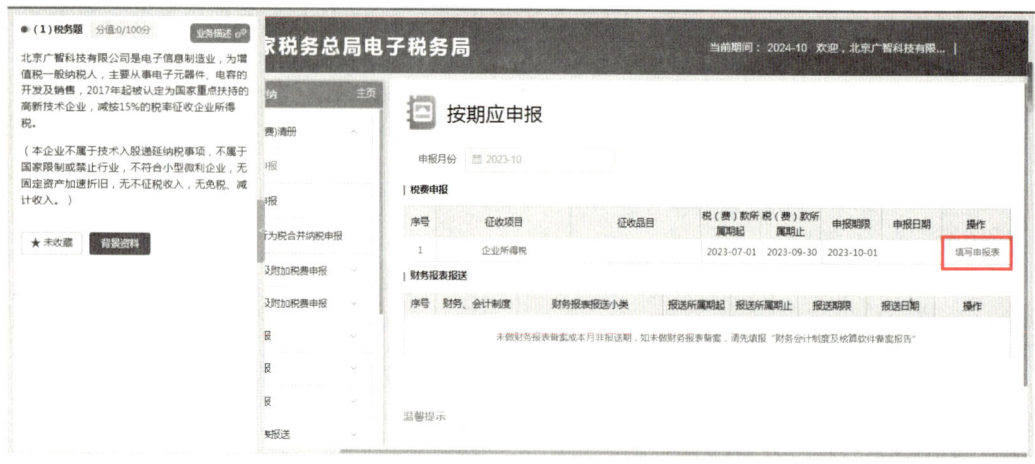

图 5-2　进入填写申报表界面

步骤三：进入申报表填写界面，点击"背景资料"，点击隐藏箭头隐藏左侧题目栏，如图 5-3 所示。

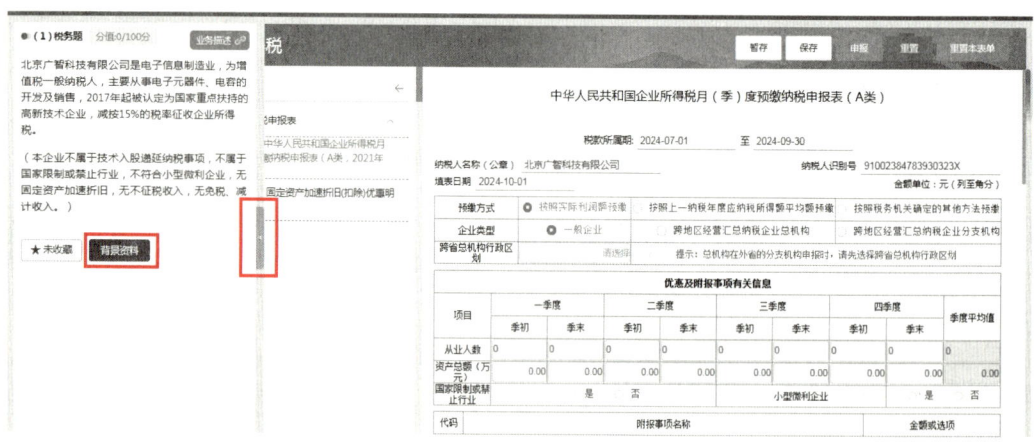

图 5-3　打开背景资料

步骤四：根据各季度相关数据填写相关信息，如图 5-4 所示。

步骤五：展开左侧题目栏，根据题目说明填写优惠信息，如图 5-5 所示。

步骤六：隐藏题目栏，还原附件单据对话框。打开利润表，根据利润表数据填写预缴税款栏第 1 行、第 2 行、第 3 行中本年累计金额，如图 5-6 所示。

步骤七：根据题目说明减按 15% 的税率征收企业所得税，最小化附件单据对话框，点击第 13 行处"填写优惠事项"，如图 5-7 所示。

步骤八：勾选第二项，计算填入优惠金额 137 668.15 元［利润总额×(25%－15%)＝1 376 681.49×10%］，点击"确定"，如图 5-8 所示。

项目五 企业所得税的计算与智能申报

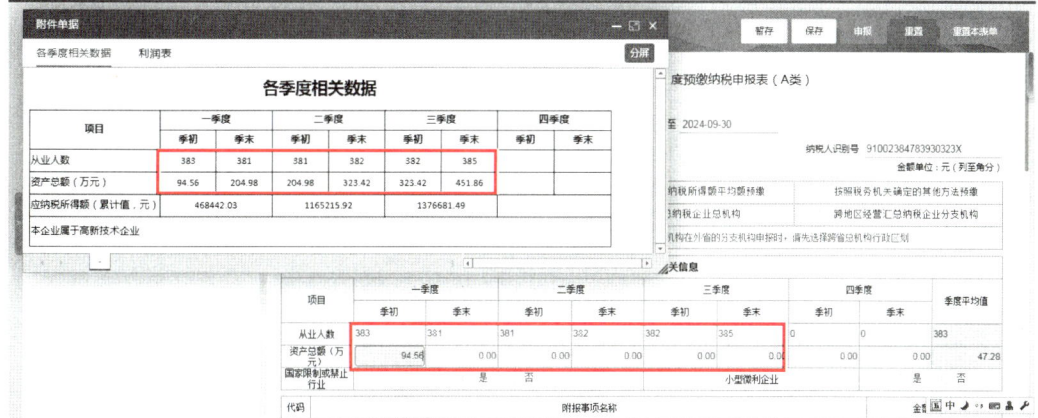

图 5-4 填写相关数据

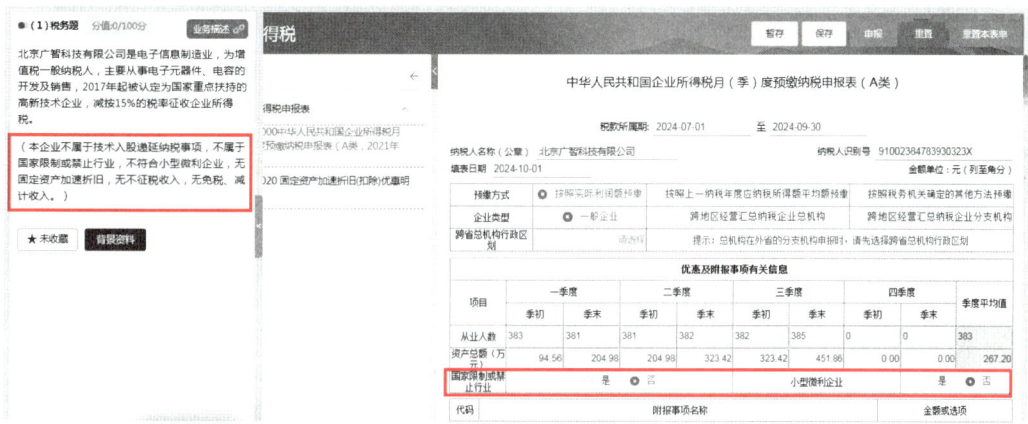

图 5-5 填写优惠信息

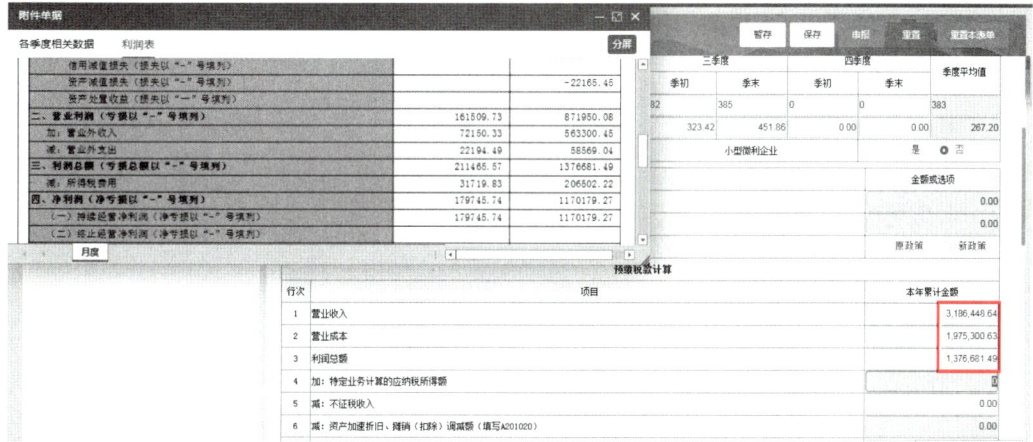

图 5-6 根据利润表填写数据

图 5-7 填写优惠事项

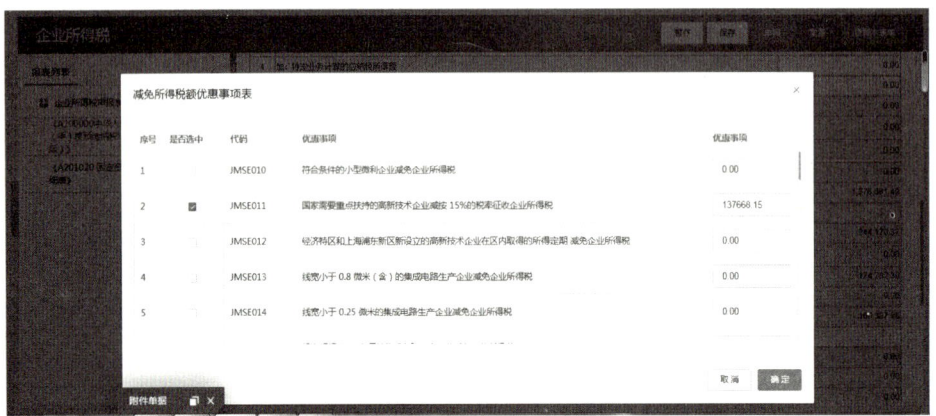

图 5-8 计算填入优惠金额

步骤九:计算填写第 FZ1 行,输入 19 031.90 元(FZ1 行＝第 16 行×60％＝31 719.83×60％);计算填写第 FZ2 行,输入 12 687.93 元(FZ2 行＝第 16 行×40％＝31 719.83×40％),点击"暂存",如图 5-9 所示。

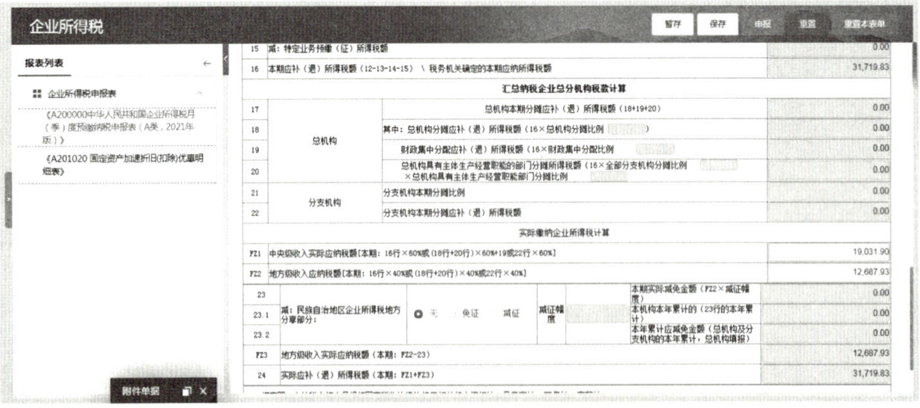

图 5-9 填写中央、地方应纳税额

步骤十：点击左侧"报表列表"的"A201020 固定资产加速折旧(扣除)优惠明细表"，由于本公司不存在固定资产加速折旧优惠，点击"暂存"，如图 5-10 所示。

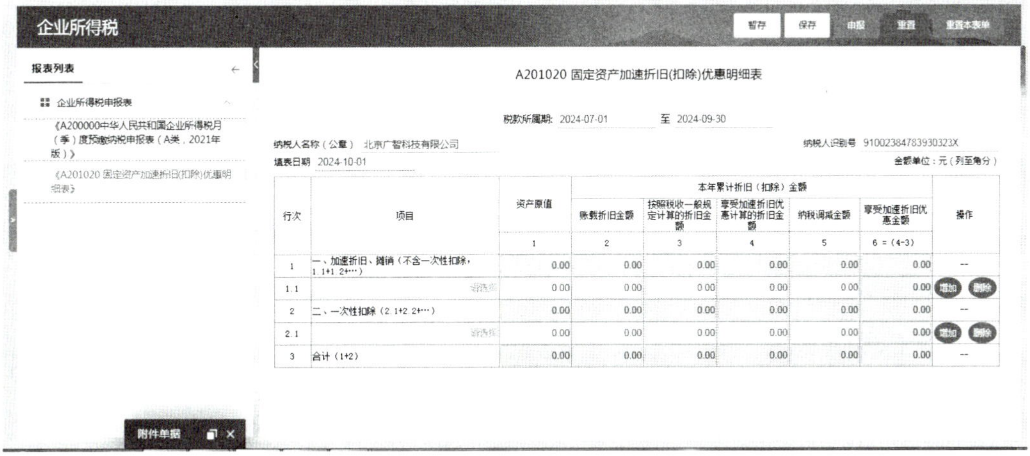

图 5-10　A201020 固定资产加速折旧(扣除)优惠明细表

步骤十一：返回主表 A200000，点击"保存"—"申报"—"确定"，完成申报，如图 5-11 所示。

图 5-11　申报完成

步骤十二：点击"缴款"，勾选待清缴的税款，点击"立即缴款"完成缴款，如图 5-12 所示。

图 5-12　缴款完成

项目技能训练

一、单选题

1. 在计算应纳税所得额时,不允许作为税金项目从收入总额中扣除的税金是(   )。
   A. 增值税   B. 消费税
   C. 城市维护建设税   D. 关税

2. 假设某小型企业 2023 年 1 月 1 日开业,资产总额 80 万元。当年应纳税所得额为－30 万元,2024 年实现应税所得额为 35 万元,则 2024 年应纳所得税额为(   )万元。
   A. 7   B. 1   C. 0.5   D. 5

3. 企业所得税的纳税义务人不包括(   )。
   A. 独资企业   B. 中外合资企业
   C. 合伙企业   D. 民营股份制企业

4. 下列关于非居民企业的说法中不正确的是(   )。
   A. 非居民企业是指外国企业,其实际管理机构不在中国境内但在中国境内设立机构、场所的
   B. 非居民企业是指外国企业,其实际管理机构不在中国境内,并且在中国境内未设立机构、场所,但有来源于中国境内所得的企业
   C. 非居民企业以来源于中国境内的股息、租金、利息、特许权使用费和其他所得为企业所得额课税对象
   D. 未在中国境内设立分支机构的外国企业,不需要在中国缴纳企业所得税

5. 下列各项中,不属于企业所得税的应纳税收入的是(   )。
   A. 事业单位依法收取并纳入财政管理的行政事业性收费
   B. 固定资产盘盈收益
   C. 出纳的现金账款
   D. 接受实物资产捐赠

6. 下列各项中,属于免税收入的是(   )。
   A. 国债利息收入   B. 财政拨款
   C. 企业债券利息收入   D. 接受捐赠收入

7.《企业所得税法》规定,企业不再计提职工工会经费、职工福利费、职工教育经费。对实际发生的三项经费,可以在工资总额(   )的范围内计算扣除。
   A. 2%、14%、1.5%   B. 2%、14%、2.5%
   C. 1%、14%、1.5%   D. 1%、14%、2.5%

8. 某企业 2024 年销售净额 2 000 万元,实际发生业务招待费 16 万元,则招待费扣除限额为(   )万元。
   A. 16   B. 10   C. 6   D. 9.6

9. 某企业 2024 年 1 月 20 日向其主管税务机关申报 2023 年度取得收入总额 150 万元,发生的直接成本 120 万元,其他费用 40 万元,全年亏损 10 万元。经税务机关检查,其成本费用无误,但收入总额不能准确核算。假定应税所得率为 20%,按照核定征收企业所得税的办法,该企业 2024 年度应缴纳企业所得税为(　　)万元。

   A. 10　　　　　B. 8　　　　　C. 6　　　　　D. 7.5

10. 某纳税人向非金融机构借款 1 000 万元,全年支付利息 168 万元,金融机构同类、同期贷款利率为 13%,则企业应允许税前扣除利息支出(　　)万元。

    A. 180　　　　B. 130　　　　C. 90　　　　D. 65

11. 纳税人应当自年度终了后一定期限内向税务机关报送年度企业所得税纳税申报表,并汇算清缴,结清应缴应退税款。该期限是自年度终了之日起(　　)内。

    A. 5 个月　　　　　　　　　　B. 4 个月
    C. 45 日　　　　　　　　　　D. 15 日

二、多选题

1. 企业所得税的纳税义务人包括(　　)。

   A. 中外合作经营企业　　　　　B. 外商独资企业
   C. 个人独资企业　　　　　　　D. 民营股份制企业

2. 根据企业所得税的相关规定,下列属于居民企业的有(　　)。

   A. 依法在北京成立的个体工商户
   B. 依法在广州成立的外商投资企业
   C. 依照日本法律成立,且实际管理机构在日本的企业
   D. 依照美国法律成立,实际管理机构在我国境内的企业

3. 下列关于企业所得税税率的表述中,正确的有(　　)。

   A. 企业所得税适用 25% 的比例税率
   B. 非居民企业在中国境内未设立机构、场所的,或者虽设立机构、场所但取得的所得与其所设机构、场所没有实际联系的,适用 20% 的税率在中国缴纳企业所得税
   C. 符合条件的小型微利企业,减按 20% 的税率征收企业所得税
   D. 国家需要重点扶持的高新技术企业,减按 15% 的税率征收企业所得税

4. 下列关于企业所得税免税项目的表述中,正确的有(　　)。

   A. 国债利息收入
   B. 因债权人缘故确实无法偿付的应付款项
   C. 非居民企业取得的来自中国以外国家的投资收益
   D. 红十字会取得的捐赠收入

5. 企业的下列研究开发费用支出中,可以在计算应纳税所得额时加计扣除的有(　　)。

   A. 开发新产品　　　　　　　　B. 开发新技术
   C. 开发新工艺　　　　　　　　D. 受让新技术

6. 允许在企业所得税税前扣除的税费包括( )。
A. 房产税 B. 增值税
C. 消费税 D. 城市维护建设税

7. 计算企业所得税时,不允许从收入总额中扣除的项目有( )。
A. 税收滞纳金、罚款 B. 延期交付货物的罚款
C. 赞助支出 D. 企业所得税税款

8. 纳税人发生年度亏损的,可以采用的补亏方法有( )。
A. 用下一纳税年度的税前利润弥补
B. 下一纳税年度的所得不足弥补的,可以在5年内延续弥补
C. 用以前年度提取的盈余公积补亏
D. 用以后年度的税后利润弥补

9. 符合( )条件的纳税人,应采取核定征收方式征收企业所得税。
A. 依照税收法律法规规定,应设账簿但未设账簿的
B. 只能准确核算收入总额,或收入总额能够查实,但其成本费用支出不能准确核算的
C. 收入总额及成本费用支出均不能正确核算,不能向主管税务机关提供真实、准确、完整纳税资料,难以查实的
D. 发生纳税义务,未按照税收法律法规规定的期限办理纳税申报,经税务机关责令限期申报,逾期仍不申报的

10. 企业从事下列项目的所得,免征企业所得税的有( )。
A. 海水养殖 B. 农技推广 C. 农产品初加工 D. 远洋捕捞

三、判断题

1. 我国的企业所得税是对法人单位的会计利润征收的一种税。( )
2. 个体工商户也是企业所得税的纳税人。( )
3. 居民企业应当仅就其来源于中国境内的所得额缴纳企业所得税。( )
4. 符合条件的小型微利企业,减按15%的税率征收企业所得税。( )
5. 事业单位不需要缴纳企业所得税。( )
6. 纳税人不能提供完整、准确的收入及成本、费用凭证,不能正确计算应纳税所得额,税务机关有权核定其应纳税所得额。( )
7. 纳税人用于公益、救济性的捐赠,在年度会计利润总额15%以内部分,准予扣除。( )
8. 纳税人申报扣除的业务招待费,不能提供证明真实性的有效凭证或资料的,不得在税前扣除。( )
9. 纳税人未按规定保存有关账簿、凭证及有关纳税资料的,应采取核定征收方式征收企业所得税。( )
10. 企业所得税实行按年计征、分月或分季预缴、年终汇算清缴、多退少补的征收办法。( )

四、计算题

1. 某公司 2024 年全年发生以下经济业务：

(1) 销售商品取得收入 1 200 万元。

(2) 取得其他业务收入 300 万元。

(3) 购买国债获得利息收入 30 万元。

(4) 生产成本 700 万元。

(5) 财务费用、管理费用和销售费用 280 万元。

(6) 全年共缴纳税金 110 万元，其中增值税 60 万元。

要求：计算该公司应缴纳的企业所得税。

2. 某公司 2024 年利润表总额为 2 000 万元，该公司适用的所得税税率为 25%。2024 年发生的有关交易和事项中，会计处理与税收处理存在的差异有：

(1) 向关联企业捐赠现金 300 万元。税法规定，企业向关联方的捐赠不允许税前扣除。

(2) 当期取得作为交易性金融资产核算的股票投资成本为 600 万元，2024 年 12 月 31 日的公允价值为 800 万元。税法规定，以公允价值计量的金融资产持有期间其市价变动不计入应纳税所得额。

(3) 违反环保法规定应支付罚款 200 万元。

(4) 期末对持有的存货计提了 75 万元的存货跌价准备。

要求：计算该公司 2024 年实际应缴纳的企业所得税。

五、项目实操演练

1. 北京佳美股份有限公司是一般制造企业（不符合小型微利企业和高新技术企业的条件，不属于技术入股递延纳税事项，不属于国家限制或禁止行业，无固定资产加速折旧，无不征税收入，无免税、减计收入以及所得税减免优惠），为增值税一般纳税人，主要从事办公桌、家用餐桌的生产及销售。适用的企业所得税税率为 25%（填表日期：2024 年 7 月 10 日，纳税人识别号：91110270590544369X）。

要求：请根据资料，计算该企业第二季度应预缴的企业所得税。

实操网址：https://cloud.acctedu.com/#/login?edu=kysoft23。

2. 北京安圣有限公司为增值税一般纳税人，主要从事办公桌、家用餐桌、沙发椅的生产及销售。2024 年资产平均额 10 851 279.60 元，平均从业人数 100 人，无不征税收入。企业所得税：可享受小型微利企业所得税优惠政策（即对小型微利企业年应纳税所得额不超过 100 万元的部分，按 2.5% 缴纳企业所得税，对年应纳税所得额超过 100 万元但不超过 300 万元的部分，按 10% 缴纳企业所得税）。股东信息：①陈合（国籍：中国，证件类型：居民身份证，证件号码：350204198208047053）投资总额 2 000 万元整；②林丹（国籍：中国，证件类型：居民身份证，证件号码：310108198808081121）投资总额 500 万元整（注：申报表内需要填制的数值及百分比，其最终结果均保留两位小数）。

要求：请根据资料，对该公司 2024 年企业所得税进行年度汇算清缴。

实操网址：https://cloud.acctedu.com/#/login?edu=kysoft23。

项目六 个人所得税的计算与智能申报

知识目标

1. 了解个人所得税的概念及特点
2. 熟悉个人所得税的征税对象、纳税义务人、税率、税收优惠
3. 熟悉个人所得税的智能申报
4. 掌握个人所得税应纳税所得额的确定、应纳税额的计算方法

能力目标

1. 能够准确判断个人所得税的纳税义务人及征税对象
2. 能够正确计算各种收入所得、应纳税额
3. 能够进行代扣、代缴个人所得税智能申报

素养目标

1. 通过对个人所得税改革及优惠的学习,认识国家征收个人所得税的意义,从而增强爱国意识,培养爱国情怀
2. 培养查阅资料的好习惯,关注学习个人所得税相关政策法规的变化,提高职业素养
3. 学习个人所得税的计算与智能申报,树立依法诚信纳税的价值观,培养法治观念

北京宝利贸易有限公司的员工薪资结构包括基本工资、绩效工资、岗位津贴、加班费,每月最后一天计算并发放当月工资。

2024年9月新增员工3人:郝夏晨、徐欣颖和蒋冬梅,增员信息如表6-1所示;减少员工2人:郑妤南和王萱萱,减员信息如表6-2所示。工资薪金表(部分)如表6-3所示。专项附加扣除信息变更如下:

(1)郝夏晨:9月1日入职,与其哥哥共同赡养66岁老母亲,平均分摊扣除金额。

(2)徐欣颖:9月1日入职,育有一子,4周岁,读幼儿园,相应的子女教育专项附加扣除由其一方申报。

思维导图

表 6-1 增员信息

工号	*姓名	*证件类型	*证件号码	*任职受雇从业类型	任职受雇从业日期	离职日期	*国籍(地区)	手机号码	……
XY00092	郝夏晨	居民身份证	331081199906033457	雇员	2024-09-01		中国	13458956786	
XY00093	徐欣颖	居民身份证	130524199407082528	雇员	2024-09-01		中国	15123456543	
XY00094	蒋冬梅	居民身份证	130606198807183562	雇员	2024-09-01		中国	13509901992	

表 6-2 减员信息

工号	*姓名	*证件类型	*证件号码	*任职受雇从业类型	任职受雇从业日期	离职日期	*国籍(地区)	手机号码	……
XY00013	郑妤南	居民身份证	331081199006113499	雇员	2013-03-15	2024-09-01	中国	13474971740	
XY00020	王萱萱	居民身份证	140425198708165621	雇员	2013-03-15	2024-09-01	中国	18034866798	

表 6-3 工资薪金表(部分)

单位:元

工号	*姓名	*证件类型	*证件号码	本期收入	本期免税收入	基本养老保险费	基本医疗保险费	失业保险费	住房公积金	……
XY00001	陈和昶	居民身份证	140107198605303896	17 000		144.00	36	9	240	
XY00002	赵嘉佑	居民身份证	130184198603319354	11 700		144.00	36	9	240	
XY00003	陈高勤	居民身份证	330302197611207427	8 980		144.00	36	9	240	
XY00004	唐文林	居民身份证	230224198407240549	5 400		144.00	36	9	240	
XY00005	柳蕴涵	居民身份证	350582197309277037	8 100		144.00	36	9	240	
XY00006	何玉泉	居民身份证	330212198702124164	5 100		144.00	36	9	240	
XY00007	徐子默	居民身份证	320623197405048992	8 500		144.00	36	9	240	
XY00016	孙承宣	居民身份证	330503199708175876	5 800		144.00	36	9	240	
……										

(3) 其他人员的专项附加扣除项目信息保持不变。

请根据资料对公司2024年9月的职工工资薪金所得进行预扣预缴申报。

项目知识准备

任务一　认知个人所得税

个人所得税是以个人(自然人,包括个体工商户、个人独资企业及合伙企业的投资人)取得的各项应税所得为征税对象所征收的一种所得税。它对调节个人收入,增加财政收入具有重要意义。现行《中华人民共和国个人所得税法》(以下简称《个人所得税法》)是我国个人所得税法自1980年出台以来进行的第七次修改,自2019年1月1日起施行。

我国个人所得税有如下特点:

(1) 实行综合和分类相结合的税制。综合所得包括:工资薪金、劳务报酬、稿酬和特许权使用费,实行按年计征、按月或按次预扣预缴。财产转让所得、财产租赁所得、利息股息所得、偶然所得四项实行分类征收。

(2) 费用扣除范围较宽。综合所得实行每月扣除5 000元的标准,此外还有多个专项附加扣除,在分类所得中也有多个扣除项目。

(3) 累进税率与比例税率并用。综合所得和经营所得采用累进税率;财产转让所得、财产租赁所得、利息股息所得、偶然所得采用比例税率。

(4) 采取源头扣税和纳税人自行申报纳税两种方法相结合的征税方式。综合所得、经营所得按月(季)预缴,年终汇算清缴。其他项目按次(月)计税。

一、个人所得税的征税对象

个人所得税的征税对象是个人取得的应税所得。现行《个人所得税法》列举征税的个人所得征税对象共有9项,具体内容如下。

(一) 工资、薪金所得

工资、薪金所得是指个人因任职或者受雇取得的工资、薪金、奖金、年终加薪、劳动分红、津贴、补贴以及与任职或者受雇有关的其他所得。个人取得的所得只要与任职、受雇有关,不管其单位以现金、实物、有价证券等形式支付,都是工资、薪金所得项目的征税对象。

根据我国目前个人收入的构成情况,税法规定对一些不属于工资、薪金性质的补贴津贴或者不属于纳税人本人工资、薪金所得项目的收入不予征税。这些项目包括:

(1) 独生子女补贴。

(2) 执行公务员工资制度未纳入基本工资总额的补贴、津贴差额和家属成员的副食品补贴。

(3) 托儿补助。

(4) 差旅费津贴、误餐补助。其中,误餐补助是指按照财政部规定,个人因公在城区、郊区工作,不能在工作单位或返回就餐的,根据实际误餐顿数,按规定的标准领取的误餐费。单位以误餐补助名义发给职工的补助、津贴不能包括在内。

除以上基本规定外,还有以下其他规定:

(1) 解除劳动关系所获得的一次性补偿收入按"工资、薪金所得"缴纳个人所得税,在当地上年职工平均工资3倍数额以内的部分,免征个人所得税;超过3倍数额的部分,不并入当年综合所得,单独适用综合所得税率表,计算缴纳个人所得税。

(2) 个人取得的公务交通、通信补贴收入扣除一定标准的公务费用后,按照"工资、薪金所得"项目计征个人所得税。

(3) 离退休人员按规定领取离退休工资或养老金免征个人所得税,另从原任职单位取得的各类补贴、奖金、实物,不属于免税项目,应按"工资、薪金所得"缴纳个人所得税,再任职取得的所得,需按"工资、薪金所得"计征。

(4) 特殊职业规定。例如,兼职律师从律师事务所取得工资、薪金性质的所得以收入全额为应纳税所得额,不扣减生计费,兼职律师应自行申报两处或两处以上取得的"工资、薪金所得",合并计算缴纳个人所得税。

(5) 个人因任职、受雇上市公司取得的"股票期权、股票增值权、限制性股票、股权奖励"所得,按"工资、薪金所得"缴纳个人所得税。

(6) 依法批准设立的非营利性研究开发机构和高校根据规定,从职务科技成果转化收入中给予科技人员的现金奖励,可减按50%计入科技人员当月"工资、薪金所得",依法缴纳个人所得税。

(二) 劳务报酬所得

劳务报酬所得是指个人独立从事"非雇佣"的各种劳务取得的所得,包括从事设计、装潢、安装、制图、化验、测试、医疗、法律、会计、咨询、讲学、新闻、广播、翻译、审稿、书画、雕刻、影视、录音、录像、演出表演、代办服务以及其他劳务取得所得。

上述各项所得一般属于个人独立从事自由职业取得的所得或属于个人劳动所得。是否存在雇佣与被雇佣关系,是判断一种收入是劳务报酬所得还是工资、薪金所得的重要标准。

特殊规定:个人兼职取得的收入应按照"劳务报酬所得"纳税。

律师以个人名义再聘请其他人员为其工作而支付的报酬,应由该律师按"劳务报酬所得"应税项目代扣、代缴个人所得税。

【知识拓展6-1】工资薪金和劳务报酬的区别

(三) 稿酬所得

稿酬所得是指个人因其作品以图书、报刊等形式出版、发表而取得的所得。这里所说的作品，包括文学作品、书画作品、摄影作品以及其他作品。

(四) 特许权使用费所得

特许权使用费所得是指个人提供专利权、商标权、著作权、非专利技术以及其他特许权的使用权取得的所得。提供著作权的使用权取得的所得，不包括稿酬所得。

特殊规定：

(1) 作者将自己的文字作品手稿原件或复印件拍卖取得的所得，按照"特许权使用费得"项目缴纳个人所得税。

(2) 个人取得专利赔偿所得，应按"特许权使用费所得"项目缴纳个人所得税。

(3) 剧本作者从电影、电视剧的制作单位取得的剧本使用费，不再区分剧本的使用方是否为其任职单位，统一按"特许权使用费所得"项目计征个人所得税。

(五) 经营所得

经营所得包括如下内容：

(1) 个人通过在中国境内注册登记的个体工商户、个人独资企业、合伙企业从事生产、经营活动取得的所得。

(2) 个人依法取得执照，从事办学、医疗、咨询以及其他有偿服务活动取得的所得。

(3) 个人承包、承租、转包、转租取得的所得。

(4) 个人从事其他生产、经营活动取得的所得。

个体工商户、个人独资企业和合伙企业或个人从事种植业、养殖业、饲养业、捕捞业的，暂不征收个人所得税。

(六) 利息、股息、红利所得

利息、股息、红利所得是指个人拥有债权、股权等而取得的利息、股息、红利性质的所得。

(七) 财产租赁所得

财产租赁所得是指个人出租不动产、土地使用权、机器设备、车船以及其他财产而取得的所得。

(八) 财产转让所得

财产转让所得是指个人转让有价证券、股权、合伙企业中的财产份额、不动产、土地使用权、机器设备、车船以及其他财产取得的所得。

(九) 偶然所得

偶然所得是指个人得奖、中奖、中彩以及其他偶然性质的所得。特殊规定如下：

(1) 企业对累计消费达到一定额度的顾客,给予额外抽奖机会,个人的获奖所得按照"偶然所得"项目缴纳个人所得税。

(2) 个人提供担保获得收入,按照"偶然所得"项目缴纳个人所得税。

(3) 受赠所得:①受赠人因无偿受赠房屋取得的受赠收入,按照"偶然所得"项目缴纳个人所得税;②企业在业务宣传、广告等活动中,随机向本单位以外的个人赠送礼品(包括网络红包,下同),以及企业在年会、座谈会、庆典以及其他活动中向本单位以外的个人赠送礼品,个人取得的礼品收入按照"偶然所得"项目缴纳个人所得税。

(4) 发票和彩票中奖所得的"起征点":①彩票,一次中奖收入在1万元以下的,暂免征收个人所得税;超过1万元的,全额征收个人所得税;②个人取得单张有奖发票奖金所得不超过800元的,暂免征收个人所得税;超过800元的,全额征收个人所得税。

个人取得的所得难以界定应纳税所得项目的,由主管税务机关确定。对股票转让所得征收个人所得税的办法,由国务院财政、税务主管部门另行制定,报国务院批准后施行。

二、个人所得税的纳税义务人

个人所得税的纳税义务人具体包括中国公民,个体工商户,外籍个人以及中国香港、澳门、台湾同胞等。

个人独资企业和合伙企业不缴纳企业所得税,而是对投资者个人或自然人合伙人取得的生产经营所得征收个人所得税。

个人所得税的纳税人按照住所和居住时间两个标准划分为居民个人和非居民个人。

(一) 居民个人

在中国境内有住所,或者无住所而一个纳税年度内在中国境内居住累计满183天的个人,为居民个人。居民个人承担无限的纳税义务,需要对从中国境内和境外取得的所得,按照我国《个人所得税法》的规定缴纳个人所得税。

其中,在中国境内有住所,是指因户籍、家庭、经济利益关系而在中国境内习惯性居住;从中国境内和中国境外取得的所得,分别是指来源于中国境内的所得和来源于中国境外的所得。

(二) 非居民个人

在中国境内无住所又不居住,或者无住所而一个纳税年度内在中国境内居住累计不满183天的个人,为非居民个人。非居民个人承担有限的纳税义务,仅需就从中国境内取得的所得,按照我国《个人所得税法》的规定缴纳个人所得税。

【小贴士】

个人所得税纳税义务人总结,如表6-4所示。

表 6-4 居民个人与非居民个人

居民个人	(1) 境内有住所。 (2) 境内无住所但一个纳税年度内居住累计满 183 天	无限纳税义务	来源于中国境内、境外的所得
非居民个人	(1) 境内无住所又不居住。 (2) 境内无住处且一个纳税年度内居住累计不满 183 天	有限纳税义务	来源于中国境内的所得

三、个人所得税所得来源的确定

以下个人所得,不论支付地点是否在中国境内,均为来源于中国境内的所得,如表 6-5 所示。

表 6-5 来源于中国境内的所得

所得情形		具体要求
任职、受雇、履约而提供劳务		在中国境内提供劳务
财产出租		财产在中国境内使用
许可特许权		特许权在中国境内使用
转让财产	不动产等财产	不动产在中国境内
	其他财产	转让行为发生在中国境内
利息、股息、红利		从中国境内取得

任务二　个人所得税的税率

个人所得税依照所得项目的不同,采用几种不同的税率。

一、七级超额累进税率

综合所得,适用 3%~45% 的超额累进税率,按年计征,按月预缴。
个人所得税税率(综合所得适用),如表 6-6 所示。

【知识拓展 6-2】个人所得税的缴纳

表6-6 个人所得税税率表
（综合所得适用）

级数	全年应纳税所得额	税率	速算扣除数
1	不超过36 000元的	3%	0
2	超过36 000元至144 000元的部分	10%	2 520
3	超过144 000元至300 000元的部分	20%	16 920
4	超过300 000元至420 000元的部分	25%	31 920
5	超过420 000元至660 000元的部分	30%	52 920
6	超过660 000元至960 000元的部分	35%	85 920
7	超过960 000元的部分	45%	181 920

【小贴士】

（1）表6-6所称全年应纳税所得额是指居民个人取得的全年综合所得的收入额减去个人负担的国家标准范围内的专项扣除、减去6万元费用扣除、专项附加扣除和依法确定的其他扣除后的余额。

（2）非居民个人取得工资、薪金所得，劳务报酬所得，稿酬所得和特许权使用费所得，依照表6-6按月换算，计算应纳税额。

二、五级超额累进税率

对于个人、个体工商户（个人独资企业、合伙企业）生产经营活动取得的所得，根据年应纳税所得额的不同，分别适用5%～35%的超额累进税率。

个人所得税税率（经营所得适用），如表6-7所示。

表6-7 个人所得税税率表
（经营所得适用）

级数	全年应纳税所得额	税率	速算扣除数
1	不超过30 000元的	5%	0
2	超过30 000元至90 000元的部分	10%	1 500
3	超过90 000元至300 000元的部分	20%	10 500
4	超过300 000元至500 000元的部分	30%	40 500
5	超过500 000元的部分	35%	65 500

【小贴士】

表6-7所称全年应纳税所得额是指依照法律规定,以每一纳税年度的收入总额减除成本、费用以及损失后的余额。

三、20%比例税率

利息、股息、红利所得,财产租赁所得,财产转让所得和偶然所得,适用比例税率,税率为20%。

【知识拓展6-3】超额累进税率

任务三 个人所得税的税收优惠

一、免税项目

《个人所得税法》和相关法规、政策规定,对下列各项个人所得免征个人所得税:

(1) 省级人民政府、国务院部委和中国人民解放军军以上单位,以及外国组织、国际组织颁发的科学、教育、技术、文化、卫生、体育、环境保护等方面的奖金。

(2) 国债和国家发行的金融债券利息。

(3) 按照国家统一规定发给的补贴、津贴。该项是指按照国务院规定发放的政府特殊津贴、院士津贴、资深院士津贴和国务院规定免征个人所得税的补贴和津贴。

(4) 福利费、抚恤金、救济金。

(5) 保险赔款。

(6) 军人的转业费、复员费、退役金。

(7) 按照国家统一规定发给干部、职工的安家费、退职费、基本养老金或者退休费、离休费、离休生活补助费。

(8) 依照我国有关法律规定应予免税的各国驻华使馆、领事馆的外交代表、领事官员和其他人员的所得。

(9) 储蓄存款利息。

(10) 限额2 400元/年(200元/月)以内的商业健康保险。

(11) 个人转让自用5年以上家庭唯一生活用房取得的所得。

(12) 持上市公司股票期限超过1年的股息、红利所得。

(13) 彩票一次中奖收入在1万元以下。

(14) 发票奖金所得不超过800元。

(15) 在上海证券交易所、深圳证券交易所转让从上市公司公开发行和转让市场取得的股票(不含原始股)。

(16) 企业职工从破产企业取得的一次性安置费收入。

(17) 工伤保险待遇。

(18) 个人举报、协查各种违法、犯罪行为而获得的奖金。

(19) 直系亲属、抚养人受赠、继承房屋。

(20) 法律援助补贴。

二、减税项目

有下列情形之一的,可以减征个人所得税,具体幅度和期限,由省、自治区、直辖市人民政府规定,并报同级人民代表大会常务委员会备案:

(1) 残疾、孤老人员和烈属的所得。

(2) 因自然灾害造成重大损失的。

国务院可以规定其他减税情形,报全国人民代表大会常务委员会备案。

三、税前扣除

个人将其所得通过中国境内的社会团体、国家机关向教育和其他社会公益事业以及受严重自然灾害地区、贫困地区的公益、救济性捐赠,捐赠额未超过纳税义务人申报的应纳税所得额30%的部分,准予从其应纳税所得额中扣除。但是,纳税义务人未通过中国境内的社会团体、国家机关而直接向受益人的捐赠,不得扣除。通过以下渠道进行的捐赠,可以全额税前扣除:

(1) 个人通过非营利性的社会团体和国家机关,向红十字事业、农村义务教育、福利性非营利性的老年服务机构以及公益性青少年活动场所的捐赠。

(2) 通过中国境内非营利性的社会团体、国家机关向教育事业的捐赠。

(3) 通过公益性基金进行的捐赠。这些基金包括中国宋庆龄基金会、中国福利会、中国残疾人福利基金会、中国扶贫基金会、中国煤矿尘肺病防治基金会等。

素养小园地

部分个人所得税优惠政策速递

一、提高三项个人所得税专项附加扣除标准

3岁以下婴幼儿照护专项附加扣除标准,由每个婴幼儿每月1 000元提高到2 000元;子女教育专项附加扣除标准,由每个子女每月1 000元提高到2 000元;赡养老人专项附加扣除标准,由每月2 000元提高到3 000元。上述调整后的扣除标准自

2023年1月1日起实施。

政策依据：国发〔2023〕13号、国家税务总局公告2023年第14号。

二、延续实施支持居民换购住房有关个人所得税政策

自2024年1月1日至2025年12月31日，对出售自有住房并在现住房出售后1年内在市场重新购买住房的纳税人，对其出售现住房已缴纳的个人所得税予以退税优惠。其中，新购住房金额大于或等于现住房转让金额的，全部退还已缴纳的个人所得税；新购住房金额小于现住房转让金额的，按新购住房金额占现住房转让金额的比例退还出售现住房已缴纳的个人所得税。

政策依据：财政部、税务总局、住房城乡建设部公告2023年第28号。

三、延续实施全年一次性奖金个人所得税政策

居民个人取得全年一次性奖金，符合相关规定的，不并入当年综合所得，以全年一次性奖金收入除以12个月得到的数额，按照本公告所附按月换算后的综合所得税率表，确定适用税率和速算扣除数，单独计算纳税。居民个人取得全年一次性奖金，也可以选择并入当年综合所得计算纳税。本公告执行至2027年12月31日。

政策依据：财政部、税务总局公告2023年第30号。

四、延续实施个人所得税综合所得汇算清缴有关政策

2024年1月1日至2027年12月31日居民个人取得的综合所得，年度综合所得收入不超过12万元且需要汇算清缴补税的，或者年度汇算清缴补税金额不超过400元的，居民个人可免于办理个人所得税综合所得汇算清缴。居民个人取得综合所得时存在扣缴义务人未依法预扣预缴税款的情形除外。

政策依据：财政部、税务总局公告2023年第32号。

五、支持个体工商户发展有关税费政策

自2023年1月1日起至2027年12月31日，对个体工商户年应纳税所得额不超过200万元的部分，减半征收个人所得税。个体工商户在享受现行其他个人所得税优惠政策的基础上，可叠加享受本条优惠政策。

政策依据：国家税务总局公告2023年第12号，财政部、税务总局公告2023年第12号。

六、铁路债券利息收入所得税政策

对个人投资者持有2024—2027年发行的铁路债券取得的利息收入，减按50%计入应纳税所得额计算征收个人所得税。税款由兑付机构在向个人投资者兑付利息时代扣代缴。

政策依据：财政部、税务总局公告2023年第64号。

任务四　个人所得税的计算

我国个人所得税征收采取"综合征收和分项征收相结合、源泉扣税和纳税人主动申报相结合"的方式,综合所得按年计税,按月预缴;其他项目按税法规定分别计算缴纳个人所得税。因此,个人所得税的计算按不同的征税对象分为综合所得的计算,经营所得的计算,利息、股息、红利所得以及偶然所得的计算,财产租赁所得的计算,财产转让所得的计算。

一、综合所得的计算

现行税法规定,综合所得按年计税,按月预缴,扣缴义务人在向居民个人支付工资、薪金所得,劳务报酬所得,稿酬所得,特许权使用费所得时,应按规定分月或分次预扣预缴个人所得税;居民个人需办理综合所得汇算清缴的,应在次年3月1日至6月30日办理。综合所得年度汇算的计算包括综合所得应纳税额的计算和综合所得预扣预缴税款的计算。

(一) 居民个人综合所得应纳税额的计算

1. 综合所得应纳税所得额的确定

综合所得,包括工资、薪金所得,劳务报酬所得,稿酬所得,特许权使用费所得四项。综合所得应纳税所得额的计算公式如下:

应纳税所得额 = 每年收入额 − 基本费用 − 专项扣除 − 专项附加扣除 − 其他扣除

每年收入额 = 工资、薪金所得 + 劳务报酬所得 × (1−20%) + 稿酬所得 × (1−20%) × (1−30%) + 特许权使用费所得 × (1−20%)

[工作实例6-1] 某居民个人小赵2024年取得工资收入80 000元、劳务报酬收入50 000元、特许权使用费收入100 000元、稿酬收入40 000元。

[工作要求] 计算小赵2024年综合所得收入。

[工作实施] 每年收入额 = 80 000 + 50 000 × (1−20%) + 40 000 × (1−20%) × 70% + 100 000 × (1−20%) = 222 400(元)

基本费用 = 60 000(元)

其中,专项扣除是指三险一金,包括居民个人按照国家规定的范围和标准缴纳的基本养老保险、基本医疗保险、失业保险等社会保险费和住房公积金。

专项附加扣除包括子女教育、继续教育、大病医疗、住房贷款利息、住房租金、赡养老人、3岁以下婴幼儿照护七项专项附加扣除,具体内容如下。

1) 子女教育专项附加扣除

居民纳税人子女接受学前教育(年满 3 岁至小学入学前)和全日制学历教育的相关支出,按照每个子女每年 24 000 元(每月 2 000 元)标准定额扣除。

学历教育包括义务教育阶段(小学、初中教育)、高中教育阶段(普通高中、中等职业、技工教育)、高等教育阶段(大学专科、大学本科、硕士研究生、博士研究生教育)。

受教育子女的父母可以分按扣除标准的 50% 扣除,也可以选择由其中一方按扣除标准的 100% 扣除,具体扣除方式在一个纳税年度内不得变更。纳税人子女在中国境外接受教育的,应当留存相关教育的证明资料备查。

2) 继续教育专项附加扣除

居民纳税人接受学历教育、继续教育的支出,在学历教育期间按照每年 4 800 元(每月 400 元)定额扣除。同一学历(学位)继续教育的扣除期限不能超过 48 个月。纳税人接受技能人员职业资格继续教育、专业技术人员职业资格继续教育支出,在取得相关证书的年度,按照每年 3 600 元定额扣除。

居民纳税人个人接受本科及以下学历继续教育,可由其父母按照子女教育支出扣除,也可由本人按照继续教育支出扣除,但不得同时扣除。

3) 大病医疗专项附加扣除

纳税人在一个纳税年度内,发生的与基本医保相关的医药费用,扣除医保报销后个人负担(医保目录范围内的自付部分)累计超过 15 000 元的部分,由纳税人在办理年度汇算清缴时在 80 000 元限额内据实扣除。

纳税人发生的医药费用支出可以选择由本人或者其配偶扣除,未成年子女发生的医药费用支出可以选择由父母一方扣除。

4) 住房贷款利息专项附加扣除

纳税人本人或配偶使用商业银行或住房公积金个人住房贷款为本人或其配偶购买住房,发生的首套住房贷款利息支出,在偿还贷款期间,可以按照每年 12 000 元(每月 1 000 元)标准定额扣除,扣除期限最长不超过 240 个月。纳税人只能享受首套住房贷款的利息扣除。

住房贷款利息专项附加扣除,可以选择由夫妻双方的一方扣除,具体扣除方式在一个纳税年度内不得变更。

5) 住房租金专项附加扣除

纳税人本人及配偶在主要工作的城市没有自有住房,已经实际发生了住房租金支出,且本人及配偶在同一纳税年度内,没有享受住房贷款利息专项附加扣除政策。扣除标准为:直辖市、省会(首府)城市、计划单列市以及国务院确定的其他城市每月 1 500 元;除上述城市以外的市辖区户籍人口超过 100 万人的城市每月 1 100 元;除上述城市以外的市辖区户籍人口不超过 100 万人(含)的城市每月 800 元。

6) 赡养老人专项附加扣除

纳税人赡养 60 岁(含)以上父母以及其他法定赡养人的赡养支出,可以按照以下标准

定额扣除:

纳税人为独生子女的,按照每年36 000元(每月3 000元)的标准定额扣除。

纳税人为非独生子女的,应当与其兄弟姐妹分摊每年36 000元(每月3 000元)的扣除额度,分摊方式包括平均分摊、被赡养人指定分摊或者赡养人约定分摊,具体分摊方式在一个纳税年度内不得变更。

7) 3岁以下婴幼儿照护专项附加扣除

纳税人照护3岁以下婴幼儿子女的相关支出,按照每个婴幼儿每月2 000元的标准定额扣除。父母可以选择由其中一方按扣除标准的100%扣除,也可以选择由双方分别按扣除标准的50%扣除,具体扣除方式在一个纳税年度内不能变更。

【小贴士】

专项附加扣除总结如表6-8所示。

表6-8 专项附加扣除

项目	扣除范围	扣除标准	扣除办法
子女教育支出	学前教育:3岁至小学前; 学历教育:小学至博士	24 000元/个/年 (2 000元/个/月)	父母一方按100%或分别按50%扣除; 扣除方式一年不变; 子女境外教育应留存证明资料
继续教育支出	学历(学位)教育	4 800元/年(400元/月);48个月为限	本科及以下可由父母或本人扣除,但不得同时扣除;超过本科,自己扣除
	职业资格教育	3 600元	取证当年扣除
大病医疗支出	一个纳税年度内,医保目录范围的自付部分	超过15 000元的部分,在80 000元限额内据实扣除	可以选择由本人或者其配偶扣除,未成年子女发生的医药费用支出可以选择由父母一方扣除
住房贷款利息支出	个人或配偶首套房贷款利息(商贷或公积金贷款)	12 000元/年(1 000元/月);240个月为限	婚前分别扣除;婚后由一方按100%或双方各按50%扣除;扣除方式一年不变
住房租金支出	夫妻在主要工作城市没有住房	直辖市、省会市、计划单列市18 000元/年(1 500元/月);人口超过100万人的城市:13 200元/年(1 100元/月);其他城市:9 600元/年(800元/月)	夫妻工作城市相同:由一方扣除;夫妻工作城市不同:各扣各的;不得同时扣除房贷利息支出和住房租金支出

(续表)

项目	扣除范围	扣除标准	扣除办法
赡养老人支出	赡养60周岁以上父母；赡养子女去世60周岁以上祖父母	36 000元/年（3 000元/月）（2个以上老人不加倍）	独生子女：3 000元/月；非独生子女：平均分摊、约定分摊、指定分摊；指定分摊优于约定分摊；扣除方式一年不变
3岁以下婴幼儿照护	照护3岁以下婴幼儿	24 000元/个/年（2 000元/个/月）	父母分别扣除50%或其中一方扣除100%；扣除方式一年不变

素养小园地

依法纳税，你我有责

案例一：虚假填报子女教育专项附加扣除（2023年9月22日发布）

深圳税务部门在2022年度个人所得税汇算退税审核时发现，某保险有限公司营销员石某某存在虚假填报子女教育专项附加扣除的情况。经查，石某某为享受子女教育专项附加扣除，虚假填报了5个子女信息，不符合《国务院关于印发个人所得税专项附加扣除暂行办法的通知》(国发〔2018〕41号)的规定。此外，石某某还存在虚假填报继续教育、大病医疗专项附加扣除的情况。税务部门对石某某进行了严肃的批评教育，石某某主动认错，对上述专项附加扣除数据进行了修正，并更正了年度汇算申报。

案例二：集中虚假填报赡养老人专项附加扣除（2023年9月22日发布）

山西税务部门在2022年度个人所得税汇算退税审核时发现，某银行纳税人王某某存在虚假填报赡养老人专项附加扣除的情况。经查，王某某在父母均未满60周岁的情况下，以祖父母信息填报享受赡养老人专项附加扣除。进一步核查发现，该银行有5名纳税人存在类似情况，均不符合《国务院关于印发个人所得税专项附加扣除暂行办法的通知》(国发〔2018〕41号)的规定。税务部门迅速约谈了该银行财务人员，并向上述纳税人进行了政策辅导。经辅导后，上述纳税人认识到错误，如实修正了专项附加扣除信息，并更正了年度汇算申报。

案例三：未在法定期限内办理综合所得汇算清缴、虚假填报子女教育专项附加扣除案件（2023年7月13日发布）

上海税务部门在对个人所得税综合所得汇算清缴办理情况开展事后抽查时，发现上海某商业管理有限公司员工潘某未办理2019年度和2021年度个人所得税综合所得汇算清缴，未据实办理2020年度个人所得税综合所得汇算清缴，遂依法对其进行立案检查。

经查，纳税人潘某未在法定期限内办理2019年度和2021年度个人所得税综合所得汇算清缴，在办理2020年度个人所得税综合所得汇算清缴时，通过虚假填报子女教育专项附加扣除的方式,少缴个人所得税。经税务部门提醒督促,潘某拒不申报 2019 年度和 2021 年度汇算清缴、拒不如实办理 2020 年度汇算清缴更正申报。税务部门对其立案检查,依据《个人所得税法》《税收征收管理法》《中华人民共和国行政处罚法》等相关法律法规规定,上海市税务局第五稽查局对潘某追缴税款、加收滞纳金并处罚款共计 11.33 万元。税务部门已依法送达《税务处理决定书》和《税务行政处罚决定书》,潘某已按规定缴清税款、滞纳金和罚款。

其他扣除主要包括个人缴付符合国家规定的企业年金、职业年金,个人购买符合国家规定的商业健康保险、税收递延型商业养老保险的支出等。个人购买符合规定的商业健康保险产品的支出,允许在当年(月)计算应纳税所得额时予以税前扣除,扣除限额为 2 400 元/年(200 元/月)。单位统一为员工购买符合规定的商业健康保险产品的支出,应分别计入员工个人工资、薪金所得,视同个人购买,按上述限额予以扣除。

2. 综合所得应纳税额的计算

综合所得执行 3%~45% 七级超额累进税率(表 6-6)。

综合所得应纳税额的计算公式如下:

$$应纳税额 = 应纳税所得额 \times 适用税率 - 速算扣除数$$

[**工作实例 6-2**] 2024 年度,赵某税前月工资 16 000 元。假设赵某每月按国家标准负担"三险一金"合计 3 600 元,每月专项附加扣除 3 000 元。

[**工作要求**] 请计算 2024 年度赵某应缴纳的个人所得税税额。

[**工作实施**] 收入额合计 = 16 000 × 12 = 192 000(元)

全年减除费用 = 60 000(元)

专项扣除合计 = 3 600 × 12 = 43 200(元)

专项附加扣除合计 = 3 000 × 12 = 36 000(元)

年度应纳税所得额 = 192 000 − 60 000 − 43 200 − 36 000 = 52 800(元)

对照个人所得税税率表(综合所得适用),赵某适用 10% 的税率和 2 520 的速算扣除数。

应纳个人所得税税额 = 52 800 × 10% − 2 520 = 2 760(元)

[**工作实例 6-3**] 2024 年度,陈某税前月工资 15 000 元。5~12 月,陈某每月取得劳务报酬 5 000 元。12 月份,取得稿酬所得 10 000 元。假设陈某每月按国家标准负担"三险一金"合计 2 250 元。陈某正在偿还首套住房贷款;陈某为独生子女,其父母均已年过 60 岁;其有两个子女,一个读小学,一个 1 岁。夫妻商定由陈某负责房贷和子女的专项附加扣除。

[**工作要求**] 计算 2024 年陈某应缴纳的个人所得税税额。

[**工作实施**] 收入额合计 = 15 000 × 12 + 5 000 × 8 × (1 − 20%) + 10 000 × (1 − 20%) × 70% = 217 600(元)

全年减除费用＝60 000(元)

专项扣除合计＝2 250×12＝27 000(元)

专项附加扣除：住房贷款利息每年扣除12 000元；赡养老人每年扣除36 000元；子女教育每年扣除24 000元；3岁以下婴幼儿照护每年扣除24 000元。

专项附加扣除合计＝12 000＋36 000＋24 000＋24 000＝96 000(元)

年度应纳税所得额＝217 600－60 000－27 000－96 000＝34 600(元)

对照个人所得税税率表(综合所得适用)，陈某适用3%的税率。

应纳个人所得税额＝34 600×3%＝1 038(元)

(二) 居民个人综合所得预扣预缴税款的计算

现行税法规定，扣缴义务人向居民个人支付工资、薪金所得，劳务报酬所得，稿酬所得、特许权使用费所得时，应当预扣预缴个人所得税，并按月向主管税务机关报送个人所得税扣缴申报表办理扣缴申报。

1. 个人工资、薪金所得预扣预缴税款的计算方法

扣缴义务人向居民个人支付工资、薪金所得时应当按照累计预扣法计算预扣税款，按月办理全员全额扣缴申报。

累计预扣法，是指扣缴义务人在一个纳税年度内预扣预缴税款时，以纳税人在本单位截至当前月份工资、薪金所得累计收入减除累计免税收入、累计减除费用、累计专项扣除、累计专项附加扣除和累计依法确定的其他扣除后的余额为累计预扣预缴应纳税所得额，适用个人所得税预扣率表一(表6-9)，计算累计应预扣预缴税额，再减除累计减免税额和累计已预扣预缴税额，其余额为本期应预扣预缴税额。余额为负值时，暂不退税。纳税年度终了后余额仍为负值时，由纳税人通过办理综合所得汇算清缴，税款多退少补。其计算公式如下：

累计预扣预缴应纳税所得额 ＝ 累计收入 － 累计免税收入 － 累计减除费用 － 累计专项扣除 － 累计专项附加扣除 － 累计依法确定的其他扣除

本期应预扣预缴税额 ＝(累计预扣预缴应纳税所得额×预扣率－速算扣除数)－累计减免税额－累计已预扣预缴税额

其中，累计减除费用执照5 000元/月乘以纳税人当年截至本月在本单位的任职受雇月份数计算。

表6-9 个人所得税预扣率表一

(居民个人工资、薪金所得预扣预缴适用)

级数	累计预扣预缴应纳税所得额	预扣率	速算扣除数
1	不超过36 000元的	3%	0
2	超过36 000元至144 000元的部分	10%	2 520

(续表)

级数	累计预扣预缴应纳税所得额	预扣率	速算扣除数
3	超过 144 000 元至 300 000 元的部分	20%	16 920
4	超过 300 000 元至 420 000 元的部分	25%	31 920
5	超过 420 000 元至 660 000 元的部分	30%	52 920
6	超过 660 000 元至 960 000 元的部分	35%	85 920
7	超过 960 000 元的部分	45%	181 920

【小贴士】

个人所得税预扣率表一适用于居民个人工资、薪金所得按月预缴个人所得税的计算。

[工作实例 6-4] 某员工 2024 年每月应发工资为 26 000 元,每月减除费用 5 000 元,"三险一金"等专项扣除为 4 200 元,子女专项附加扣除为 500 元,没有减免收入及减免税额等情况。

[工作要求] 以前三个月为例,计算该员工各月应预扣预缴税额。

[工作实施] 1 月应预扣预缴税额 $= (26\,000 - 5\,000 - 4\,200 - 500) \times 3\% = 489$(元)

2 月应预扣预缴税额 $= (26\,000 \times 2 - 5\,000 \times 2 - 4\,200 \times 2 - 500 \times 2) \times 3\% - 489$
$= 489$(元)

3 月应预扣预缴税额 $= (26\,000 \times 3 - 5\,000 \times 3 - 4\,200 \times 3 - 500 \times 3) \times 10\% - 2\,520 - 489 - 489 = 1\,392$(元)

2. 劳务报酬所得、稿酬所得、特许权使用费所得预扣预缴的计算方法

现行税法规定,扣缴义务人向居民个人支付劳务报酬所得、稿酬所得、特许权使用费时,应当按次或者按月预扣预缴税款,其计算公式如下:

劳务报酬所得应预扣预缴税额 = 预扣预缴应纳税所得额 × 预扣率 − 速算扣除数

稿酬所得、特许权使用费所得应预扣预缴税额 = 预扣预缴应纳税所得额 × 20%

收入额是指劳务报酬所得、稿酬所得、特许权使用费所得以收入减除费用后的余额。其中,稿酬所得的收入额减按 70% 计算。

减除费用:预扣预缴税款时,劳务报酬所得、稿酬所得、特许权使用费所得每次收入不超过 4 000 元的,减除费用按 800 元计算;每次收入 4 000 元以上的,减除费用按收入的 20% 计算。

适用预扣率:劳务报酬所得适用 20%~40% 的三级超额累进预扣率,如表 6-10 所示。稿酬所得、特许权使用费所得适用 20% 的比例税率。

表 6-10　个人所得税预扣率表二
（居民个人劳务报酬所得预扣预缴适用）

级数	预扣预缴应纳税所得额	预扣率	速算扣除数
1	不超过 20 000 元的部分	20%	0
2	超过 20 000 元至 50 000 元的部分	30%	2 000
3	超过 50 000 元的部分	40%	7 000

【小贴士】

个人所得税预扣率表二适用于居民个人劳务报酬所得按月或按次预缴个人所得税的计算。

[工作实例 6-5] 居民陈某 2024 年取得两次劳务报酬，分别为 2 000 元和 30 000 元。

[工作要求] 计算陈某各次应缴纳的个人所得税税额。

[工作实施] 第一次：2 000＜4 000，费用扣除额为 800 元。

应纳税所得额 = 2 000 − 800 = 1 200（元）

应纳税额 = 1 200 × 20% = 240（元）

第二次：30 000＞4 000，费用扣除率为 20%。

应纳税所得额 = 30 000 ×（1 − 20%）= 24 000（元）

应纳税额 = 24 000 × 30% − 2 000 = 5 200（元）

[工作实例 6-6] 2024 年 9 月，居民张某出版一部小说，取得稿酬 60 000 元。

[工作要求] 计算张某当月稿酬所得应缴纳的个人所得税税额。

[工作实施] 应纳税所得额 = 60 000 ×（1 − 20%）×（1 − 30%）= 33 600（元）

应纳税额 = 33 600 × 20% = 6 720（元）

[工作实例 6-7] 2024 年 2 月居民王某转让一项专利权，取得转让收入 200 000 元，专利开发支出 2 000 元。

[工作要求] 计算王某当月该笔收入应缴纳的个人所得税税额。

[工作实施] 应纳税所得额 = 200 000 ×（1 − 20%）= 160 000（元）

应纳税额 = 160 000 × 20% = 32 000（元）

（三）非居民个人工资、薪金所得，劳务报酬所得，稿酬所得和特许权使用费所得代扣代缴税款的计算

1. 应纳税所得额的计算公式

工资、薪金所得应纳税所得额 = 每月收入额 − 5 000

劳务报酬所得、特许权使用费所得应纳税所得额 = 每次收入 ×（1 − 20%）

稿酬所得应纳税所得额 = 每次收入 ×（1 − 20%）× 70%

2. 应纳税额的计算公式

应纳税额 = 应纳税所得额 × 适用税率 − 速算扣除数

3. 非居民个人所得税税率

非居民个人所得税税率适用个人所得税税率(综合所得适用)按月换算后的税率,如表 6-11 所示。

表 6-11 非居民个人所得税税率表

(非居民个人工资、薪金所得,劳务报酬所得,特许权使用费所得适用)

级数	月应纳税所得额	税率	速算扣除数
1	不超过 3 000 元	3%	0
2	超过 3 000 元至 12 000 元	10%	210
3	超过 12 000 元至 25 000 元	20%	1 410
4	超过 25 000 元至 35 000 元	25%	2 660
5	超过 35 000 元至 55 000 元	30%	4 410
6	超过 55 000 元至 80 000 元	35%	7 160
7	超过 80 000 元的部分	45%	15 160

4. 计税方法

工资、薪金所得按月计征。

劳务报酬所得、稿酬所得、特许权使用费所得按次计征。

[**工作实例 6-8**] 史蒂芬是英籍在华人员,2024 年 3~5 月在我国境内某大型企业从事技术顾问工作,该企业每月支付其税前工资 36 000 元。4 月,史蒂芬另外取得境内某单位支付的劳务报酬 30 000 元。

[**工作要求**] 请计算史蒂芬 2024 年在我国境内应缴纳的个人所得税税额。

[**工作实施**] 现行政策规定,史蒂芬属于非居民个人。非居民个人取得工资、薪金所得,劳务报酬所得,稿酬所得和特许权使用费所得等综合所得,按月或者按次分项计算个人所得税。其中,工资、薪金所得以每月所得减除 5 000 元费用扣除标准为应纳税所得额,劳务报酬所得、稿酬所得、特许权使用费所得以收入减除 20% 的费用后的余额为收入额,稿酬所得的收入额减按 70% 计算。

工资薪金月应纳税所得额 = 36 000 − 5 000 = 31 000(元)

适用 25% 税率和 2 660 的速算扣除数。

工资薪金月应纳个人所得税额 = 31 000 × 25% − 2 660 = 5 090(元)

劳务报酬所得应纳所得税额 = 30 000 × (1 − 20%) × 20% − 1 410 = 3 390(元)

史蒂芬 2024 年在我国应纳个人所得税 = 5 090 × 3 + 3 390 = 18 660(元)

【知识拓展 6-4】全年一次性奖金的法规

二、经营所得

(一) 征收范围

(1) 个人注册登记个体工商户、个人独资企业、合伙企业从事生产、经营活动取得的所得。

(2) 个人依法取得执照,从事办学、医疗、咨询以及其他有偿服务活动取得的所得。

(3) 个人承包、承租、转包、转租取得的所得。

(4) 个人从事其他生产、经营活动取得的所得。

> 【小贴士】
>
> (1) 个体工商户、个人独资企业和合伙企业或个人从事种植业、养殖业、饲养业、捕捞业,暂不征收个人所得税。
>
> (2) 出租车运营:①出租车经营单位对出租车驾驶员采取单车承包或承租方式运营,驾驶员收入按"工资、薪金所得"缴纳个人所得税;②从事个体出租车运营出租车驾驶员取得的收入,按"经营所得"项目缴纳个人所得税;③出租车属于个人所有,但挂靠出租车经营单位缴纳管理费的,或出租车经营单位将出租车所有权转移给驾驶员的,驾驶员收入按"经营所得"缴纳个人所得税。

(二) 应纳税额的计算

1. 计税方法

按年计征,纳税人(自然人)在月度或者季度终了后 15 日内向税务机关报送纳税申报表,并预缴税款;在取得所得的次年 3 月 31 日前办理汇算清缴。

2. 税率

经营所得采用五级超额累进税率(表6-7)。

3. 计算公式

$$应纳税所得额 = 收入总额 - 成本 - 费用 - 损失 - 税金 - 其他支出 - 允许弥补以前年度亏损$$

$$应纳税额 = 应纳税所得额 \times 税率 - 速算扣除数$$

收入总额是指个体工商户从事生产、经营活动,按照权责发生制的原则确认的各项收入总和。

成本、费用是指个体工商户从事生产、经营所发生的各项直接支出和分配计入成本的间接费用以及销售费用、管理费用和财务费用。

损失是指个体工商户在生产经营过程中发生的各项营业外支出,包括固定资产盘亏、报废和毁损的净损失、自然灾害或事故损失、公益和救济性捐赠、赔偿金和违约金等。

税金是指个体工商户按规定缴纳的各种应由企业负担的税金,包括消费税、城市维护建设税、资源税、城镇土地使用税、房产税、车船税、印花税等。

亏损是指个体工商户纳税年度发生的亏损,准予向以后年度结转,用以后年度的生产经营所得弥补,但结转年限最长不得超过5年。

【小贴士】

(1) 取得经营所得的个人,业主本人的工资薪金支出不能扣除,没有综合所得的,计算应纳税所得额时,应当减除费用6万元、专项扣除、专项附加扣除以及依法确定的其他扣除。

(2) 个体工商户生产经营活动中,应当分别核算生产经营费用和个人、家庭费用。对于生产经营与个人、家庭生活费用划分清晰的,据实扣除;混用难以分清的,其40%视为与生产经营有关的费用,准予扣除。

(3) 个体工商户通过公益性社会团体或者县级以上人民政府及其部门的公益事业捐赠,捐赠额不超过其应纳税所得额30%的部分可以据实扣除;按规定可以全额扣除的,从其规定。个体工商户直接对受益人的捐赠不得扣除。

(4) 个体工商户研究开发新产品、新技术、新工艺所发生的开发费用,以及研究开发新产品、新技术而购置单台价值在10万元以下的测试仪器和试验性装置的购置费准予直接扣除;单台价值在10万元以上(含10万元)的测试仪器和试验性装置,按固定资产管理,不得在当期直接扣除。

【知识拓展6-5】个体工商户建账规定

三、利息、股息、红利所得以及偶然所得

利息、股息、红利所得以及偶然所得,以每次收入额为应纳税所得额,不扣除任何费用。其应纳税额的计算公式为:

$$应纳税额 = 应纳税所得额 \times 适用税率$$

[**工作实例6-9**] 2024年5月陈某取得国债利息收入800元、银行储蓄存款利息收入500元、公司债券利息收入2 000元。

[**工作要求**] 计算陈某当月应缴纳的个人所得税税额。

[**工作实施**] 个人取得国债利息收入、银行储蓄存款利息收入免税。

陈某当月应纳个人所得税税额=2 000×20%=400(元)

[**工作实例6-10**] 赵某于2024年9月份购买福利彩票取得中奖收入70 000元。

[**工作要求**] 计算赵某应缴纳的个人所得税税额。

[**工作实施**] 中奖所得属于偶然所得,按全额的20%计算缴纳个人所得税。

赵某应纳个人所得税税额=70 000×20%=14 000(元)

该笔税款应由奖金发放单位代扣代缴。

按有关政策规定,个人购买福彩、体彩,凡一次取得奖金收入不足10 000元的,暂免征收个人所得税;超过10 000元的,按税法规定全额征收个人所得税。

四、财产租赁所得

财产租赁所得是指个人出租建筑物、土地使用权、机器设备、车船以及其他财产取得的所得。

(一) 应纳税所得额

财产租赁所得以一个月内取得的收入为一次,按次计征,定额或定率减除规定费用后的余额为应纳税所得额。在确定应纳税所得额时,允许依次扣除以下费用:

(1) 纳税人在出租财产过程中缴纳的税金和教育费附加,可持完税凭证,从其财产租赁收入中扣除。

(2) 能够提供有效凭证,证明纳税人负担的该出租财产实际开支的修缮费用(每次800元为限,一次扣除不完的,准予在以后期间内继续扣除,直到扣完为止)。

(3) 税法规定的费用扣除标准(每次收入不超过4 000元的,减除费用800元;每次收入在4 000元以上的,减除20%的费用)。

(二) 应纳税所得额的计算

(1) 每次收入不足4 000元的:

应纳税所得额 = 每次(月)收入额 − 财产租赁有关税费 − 修缮费用(800元为限) − 800

(2) 每次收入在4 000元以上的:

应纳税所得额 = [每次(月)收入额 − 财产租赁有关税费 − 修缮费用(800元为限)] × (1 − 20%)

(三) 应纳税额的计算

财产租赁所得适用20%的比例税率,其计算公式为:

应纳税额 = 应纳税所得额 × 适用税率

【小贴士】

个人出租住房取得的所得暂减按10%的税率征收个人所得税。

[**工作实例6-11**] 2024年9月,林某将其自有住房出租,租期一年,当月租金3 000元,财产租赁缴纳税费136元。8月,该房屋发生维修费用1 000元。

[**工作要求**] 计算林某应缴纳的个人所得税税额。

[**工作实施**] 该房屋当月发生维修费用1 000元,本月允许扣除800元,其余部分允许

在以后期间内继续扣除;一次收入不足4 000元,可以扣除费用800元。个人出租居住用房暂减按10%计算征收个人所得税。

应纳税所得额=3 000－136－800－800＝1 264(元)

应纳税额=1 264×10%＝126.40(元)

允许扣除的维修费用应以取得合法凭证为前提。

五、财产转让所得

财产转让所得是指个人转让有价证券、股权、合伙企业中的财产份额、不动产、机器设备、车船以及其他财产(除知识产权以外的所有资产)取得的所得。

(一) 应纳税所得额

财产转让所得以个人每次转让财产取得的收入额减除财产原值和转让财产发生的相关税、费后的余额为应纳税所得额。其中,每次是指以一件财产的所有权一次转让取得的收入为一次。其计算公式为:

$$应纳税所得额 = 每次转让财产收入 － 原值 － 合理税费$$

(二) 应纳税额的计算

财产转让所得适用20%的比例税率,其应纳税额的计算公式为:

$$应纳税额 = 应纳税所得额 \times 20\%$$

[工作实例6-12] 张某于2024年6月份转让私有住房一套,取得收入35万元。该套住房取得成本23万元,支付相关税费合计2.6万元。

[工作要求] 计算张某应缴纳的个人所得税税额。

[工作实施] 该房屋取得成本以及支付相关税费允许从转让收入中扣除,余额为应纳税所得额。财产转让所得适用20%的税率。

应纳税所得额=350 000－230 000－26 000＝94 000(元)

应纳税额=94 000×20%＝18 800(元)

对个人转让自用5年以上,并且是家庭唯一生活用房取得的所得,免征个人所得税。

【小贴士】

个人所得税的征税对象与计算小结,如图6-1所示。

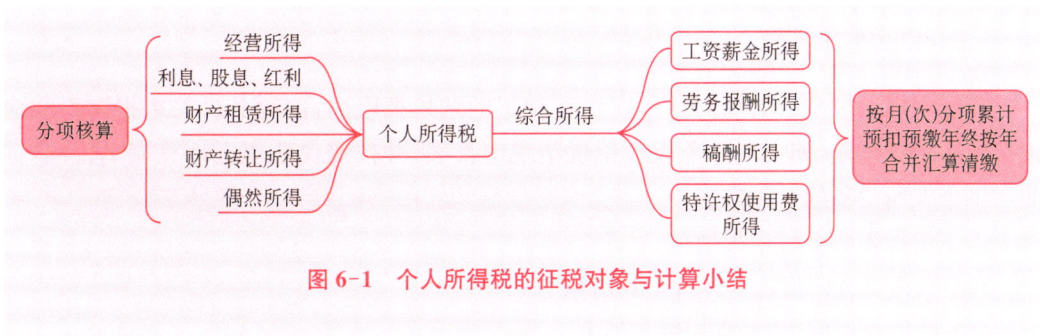

图 6-1　个人所得税的征税对象与计算小结

任务五　个人所得税的征收管理

我国个人所得税实行源泉扣缴和自行申报两种征收方式,纳税人应及时向主管税务机关申报个人所得税。

一、个人所得税的征收方式

(一) 代扣代缴纳税

个人所得税以所得人为纳税人,以支付所得的单位或者个人为扣缴义务人。凡支付个人应纳税所得的企业(公司)、事业单位、机关、社团组织、军队、驻华机构、个体户等单位或者个人,为个人所得税的扣缴义务人。

扣缴义务人每月按预扣预缴税率表计算扣缴个人所得税金额,按照国家规定办理全员全额扣缴申报,并向纳税人提供其个人所得和已扣税款等信息。扣缴义务人依法履行代扣代缴税款义务时,纳税人不得拒绝。

年度终了,纳税人按综合税率表计算年度应缴纳的个人所得税税额,并办理税款的多退少补手续,即个人所得税的年度汇算清缴。年度汇算的范围为综合所得的工资、薪金,劳务报酬,稿酬,特许权使用费四项所得。

需要办理年度汇算的情形包括:

(1) 在两处或者两处以上取得综合所得,且综合所得年收入额减去专项扣除的余额超过 6 万元。

(2) 取得劳务报酬所得、稿酬所得、特许权使用费所得中一项或者多项所得,且综合所得年收入额减去专项扣除的余额超过 6 万元。

(3) 纳税年度内预缴税额低于应纳税额。

(4) 纳税人需要退税。

(二) 自行申报纳税

自行申报纳税是由纳税人自行在税法规定的纳税期限内,向税务机关申报取得的应税所得项目和数额,如实填写个人所得税纳税申报表,并按照税法规定计算应纳税额,据此缴纳个人所得税的一种方法。

以下情形需要自行申报纳税:

(1) 取得综合所得需要办理汇算清缴。
(2) 取得应税所得,没有扣缴义务人。
(3) 取得应税所得,扣缴义务人未扣缴税款。
(4) 取得境外所得。
(5) 因移居境外注销中国户籍。
(6) 非居民个人在中国境内从两处以上取得工资、薪金所得。
(7) 国务院规定的其他情形。

二、个人所得税纳税期限

扣缴义务人每月所扣的税款,应当在次月 15 日内缴入国库,纳税期限具体规定如表 6-12 所示。

表 6-12 个人所得税纳税期限一览表

类型	纳税期限
居民个人综合所得	有扣缴义务人的,由扣缴义务人按月或者按次预扣预缴税款,应当在次月 15 日内缴入国库,并向税务机关报送个人所得税纳税申报表
	没有扣缴义务人的,应当在取得所得的次月 15 日内向税务机关报送个人所得税纳税申报表,并缴纳税款
	扣缴义务人未扣缴税款的,纳税人应当在取得所得的次年 6 月 30 日前,缴纳税款;税务机关通知限期缴纳的,纳税人应当按照期限缴纳税款
	需要办理汇算清缴的,应当在取得所得的次年 3 月 1 日至 6 月 30 日内办理汇算清缴
居民个人从中国境外取得所得	应当在取得所得的次年 3 月 1 日至 6 月 30 日内申报纳税
非居民个人工资、薪金所得,劳务报酬所得、稿酬所得和特许权使用费所得	有扣缴义务人的,扣缴义务人按月或者按次代扣代缴税款,应当在次月 15 日内缴入国库,并向税务机关报送个人所得税纳税申报表,不办理汇算清缴
	没有扣缴义务人的,应当在取得所得的次月 15 日内向税务机关报送个人所得税纳税申报表,并缴纳税款
	扣缴义务人未扣缴税款的,纳税人应当在取得所得的次年 6 月 30 日前,缴纳税款;税务机关通知限期缴纳的,纳税人应当按照期限缴纳税款

(续表)

类型	纳税期限
非居民个人在中国境内从两处以上取得工资、薪金所得	应当在取得所得的次月15日内申报纳税
纳税人取得经营所得	应当在月度或者季度终了后15日内纳税申报预缴税款
	应当在取得所得的次年3月31日前办理汇算清缴
纳税人利息、股息、红利所得,财产租赁所得,财产转让所得和偶然所得	有扣缴义务人的,扣缴义务人按月或者按次预扣预缴税款,应当在次月15日内缴入国库,并向税务机关报送个人所得税纳税申报表
	没有扣缴义务人的,应当在取得所得的次月15日内向税务机关报送个人所得税纳税申报表,并缴纳税款
	扣缴义务人未扣缴税款的,纳税人应当在取得所得的次年6月30日前,缴纳税款;税务机关通知限期缴纳的,纳税人应当按照期限缴纳税款
纳税人因移居境外注销中国户籍	应当在注销中国户籍前办理税款清算

三、个人所得税纳税申报地点

（1）需要办理汇算清缴的纳税人,向任职、受雇单位所在地主管税务机关办理纳税申报,并报送个人所得税年度自行纳税申报表。纳税人有两处以上任职、受雇单位的,选择向其中一处任职、受雇单位所在地主管税务机关办理纳税申报;纳税人没有任职、受雇单位的,向户籍所在地或经常居住地主管税务机关办理纳税申报。

（2）从中国境外取得所得的,向中国境内户籍所在地主管税务机关申报。在中国境内有户籍,但户籍所在地与中国境内经常居住地不一致的,选择并固定向其中一地主管税务机关办理纳税。在中国境内没有户籍的,向中国境内经常居住地主管税务机关办理纳税。

（3）个体工商户向实际经营所在地主管税务机关申报。

（4）个人独资、合伙企业投资者兴办两个或两个以上企业的,区分不同情形确定纳税申报地点:①兴办的企业全部是个人独资性质的,分别向各企业的实际经营管理所在地主管税务机关申报;②兴办的企业中含有合伙性质的,向经常居住地主管税务机关申报;③兴办的企业中含有合伙性质,个人投资者经常居住地与其兴办企业的经营管理所在地不一致的,选择并固定向其参与兴办的某一合伙企业的经营管理所在地主管税务机关申报。

纳税人不得随意变更纳税申报地点,因特殊情况变更纳税申报地点的,须报原主管税务机关备案。

任务六　个人所得税的智能申报与缴纳

不同的纳税人应根据自身情况选择不同的纳税申报表,个人所得税纳税申报表包括:个人所得税基础信息表(A 表、B 表)、个人所得税扣缴申报表、个人所得税自行纳税申报表、个人所得税年度自行纳税申报表、个人所得税经营所得纳税申报表(A 表、B 表、C 表)等。

个体工商户、个人独资企业投资者、合伙企业个人合伙人、承包承租经营者个人以及其他从事生产经营活动的个人取得的经营所得,按年计算个人所得税,由纳税人在月度或季度终了后 15 日内,向经营管理所在地主管税务机关办理预缴纳税申报,并报送个人所得税经营所得纳税申报表(A 表)。在取得所得的次年 3 月 31 日前,向经营管理所在地主管税务机关办理汇算清缴,并报送个人所得税经营所得纳税申报表(B 表);从两处以上取得经营所得的,选择向其中一处经营管理所在地主管税务机关办理年度汇总申报,并报送个人所得税经营所得纳税申报表(C 表)。

扣缴义务人在进行个人所得税扣缴申报时,应填写个人所得税基础信息表(A 表)、个人所得税扣缴申报表,如表 6-13 和表 6-14 所示。

项目引入解析及实操

步骤一:进入平台,点击"人员信息采集",如图 6-2 所示。

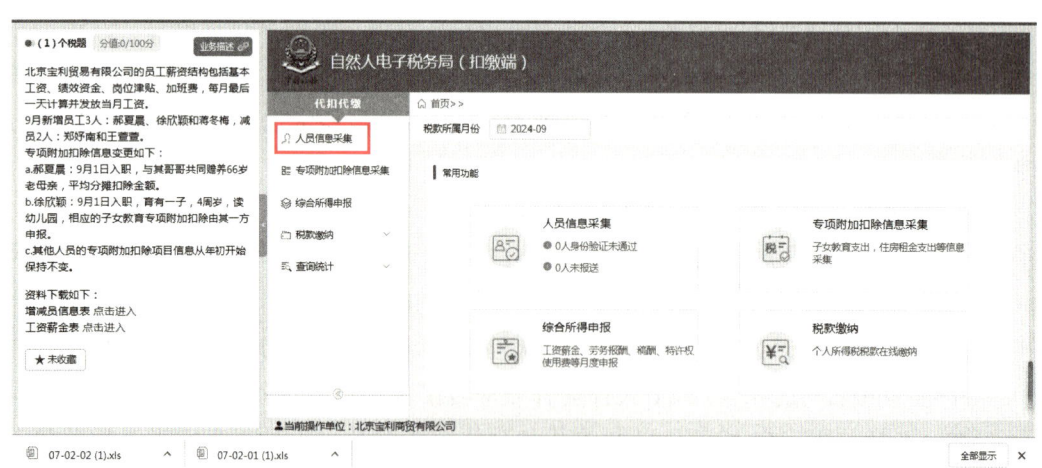

图 6-2　人员信息采集

步骤二:下载增减员信息表,点击"导入文件",导入下载的增减员信息表,如图 6-3 所示。

表 6-13 个人所得税基础信息表（A 表）

（适用于扣缴义务人填报）

扣缴义务人名称：

扣缴义务人纳税人识别号/统一社会信用代码：□□□□□□□□□□□□□□□□□□

序号	纳税人识别号/统一社会信用代码（带*必填）	纳税人基本信息					任职受雇从业信息				联系方式				银行账户		投资信息		其他信息		华侨、港澳台、外籍个人信息（带*必填）					备注
		*纳税人姓名	*身份证件类型	*身份证件号码	*出生日期	*国籍/地区	类型	职务	学历	任职受雇日期	离职日期	手机号码	户籍所在地	经常居住地	联系地址	电子邮箱	开户银行	银行账号	投资额（元）	投资比例	是否残疾孤老烈属	残疾/烈属/孤老证号	*出生地	*性别	首次入境时间	预计离境时间	*涉税事由	
		2	3	4	5	6	7	8	9	10	11	12	13	14	15	16	17	18	19	20	21	22	23	24	25	26	27	28	29
1																													

谨声明：本表是根据国家税收法律法规及相关规定填报的，是真实的、可靠的、完整的。

经办人签字：　　　　　　　　　　　　　　　　　　　　　　　　　　　　　　　扣缴义务人（签章）：

经办人身份证件号码：

代理机构签章：　　　　　　　　　　　　　　　　　　　　　　　　受理税务机关（章）：

代理机构统一社会信用代码：　　　　　　　　　　　　　　　　　　受理人：

　　　　　　　　　　　　　　　　　　　　　　　　　　　　　　　　受理日期：　　　年　　月　　日

填表说明：① 本表由扣缴义务人填报。适用于扣缴义务人办理全员全额扣缴申报时，填报其支付所得的纳税人的基础信息。

② 扣缴义务人支付所得、或者纳税人相关基础信息发生变化的，应当填写本表，并于次月扣缴申报时向税务机关报送。

表 6-14 个人所得税扣缴申报表

税款所属期：　　年　月　日 至　　年　月　日

扣缴义务人名称：

扣缴义务人纳税人识别号（统一社会信用代码）：□□□□□□□□□□□□□□□□□□

金额单位：人民币元（列至角分）

序号	姓名	身份证件类型	身份证件号码	纳税人识别号	是否为非居民个人	所得项目	收入额计算			本月（次）情况									累计情况										税款计算					备注
										专项扣除				其他扣除						累计专项扣除	累计专项附加扣除					累计其他扣除	减按计税比例	准予扣除的捐赠额						
							收入	免税收入	减除费用	基本养老保险费	基本医疗保险费	失业保险费	住房公积金	年金	商业健康保险	税延养老保险	财产原值	允许扣除的税费	其他	累计收入额	累计减除费用	累计专项扣除	子女教育	赡养老人	住房贷款利息	住房租金	继续教育				应纳税所得额	税率/预扣率	速算扣除数	应纳税额	减免税额	已缴税额	应补/退税额	
	1	2	3	4	5	6	7	8	9	10	11	12	13	14	15	16	17	18	19	20	21	22	23	24	25	26	27	28	29	30	31	32	33	34	35	36	37	38	39	40
合计合计																																									

谨声明：本表是根据国家税收法律法规及相关规定填报的，是真实的、可靠的、完整的。

扣缴义务人（签章）：

代理机构签章：

代理机构统一社会信用代码：

经办人签字：

经办人身份证件号码：

受理人：
受理税务机关（章）：
受理日期：　　年　月　日

填表说明：本表适用于扣缴义务人向居民个人支付工资、薪金所得，劳务报酬所得、稿酬所得和特许权使用费所得的个人所得税预扣预缴申报；向非居民个人支付工资、薪金所得，劳务报酬所得，稿酬所得和特许权使用费所得的个人所得税全额扣缴申报；以及向纳税人居民个人和非居民个人支付利息、股息、红利所得和偶然所得和财产转让所得和财产租赁所得的个人所得税全额扣缴申报。

图 6-3 导入增减员信息表

步骤三:在"人员信息采集"页面,勾选新入职的 3 名员工,点击"报送",如图 6-4 所示。

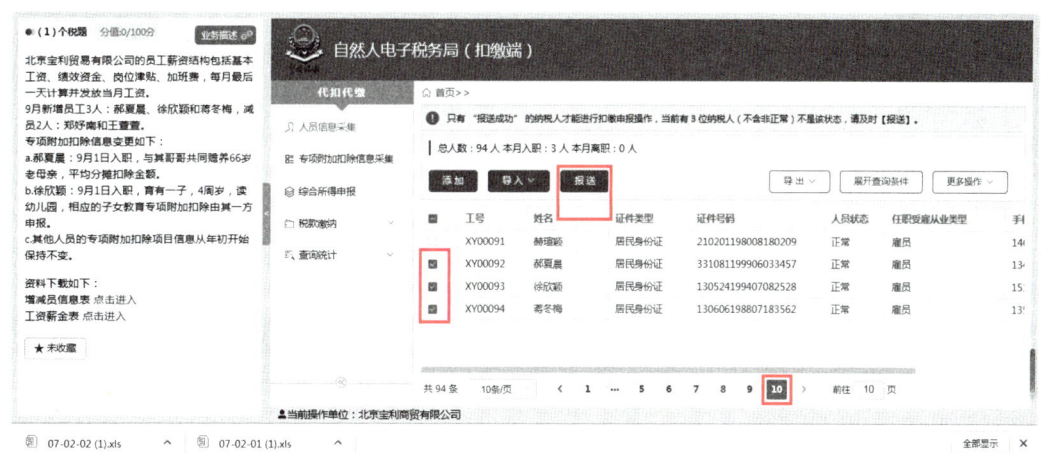

图 6-4 人员信息报送

步骤四:根据题意,减员"郑妤南",在"人员信息采集"页面找到该员工,双击该信息条目,如图 6-5 所示。

步骤五:修改减员员工相关信息,点击"确定"(减员王萱萱操作同步骤四、步骤五),如图 6-6 所示。

步骤六:点击"专项附加信息采集",选择"下载更新"下的"全部人员",如图 6-7 所示。

步骤七:点击"综合所得申报",点击"填写",如图 6-8 所示。

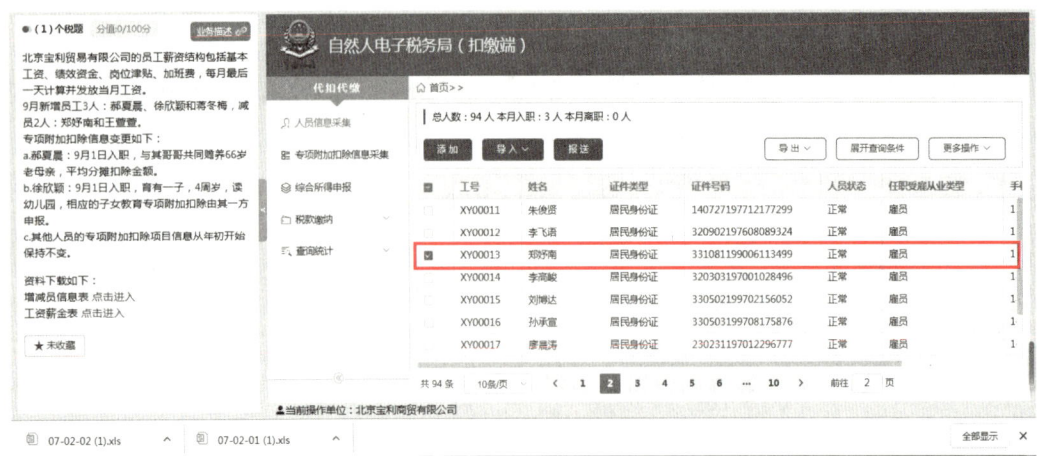

图 6-5 查找减员信息条目

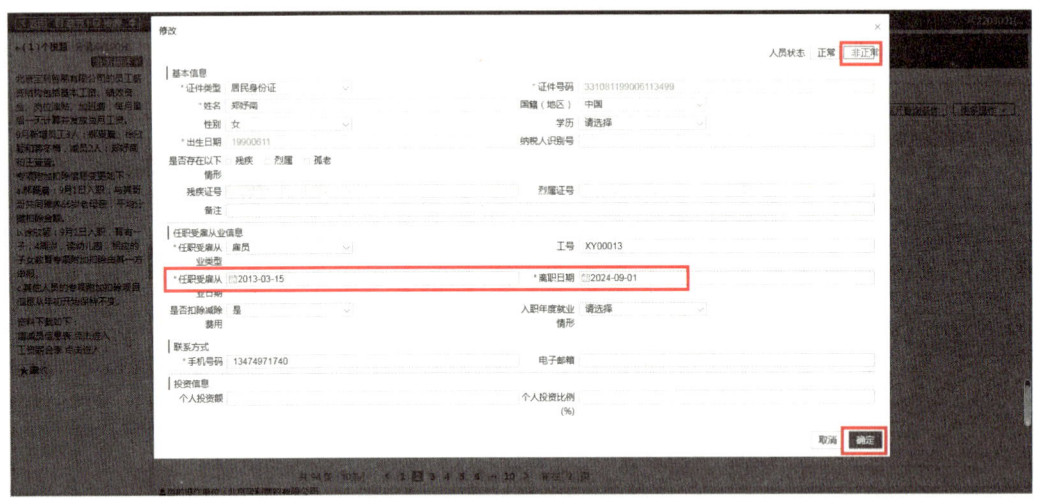

图 6-6 修改减员员工信息

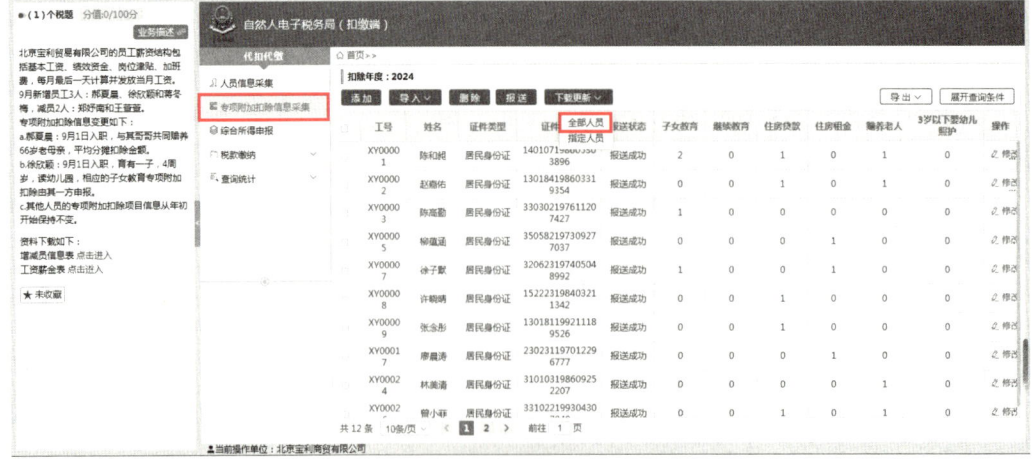

图 6-7 专项附加信息采集

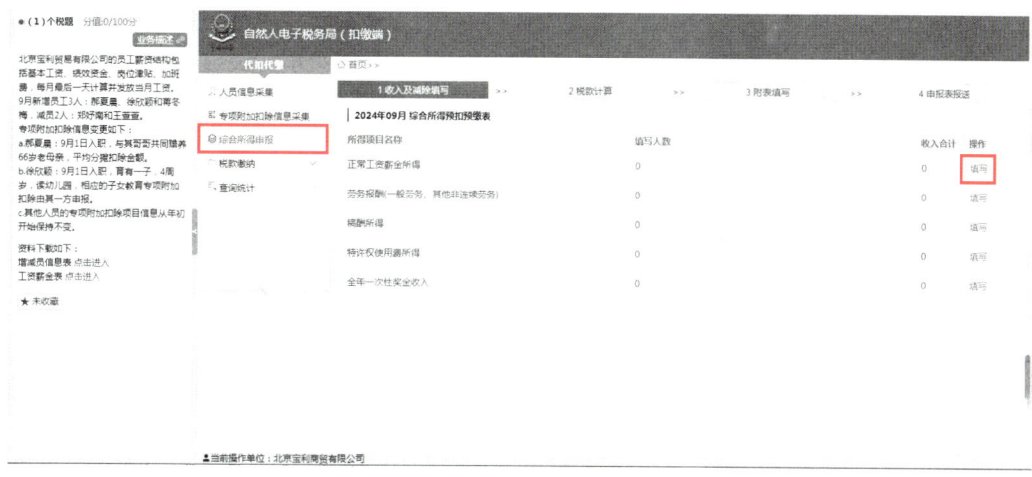

图 6-8　综合所得申报

步骤八：点击"确定"确认综合所得申报，如图 6-9 所示。

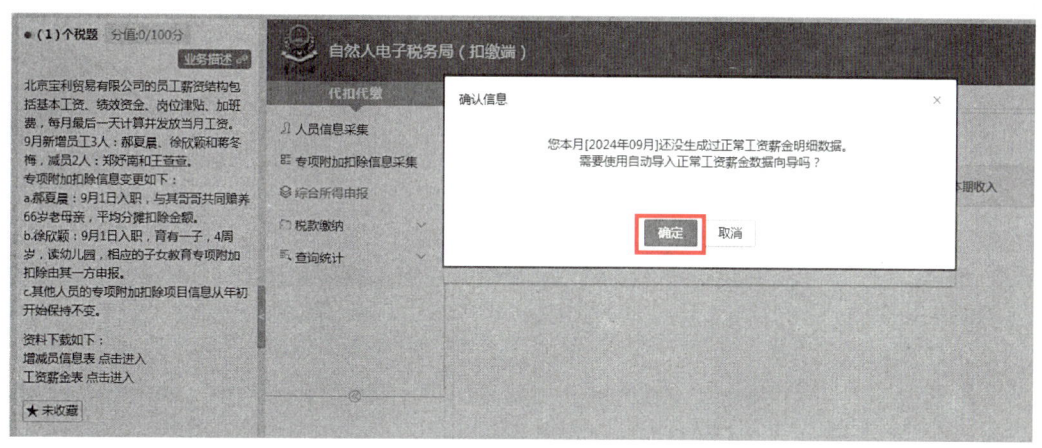

图 6-9　确认综合所得申报

步骤九：下载工资薪金表，选择"标准模板导入"，点击"导入"，如图 6-10 所示，选中下载的文件，点击"打开"。

步骤十：勾选"本月不再提示"，点击"确定"，如图 6-11 所示。

步骤十一：导入工资成功后，点击"预填专项附加扣除"，如图 6-12 所示。

步骤十二：勾选"我确认需要自动预填"，预填人员范围选择"所有人员"，点击"确认"，如图 6-13 所示。

步骤十三：预填成功后，点击"返回"，如图 6-14 所示。

步骤十四：点击"税款计算"，如图 6-15 所示。

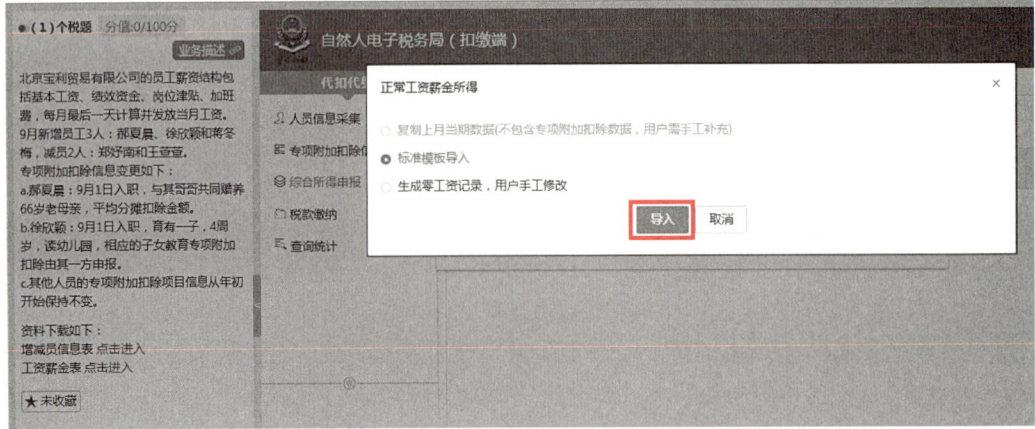

图 6-10　标准模板导入

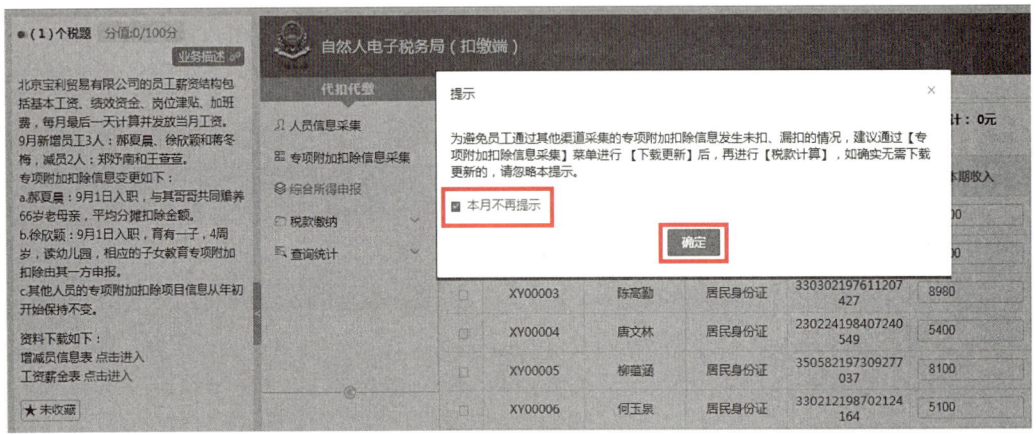

图 6-11　专项扣除提示

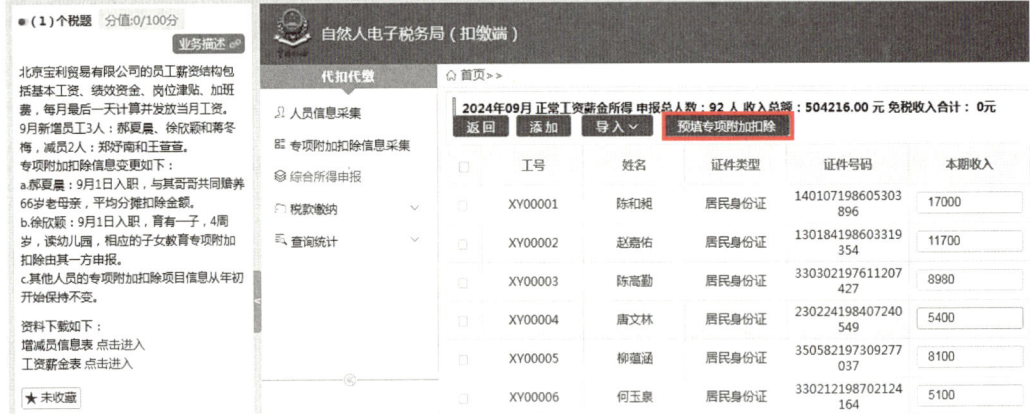

图 6-12　预填专项附加扣除

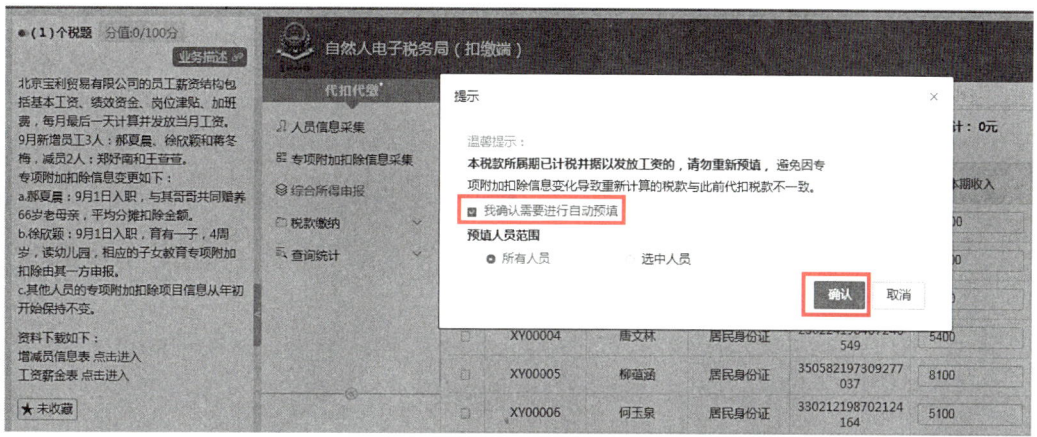

图 6-13 自动预填提示

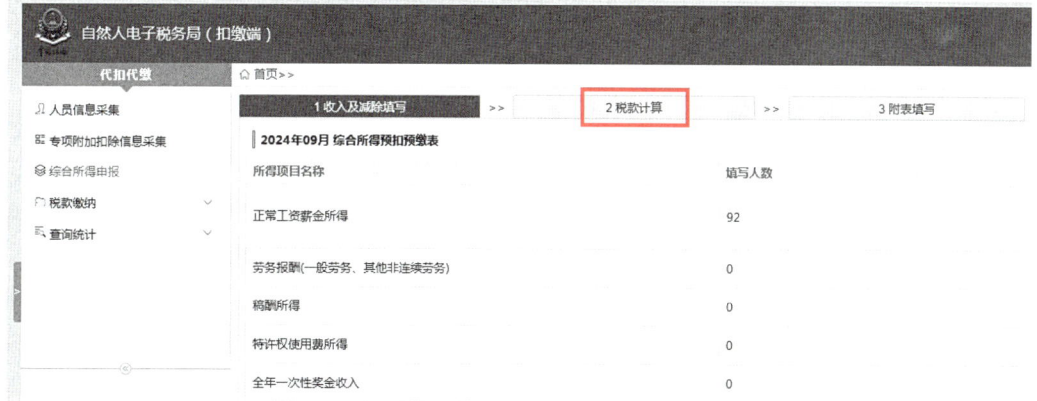

图 6-14 预填成功返回界面

图 6-15 税款计算

步骤十五:点击"附表填写",如图 6-16 所示。

图 6-16　附表填写

步骤十六:点击"申报表报送",点击"发送报表",如图 6-17 所示。

图 6-17　申报表报送

步骤十七:确认发送申报,点击"确定",如图 6-18 所示。

步骤十八:点击左侧"税款缴纳",勾选缴纳税款的项目,点击"立即缴款"完成税款缴纳,如图 6-19 所示。

图 6-18　确认发送申报

图 6-19　税款缴纳

项目技能训练

一、单选题

1. 赵某月工资10 000元,2024年12月取得年终奖50 000元,假设年终奖并入综合所得计算个人所得税。每月专项扣除费用3 000元,专项附加扣除2 000元,无其他扣除,赵某本年应纳个人所得税( )元。

   A. 4 866　　　　B. 2 200　　　　C. 2 480　　　　D. 3 645

2. 根据个人所得税相关法律制度的规定,下列所得中,应缴纳个人所得税的是( )。

   A. 独生子女补贴　　　　　　　　B. 加班工资
   C. 差旅费津贴　　　　　　　　　D. 国债利息收入

3. 某外籍作家在我国境内取得稿酬所得合计300 000元,应纳个人所得税( )元。

   A. 55 000　　　　B. 33 600　　　　C. 33 440　　　　D. 40 000

4. 某演员参加演出获得表演收入50 000元,演出主办方应代扣代缴个人所得税( )元。

   A. 4 800　　　　B. 5 840　　　　C. 8 000　　　　D. 3 360

5. 下列所得中,在计算应纳税所得额时不允许扣除任何费用的是( )。

   A. 偶然所得　　　　　　　　　　B. 稿酬所得
   C. 特许权使用费所得　　　　　　D. 财产转让所得

6. 根据个人所得税相关法律制度的规定,个体工商户的下列支出中,在计算经营所得应纳税所得额时不得扣除的是( )。

   A. 支付给金融企业的短期流动资金借款利息支出
   B. 个体工商户业主本人的工资薪金支出
   C. 依照国家有关规定为特殊工种从业人员支付的人身安全保险金
   D. 实际支付给从业人员合理的工资薪金支出

二、多选题

1. 应计入个人所得税综合所得的有( )。

   A. 工资、薪金所得　　　　　　　B. 稿费所得
   C. 劳务报酬所得　　　　　　　　D. 特许权使用费所得

2. 根据个人所得税相关法律制度的规定,下列情形中,纳税人应当自行申报缴纳个人所得税的有( )。

   A. 取得综合所得并需要办理汇算清缴的
   B. 居民个人从国外取得所得的
   C. 取得应税所得,扣缴义务人未扣缴税款的
   D. 取得经营所得的

3. 居民计算个人所得税时,允许从应纳税所得额中扣减的项目有(　　)。

A. 每年60 000元的费用扣除数

B. 个人负担的不超过国家标准的"三险一金"

C. 个人负担的不超过国家标准的住房公积金

D. 赡养60岁以上父母的实际支出

4. 个体独资企业和合伙企业的投资者在计算个人所得税应纳税所得额时,不允许扣除的项目有(　　)。

A. 投资者个人工资支出　　　　　　B. 财产保险支出

C. 赞助支出　　　　　　　　　　　D. 分配给投资者股利

5. 下列项目中,以一个月为一次计算个人所得税的有(　　)。

A. 财产租赁所得　　　　　　　　　B. 每周末进行钢琴培训取得的所得

C. 分月取得的财产转让所得　　　　D. 某乐手每天在饭店演奏的所得

6. 下列所得中,在计算个人所得税时,可以减除费用的有(　　)。

A. 股息、利息、红利所得　　　　　B. 劳务报酬所得

C. 偶然所得　　　　　　　　　　　D. 工资、薪金所得

7. 下列所得中,应征个人所得税的有(　　)。

A. 保险赔款

B. 稿酬所得

C. 劳务报酬所得

D. 国家民政部门支付给个人的生活困难补助费

8. 下列所得中,属于免征个人所得税项目的有(　　)。

A. 离退休干部工资　　　　　　　　B. 储蓄存款利息

C. 保险赔款　　　　　　　　　　　D. 贫困家庭救济金

三、判断题

1. 某外籍人员自2024年2月1日起在中国境内工作,其间回国参加一个项目的策划,离境时间为4月15日至6月15日,则2024年他是我国《个人所得税法》规定的居民纳税人。(　　)

2. 某个人独资企业采用核定征收办法计算个人所得税,2024年自报经营亏损,因而不用缴纳个人所得税。(　　)

3. 个人独资企业和合伙企业生产经营所得在计算缴纳个人所得税时,投资者个人的工资不得作为企业的成本或费用在税前列支。(　　)

4. 对个人独资企业投资者取得的生产经营所得应征收企业所得税,不征收个人所得税。(　　)

5. 动产转让所得,以实现转让的地点为所得来源地。(　　)

6. 财产租赁所得,以一个月内取得的收入为一次计算应纳税所得额。(　　)

7. 个人将其应税所得全部用于公益救济性捐赠的,将不承担缴纳个人所得税义务。(　　)

8. 扣缴义务人应扣未扣纳税人个人所得税税款的,应由扣缴义务人缴纳应扣未扣的税款、滞纳金及款项。( )

四、计算题

1. 某企业职工张某 2024 年 1～3 月每月取得工资、薪金收入 10 000 元。当地规定的社会保险和住房公积金个人缴存比例为:基本养老保险 8%,基本医疗保险 2%,失业保险 0.5%,住房公积金 12%。社保部门核定张某 2024 年社会保险缴费工资基数为 8 000 元。张某 1～2 月累计已预扣预缴个人所得税税额为 192 元。

要求:计算张某 3 月应预扣预缴的个人所得税税额。

2. 公民赵某是高校教授,2024 年取得以下收入(本题中均不考虑其他税费因素):

(1) 每月取得工资 16 000 元。

(2) 1 月 1 日,将私有住房出租 1 年,每月取得租金收入 3 000 元(符合市场价格水平),当年 3 月发生租房装修费用 500 元。

(3) 4 月,为 A 公司进行讲学,取得酬金 5 000 元,A 公司并未代扣代缴应纳的个人所得税。

(4) 4 月,出版一本专著,取得稿酬 60 000 元。

(5) 5 月,为 B 公司进行营销筹划,取得报酬 45 000 元,B 公司为赵某代缴个人所得税。

(6) 10 月,取得国债利息收入 1 200 元。

要求:

(1) 计算赵某 2024 年的各项收入应缴纳的个人所得税税额。

(2) 计算 B 公司应代为负担的个人所得税税额。

(3) 分析 A 公司应负有的税收法律责任。

五、项目实操演练

北京同达贸易有限公司的员工薪资结构包括:基本工资、绩效资金、岗位津贴、加班费,每月最后一天计算并发放当月工资。2024 年 6 月新增员工 2 人:柳小琴和雷玉莹;减少员工 2 人:周凯和张飞禾。专项附加扣除信息变更如下:

(1) 柳小琴:2024 年 6 月 1 日入职,与其哥哥共同赡养 68 岁老父亲,平均分摊扣除金额。

(2) 雷玉莹:2024 年 6 月 1 日入职,育有一子,17 周岁,读高中,相应的子女教育专项附加扣除比例为 50%。

(3) 其他人员的专项附加扣除项目信息从年初开始保持不变。

要求:请根据资料,对该公司专项附加扣除信息进行变更。

实操网址:https://cloud.acctedu.com/#/login?edu=kysoft23。

项目七　关税的计算与智能申报

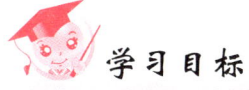

知识目标
1. 熟悉关税的有关规定，了解关税的不同分类
2. 掌握进口、出口关税的基本计算
3. 掌握关税的纳税申报

能力目标
1. 能够确定关税的完税价格
2. 能够计算关税的应纳税额
3. 能够根据关税的缴纳期限及时申报缴纳

素养目标
1. 树立"自觉纳税、做合格纳税人"的观念
2. 养成自我学习的习惯

思维导图

北京宸和贸易有限公司为增值税一般纳税人，适用一般企业会计准则，公司主要经营家具贸易、进出口业务等。2024年6月发生有关进口业务如下：6月10日，从美国进口一批家具，单价294美元/件，数量10件，FOB成交价格为2 940美元。从起运地至输入地起卸前的运费为850美元，进口货物的保险费为110美元，杂费为50美元，取得海关进口货物报关单和海关进口增值税专用缴款书。已知家具适用的关税税率为13%，增值税税率为13%，进口报关日美元外汇牌价（中间价）为6.8。

要求：（1）计算应缴纳的关税，填写表7-1。
（2）完成报关和税费缴纳，获取相关单据。

表7-1　关税计算表　　　　　　　　　　　金额单位：元（列至角分）

项目	完税价格	应交关税	应交增值税
家具			

（续表）

项目	完税价格	应交关税	应交增值税
…			
合计			

 **项目知识准备**

关税是海关依法对进出国境或关境的货物、物品征收的一种税,属于流转税的一种。在通常情况下,一国关境与国境是一致的,包括国家全部的领土、领海、领空。但是,当某国在国境内设立了自由贸易区等,这些区域就进出口关税而言处于关境之外,这时,该国的关境小于国境。当几个国家结成关税同盟,组成一个共同的关境,实施统一的关税法令和统一的对外税,则这些国家彼此之间货物进出国境不征收关税,只就来自或运往其他国家的货物进出共同关境时征收关税,这些国家的关境大于国境,如欧盟。

任务一　认知关税

一、关税的特征

关税作为独特的税种,除具有一般税收的特点以外,还具有以下特征。

（一）征收的对象是进出境的货物和物品

关税是对进出境的货品征税,在境内和境外流通的货物,不进出关境的不征收关税。货物和物品只有在进出关境时,才能被征收关税。

（二）关税是单一环节的价外税

在征收一次性关税后,货物就可以在整个关境内流通,不再另行征收。关税的完税价格不包括关税,即在征收关税时,是以实际成交价格为计税依据,关税不包括在内;但海关代为征收增值税、消费税时,其计税依据包括关税在内。

（三）对进出口贸易的调节性

关税只对进出境的货物和物品征收。因此,关税税则的制定、税率的高低,会直接影响国际贸易的开展。随着经济全球化的发展,世界各国的经济联系密切,贸易关系不仅反映简单的经济关系,还成为一种政治关系。关税政策、关税措施往往和经济政策、外交政策紧密相关,具有涉外性。正是"涉外性"才使得关税对进出口贸易产生巨大的影响作用。因此,关税税种的设置、税率的调整和征收办法的改变等,都会影响到国际贸易往来和商品流通。

二、关税的种类

(一) 按照征收对象分类

按照征收对象分类,关税分为进口关税、出口关税和过境关税三种。我国目前对进出境货物征收进口关税和出口关税两种。

1. 进口关税

进口关税是指海关在外国货物进口时所课征的关税。进口关税通常在外国货物进关或过境时征收,或在外国货物从保税仓库提出运往国内市场时征收。目前,世界各国征收的关税,主要是进口关税。征收进口关税的目的在于保护本国市场和增加财政收入。

2. 出口关税

出口关税是指海关在本国货物出口时所课征的关税。为了降低出口货物的成本,提高本国货物在国际市场上的竞争力,世界各国一般少征或不征出口关税。但为了限制本国某些产品或自然资源的输出,或为了保护本国生产、本国市场供应和增加财政收入以及某些特定的需要,有些国家也征收出口关税。

3. 过境关税

过境关税又称通过关税,是指对外国货物或物品通过本国国境或关境时征收的关税。过境关税最早产生并流行于欧洲各国,主要是为了增加国家财政收入。但是,由于过境关税严重阻碍了国际贸易的发展,现已被绝大多数国家废止。

(二) 按照征税标准分类

按照征税标准分类,关税分为从量关税、从价关税。此外,各国常用的征税标准还有复合税、选择税、滑准税和差价税。

1. 从量关税

从量关税是指以进口商品的重量、长度、容积、面积等计量单位为计税依据征收的关税。这种计税方法计算简单,通关手续快捷,并能起到抑制质次价廉品或故意低瞒价格商品的进口。目前,我国对原油、部分鸡产品、啤酒、胶卷进口采用从量计征。

2. 从价关税

从价关税是指以货物的价格作为征税标准计算征收的关税。从价税的税率表现为货物价格的百分值,经海关审定作为计征关税依据的价格成为完税价格。目前,多数国家以到岸价格作为完税价格。

3. 复合税

复合税又称混合税,是对某种进口商品同时使用从价和从量计征的一种关税。复合税既可以发挥从量关税抑制低价商品进口的特点，又可以发挥从价关税税负合理、稳定的特点。目前，我国对录像机、放像机、摄像机、数字照相机和摄录一体机实行复合税。

4. 选择税

在税则的同一税目中，有从价和从量两种税率，征税时由海关选择其中一种计征的称为选择税。海关一般是选择税额较高的一种，也有选择税额较低的一种。

5. 滑准税

滑准税是指关税税率随进口商品价格由高到低而由低至高设置计征关税的方法。其主要特点是可保持滑准税商品的国内市场价格的相对稳定，尽可能减少国际市场价格波动的影响。1997年至2002年，我国曾对进口新闻纸实施滑准税，税率在3%～45%变化。

三、关税的征税对象

关税的征税对象是准予进出境的货物和物品。货物是指贸易性商品；物品是指入境旅客随身携带的行李物品、个人邮寄物品、各种运输工具上的服务人员携带进口的自用物品、馈赠物品以及其他方式进境的个人物品。

关税对进出境的货物和物品征税，在境内和境外流通的货物，不进出关境的不征收关税。这里的"境"，是指"关境"，即海关法规可以全面实施的领域。货物和物品只有在进出关境时，才能被征收关税。

四、关税的纳税义务人

进口货物的收货人、出口货物的发货人、进出境物品的所有人，是关税的纳税义务人。在外贸企业逐步实行进出口代理管制以后，凡由外贸企业代理进出口业务的，都由办理进出口业务的外贸企业代纳税，不通过外贸企业而自行经营进出口业务的，则由收发货人自行申报纳税。非贸易性物品的纳税义务人是物品持有人、所有人或收件人。

一般情况下，携带进境的物品，推定其携带人为所有人；对分离运输的行李，推定相应的出境旅客为所有人；以邮寄方式进境的物品，推定其收件人为所有人；以邮递或其他运输方式出境的物品，推定其寄件人或托运人为所有人。

五、关税的税率

（一）进口关税税率

进口关税设置有最惠国税率、协定税率、特惠税率、普通税率、关税配额税率等，对进口货物在一定期限内可以实行暂定税率。

（1）最惠国税率。最惠国税率是指某国的来自其最惠国的进口产品享受的关税税率。

根据最惠国待遇原则,最惠国税率一般不得高于现在或将来来自第三国同类产品所享受的关税税率,适用原产于与我国共同适用最惠国待遇条款的世界贸易组织成员的进口货物、原产于与我国签订有相互给予最惠国待遇条款的双边贸易协定的国家或地区的进口货物,以及原产于我国境内的进口货物。

(2) 协定税率。协定税率是指一国根据其与别国签订的贸易条约或协定而制订的关税税率。协定税率是相对于国定税率而言的,它不仅适用于协定的签订国,且适用于享有最惠国待遇的国家。协定税率适用原产于与我国订有含关税优惠条款的区域性贸易协定的有关缔约方的进口货物。

(3) 特惠税率。特惠税率是指对原产于与我国签订含有特殊关税优惠条款的贸易协定的国家或地区的进口货物所适用的关税税率。目前,根据我国与有关国家或地区签署的贸易或关税优惠协定、双边换文情况及国务院有关决定,对原产于43个与我国建交的联合国认定的最不发达国家的100%税目商品实施特惠税率。

(4) 普通税率。普通税率是指对原产于与我国未订有关税互惠条款的贸易条约或协定的国家的进口货物所适用的关税税率,适用原产于上述国家或地区的进口货物,或者原产地不明的国家或地区的进口货物。

(5) 关税配额税率。关税配额税率是指对实行关税配额管理的进口货物采用的关税税率。适用按照国家规定实行关税配额管理的关税配额内的进口货物,关税配额外的,可按不同情况分别适用最惠国税率、协定税率、特惠税率或普通税率。

(二) 出口关税税率

2016年,我国降低高纯生铁等商品出口关税,对磷酸等商品不再征收出口关税。出口货物的关税税率大多为比例税率,仅尿素、硫酸钾、其他氯化钾、磷酸氢二铵等个别化肥类商品适用定额税率。出口货物应当按照货物的发货人或者代理人、申报人在出口之日实施的税则税率征收关税。

六、关税的减免

关税的减免可以分为法定减免税、特定减免税和临时减免税三类。

(一) 法定减免税

法定减免税是税法中明确列出的减税或免税。符合税法规定可予以减免税的进出口货物,纳税义务人无须提出申请,海关可按规定直接予以减免税。海关对法定减免税货物一般不进行后续管理。

(1) 税额在人民币50元以下的一票货物。

(2) 无商业价值的广告品和货样。

(3) 外国政府、国际组织无偿赠送的物资。

(4) 进出境运输工具装载的途中必需的燃料、物料和饮食用品。
(5) 在海关放行前损毁或者灭失的货物、进境物品。
(6) 我国缔结或者共同参加的国际条约、协定规定免征关税的货物、进境物品。
(7) 依照有关法律规定免征关税的其他货物、进境物品。

 素养小园地

海外代购商品被扣，海外网购关税征管加强

据报道，有淘友通过海外代购购买了一条裙子，两周后被卖家通知因为没有主动办理报关缴税手续，裙子在邮寄过程中被海关扣下了。

近年来，海外代购受到热捧，消费者买到便宜商品，代购商赚到手续费。然而，不少海外代购卖家通过私人包裹邮递，因为这样可以"避税"，而走正常货运渠道则需要报关缴税。

《中华人民共和国海关法》规定，在国外邮寄货物进入国内通过海关时，货物须主动办理报关缴税手续，不主动报关直接寄进国内的，情节严重者构成走私。

2010年7月2日，中国海关总署发布了第43号公告（《关于调整进出境个人邮递物品管理措施有关事宜》）通知，规定从2010年9月1日起，个人邮寄进境物品的应征进口税税额在人民币50元（含50元）以下的才能免于征税，否则将依法征收进口税。而在此之前，海关对邮寄物品征税的起点最高为500元。

【知识拓展7-1】关于调整海南自由贸易港交通工具及游艇"零关税"政策的通知

（二）特定减免税

特定减免税也称政策性减免税，是指在法定减免税之外，国家按照国际通行规则和我国实际情况制定发布的关税优惠。特定减免税货物一般有地区、企业和用途的限制，海关需要进行后续管理，包括病人专用品、扶贫慈善性捐赠物资、加工贸易产品、边境贸易加工物资、保税区进出口货物、出口加工区进出口货物、进口设备、特定行业或用途的货物。

（三）临时减免税

临时减免税是指法定减免和特定减免范围以外的，由国务院运用一案一批的原则，针对某个纳税人、某类商品、某个项目或某批货物的特殊情况，特别照顾，临时给予的减免。

关税纳税义务人要求对其进出口货物临时减征或者免征进出口关税的，应当在货物进出口前书面说明理由，并附必要的证明和资料，向所在地海关申请。所在地海关审查属实后，转报海关总署，海关总署或者海关总署会同财政部按照国务院的规定审查批准。

任务二　关税的计算

我国对进出口货物征收关税，主要采取从价计征的办法，即以商品价格为标准征收关税。因此，关税主要以进出口货物的完税价格为计税依据。完税价格，是指为进口货物缴纳关税而由海关审核确定的价格。

关税是单一环节的价外税。关税的完税价格不包括关税，即在征收关税时，是以实际成交价格为计税依据，海关代为征收增值税、消费税时，其计税依据包括关税在内。

一、进口货物的完税价格

（一）以成交价格为基础的完税价格

进口货物的完税价格是以海关审定的成交价格为基础的到岸价格，包括货物在采购地的货价、货物运抵我国境内输入地点起卸前的运输费、包装费、保险费、手续费等。

进口货物的成交价格中如果已包含下列费用，且能单独分列的，可从完税价格中扣除：

（1）进口人向其境外代理人支付的买方佣金。
（2）卖方支付给买方的正常价格回扣。
（3）工业设施、机械设备类货物进口后发生的基建、安装、装配、调试、技术指导等费用。

[**工作实例 7-1**] 某进出口公司进口货物 2 000 件，经海关审定的货价为 380 万美元。另外，运抵我国关境内输入地点起卸前发生包装费 20 万美元，运输费 15 万美元，保险费 5 万美元，购货佣金 8 万美元。

[**工作要求**] 计算进口该批货物的关税完税价格。

[**工作实施**] 关税的完税价格中不包括进口货物的购货佣金，购货佣金不能计入完税价格。

该批货物的关税完税价格＝380＋20＋15＋5＝420（万美元）

（二）进口货物的海关估价方法

进口货物的成交价格不能确定或不符合成交价格条件的，海关应当按照合理的办法估定完税价格。

（三）特殊进口货物的完税价格

对于某些特殊、灵活的贸易方式下的进口货物，在进口时没有"成交价格"可作依据，

为此,法律对这些进口货物制定了确定其完税价格的方法,主要有如下几种:

(1) 加工贸易进口料件及其制成品需征税或内销补税的,海关按照一般进口货物的完税价格规定,审核其完税价格。

(2) 从保税区、出口加工区销往区外从保税仓库出库内销的进口货物(加工贸易进口料件及其制成品除外),以海关审定的价格估定完税价格;对经审核销售价格不能确定的,还应当按照一般进口货物估价方法的规定,估定完税价格。如销售价格中未包括在保税区、出口加工区或保税仓库中发生的仓储、运输及其他相关费用的,应当按照客观量化的数据资料予以计入。

(3) 运往境外维修的机械器具、运输工具或其他货物,出境时已向海关报明,并在海关规定期限内复运进境的,应当以海关审定的境外修理费和料件费,以及该货物复运进境的运费及其相关费用、保险费估定完税价格。

(4) 运往境外加工的货物,出境时已向海关报明,并在海关规定期限内复运进境的,应当以海关审定的境外加工费和料件费,以及该货物复运进境的运输及相关费用、保险费估定完税价格。

二、出口货物的完税价格

(一) 以成交价格为基础的完税价格

出口货物的完税价格,由海关以该货物向境外销售的成交价格为基础审查确定,并应包括货物运至我国境内输出地点装载前的运输及其相关费用、保险费,但其中包含的出口关税税额应当扣除。其计算公式如下:

$$应纳出口关税 = 出口货物关税完税价格 \times 出口关税税率$$
$$出口货物关税完税价格 = 离岸价格 \div (1 + 出口关税税率)$$

出口货物的成交价格,是指该货物出口销售到我国境外时,买方向卖方实付或应付的价格。

下列费用不计入出口货物的完税价格:

(1) 出口货物的成交价格中单独列明的应由卖方负担的佣金。

(2) 货物价款中单独列明的货物运至我国境内输出地点装载后的运输及其相关费用、保险费。

(二) 以成交价格不能确定的完税价格

出口货物的成交价格不能确定时,完税价格由海关依次使用下列方法估定:

(1) 同时或大约同时向同一国家或地区出口的相同货物的成交价格。

(2) 同时或大约同时向同一国家或地区出口的类似货物的成交价格。

(3) 据境内生产相同或类似货物的成本、利润和一般费用、境内发生的运输及其相关费用、保险费计算所得的价格。

（4）按照合理方法估定的价格。

三、应纳税额的计算

（一）从价税的计算

$$应纳税额 = 应税进（出）口货物数量 \times 单位完税价格 \times 适用税率$$

[**工作实例 7-2**] 某进出口公司从日本进口一批货物，该批货物的日本成交价格为折合人民币 600 万元。运抵我国境内输入地点前的包装费、运输费、保险费和其他劳务费用折合人民币共计 85 万元，该批货物进口关税税率为 20%。

[**工作要求**] 计算进口该批货物应缴纳的进口关税税额。

[**工作实施**] 该批货物关税完税价格 = 600 + 85 = 685（万元）

应纳关税税额 = 685 × 20% = 137（万元）

（二）从量税的计算

$$应纳税额 = 应税进（出）口货物数量 \times 单位货物税额$$

[**工作实例 7-3**] 某公司进口美国产蓝带啤酒 600 箱，每箱 24 瓶，每瓶 500 毫升，价格为 CIF 3 000 美元。已知进口报关日美元外汇牌价（中间价）为 6.4，该啤酒适用 3 元/升的关税税额。

[**工作要求**] 计算进口该批啤酒应缴纳的进口关税税额。

[**工作实施**] 进口啤酒的计税依据为进口数量。

应税进口啤酒数量 = 600 × 24 × 500 ÷ 1 000 = 7 200（升）

应纳关税税额 = 3 × 7 200 = 21 600（元）

（三）复合税的计算

我国目前实行的复合税都是先计征从量税，再计征从价税。

$$应纳税额 = 应税进（出）口货物数量 \times 单位货物税额 + 应税进（出）口货物数量 \times 单位完税价格 \times 适用税率$$

[**工作实例 7-4**] 某公司进口 2 台日本产电视摄像机，价格为 CIF 13 000 美元。已知进口报关日美元外汇牌价（中间价）为 6.4，摄像机适用 13 280 元/台的从量税、3% 的从价税。

[**工作要求**] 计算进口 2 台摄像机应缴纳的进口关税税额。

[**工作实施**] 应纳关税税额 = 2 × 13 280 + 13 000 × 6.4 × 3% = 29 056（元）

任务三　关税的智能申报与缴纳

一、关税的缴纳方法

海关征收关税时，根据纳税人的申请及进出口货品的具体情况，可以在关境地征收，也可以在主管地征收。

关境地征收，即口岸纳税，进出口货物在哪里通关，纳税人即在哪里缴纳关税，这是关税常见的缴纳方法。

主管地征收，亦称集中纳税。纳税人缴纳关税时，经海关办理有关手续，进出口货物由纳税人住址所在地海关（主管地海关）监管其通关，关税也在纳税人住址所在地（主管地）缴纳。这种方式只适用于集装箱运载货物时使用。

纳税人缴纳关税时，须填写海关专用缴款书并携带有关单证。

二、关税的缴纳时间

进口货物自运输工具申报进境之日起 14 日内，出口货物在货物运抵海关监管区后装货的 24 小时以前，应由进出口货物的纳税义务人向货物进（出）境地海关申报，海关根据税则归类和完税价格计算应缴纳的进口环节代征税额，并填发税款缴款书。纳税义务人应当自海关填发税款缴款书之日起 15 日内，向指定银行缴纳税款。如关税缴纳期限的最后 1 日是周末或法定节假日，则关税缴纳期限顺延至周末或法定节假日过后的第一个工作日。

纳税义务人未在关税缴纳期限内缴纳税款，即构成关税滞纳。海关对滞纳关税的义务人有强制执行的权力。强制措施主要有征收关税滞纳金和强制征收两类。

滞纳金自关税缴纳期限届满之日起，至纳税义务人缴纳关税之日止，按滞纳税款万分之五的比例按日征收，周末或法定节假日不予扣除。

滞纳金的起征点为 50 元。

纳税义务人自海关填发缴款书之日起 3 个月仍未缴纳税款的，经海关关长批准，海关可以采取强制扣缴、变价抵缴等强制措施。

三、关税的退税

有下列情况之一的，进出口货物的收发货人或者他们的代理人，可以自缴纳税款之日起 1 年内，书面声明理由，连同纳税收据向海关申请退税，逾期不予受理：

(1) 因海关误征,多纳税款的。
(2) 海关核准免验进口的货物,在完税后,发现有短卸情形,经海关查验属实的。
(3) 已征出口关税的货物,因故未将其运出口,申报退关,经海关查验属实的。

按规定,上述退税事项,海关应当自受理退税申请之日起 30 日内作出书面答复并通知退税申请人。

四、关税的补缴

进出口货物完税后,如发现少征或者漏征税款,海关应当自缴纳税款或者货物放行之日起 1 年内,向收发货人或者他们的代理人补征。因收发货人或他们的代理人违反规定而造成少征或者漏征的,海关在 3 年内可以追征;存在特殊情况的,追征期可以延至 10 年;骗取退税款的,可无限期追征。

五、关税的纳税争议

纳税义务人对海关确定的进出口货物的征税、减税、补税或者退税等有异议时,应当先按照海关核定的税额缴纳税款,自海关填发税款缴纳书之日起 30 日内,向原征税海关的上一级海关书面申请复议。逾期申请复议的,海关不予受理。海关应当自收到复议申请之日起 60 日内作出复议决定,并以复议决定书的形式正式答复纳税义务人。纳税义务人对海关复议决定仍然不服的,可以自收到复议决定书之日起 15 日内,向人民法院提起诉讼。

项目引入解析及实操

该批家具完税价格 $= (294 \times 10 + 850 + 110 + 50) \times 6.8 = 26\,860$(元)

应纳关税税额 $= 26\,860 \times 13\% = 3\,491.80$(元)

关税完税价格 $= 26\,860 + 3\,491.80 = 30\,351.80$(元)

应纳增值税税额 $= 30\,351.80 \times 13\% = 3\,945.73$(元)

步骤一:根据以上计算过程,填写结果,如表 7-2 所示。

表 7-2　关税计算表(结果)　　　　　　　金额单位:元(列至角分)

项目	完税价格	应交关税	应交增值税
家具	26 860.00	3 491.80	3 945.73
—			
合计	26 860.00	3 491.80	3 945.73

步骤二:完成报关、申报缴纳税费,并获取进口货物报关单及海关专用缴款书,如图 7-1 和图 7-2 所示。

中华人民共和国海关进口货物报关单

预录入编号：801020210112521568			海关编号：801020210112521568			
进口口岸	天津港	备案号	001130152	进口日期	2024/6/10	申报日期	2024/6/10
经营单位	北京宸和贸易有限公司	运输方式	海运	运输工具名称	0152362N548/9665487854	提运单号	03XQ236512
收货单位	北京宸和贸易有限公司	贸易方式	一般贸易	征免性质	一般征税	征税比例	
许可证号		起运国（地区）	美国	装货港	迈阿密	境内目的地	北京
批准文号		成交方式	FOB	运费	850	保费	110	杂费	50
合同协议	China-FR-SAT16-0005	件数	10	包装种类	其他	毛重（千克）	58	净重（千克）	56.5
集装箱号	CAU3835455-5(2)	随附单据					

标记唛码及备注

备注：电子支付/自报自缴

项号	商品编号	商品名称	数量及单位	原产国（地区）	单价	总价	币制	免征
1		家具	10件	美国	294	2940	USD	照章征税

特殊关系确认：是	价格影响确认：否	与货物相关的特许使用费支付确认：否

录入员 893000083965	录入单位	兹申明对以上内容承担如实申报，依法纳税的法律责任	海关批注及签章
报关人员		申报单位（签章）	

图 7-1　进口货物报关单

海关专用缴款书

收入系统：海关系统　　填发日期：2024年06月10日　　号码No：001526

收款单位	收入机关	中央金库			缴款单位（人）	名称	北京宸和贸易有限公司
	科目	进口关税	预算级次	中央		账号	11000760904852528000
	收款国库	北京市中心支库				开户银行	中国工商银行北京分行

税号	货物名称	数量	单位	完税价格（¥）	税率	税款金额（¥）
94037000	家具	10.00	件	30351.80	13%	¥3945.73

金额人民币（大写）	叁仟玖佰肆拾伍元柒角叁分		合计（¥）	¥3,945.73
申请单位编号	22000000526	报关单编号	填制单位	收款国库（银行）
合同（批文）号	15	运输工具号 9665487854		中国工商银行北京分行 2024.05.10
缴款期限	2024年06月25日前	提/装货单号 03XQ236512		
备注	一般贸易 照章征税 2024-06-10 国家代码：11010571785226X USD6.8		制单人 89300008396 复核人	

从填发缴款书之日起限15日内缴纳（期末遇法定节假日顺延，逾期按日征税款总额万分之五的滞纳金。

图 7-2　海关专用缴款书

项目技能训练

一、单选题

1. 当国家在国境内设有自由贸易港、自由贸易区或出口加工区时,关境与国境的大小关系是( )。
   A. 关境等于国境   B. 关境小于国境
   C. 关境大于国境   D. 无法确定谁大谁小

2. 下列各项中,属于关税法定减免税的是( )。
   A. 科教用品
   B. 出口加工区进出口货物
   C. 进出境运输工具装载的途中必需的燃料、物料和饮食用品
   D. 保税区进出口货物

3. 下列各项中,不应计入关税完税价格的是( )。
   A. 货物进口后进行安装和技术服务的费用
   B. 由买方负担的除购货佣金以外的佣金和经纪费
   C. 由买方负担的在审查确定完税价格时与该货物视为一体的容器的费用
   D. 由买方负担的包装材料费用和包装劳务费用

4. 某进出口公司进口货物一批,经海关审定的货价折合人民币500万元。另外,运抵我国关境内输入地点起卸前发生包装费20万元,运输费15万元,保险费5万元,进口后安装费用10万元。进口该批货物的关税完税价格为( )万元。
   A. 540   B. 535   C. 550   D. 525

5. 下列各项中,属于复合关税应纳税额计算公式的是( )。
   A. 关税税额＝应税进口货物数量×单位完税价格×税率
   B. 关税税额＝应税进口货物数量×单位货物税额
   C. 关税税额＝应税进口货物数量×单位货物税额＋应税进口货物数量×单位完税价格×税率
   D. 关税税额＝应税进口货物数量×单位完税价格×滑准税税率

6. 某进出口公司2024年3月8日进口一批货物,海关于当日填发缴款书,该公司一直没有缴税。海关可对其实施强制扣缴措施的时间是( )。
   A. 2024年3月16日   B. 2024年3月23日
   C. 2024年6月9日   D. 2024年6月23日

7. 纳税义务人或代理人应在海关填发税款缴纳证之日起向指定银行缴纳税款的期限是( )。
   A. 15日   B. 30日   C. 3个月   D. 1年

二、多选题

1. 下列各项中,属于关税特征的有(　　)。
   A. 纳税上的统一性和一次性　　B. 征收上的过"关"性
   C. 税率上的复式性　　D. 对进出口贸易的调节性

2. 按照征税对象不同划分,关税可分为(　　)。
   A. 出口关税　　B. 进口关税
   C. 过境关税　　D. 保护关税

3. 下列各项中,属于进境物品纳税义务人的有(　　)。
   A. 携带物品进境的入境人员　　B. 进境邮递物品的收件人
   C. 以其他方式进口物品的收件人　　D. 进境物品的邮寄人

4. 进口时在货物的价款中列明的(　　),应计入该货物的完税价格。
   A. 由买方负担的除购货佣金以外的佣金和经纪费
   B. 由买方负担的在审查确定完税价格时与该货物视为一体的容器的费用
   C. 进口关税
   D. 由买方负担的包装材料费用和包装劳务费用

三、计算题

1. 某公司进口一批货物,海关于2024年3月1日填发税款缴款书,但该公司一直到3月27日才缴纳500万元的关税。

   要求:计算海关应征收的关税滞纳金。

2. 某商贸公司为增值税一般纳税人,并具有进出口经营权。2024年5月发生相关经营业务如下:

   (1) 从国外进口小轿车1辆,支付买价400 000元、相关费用30 000元,支付到达我国海关前的运输费用40 000元、保险费用20 000元。

   (2) 从国外进口卷烟80 000条(每条200支),支付买价2 000 000元,支付到达我国海关前的运输费用120 000元、保险费用80 000元。

   已知进口关税税率均为20%,小轿车适用的消费税税率为8%。

   要求:
   (1) 计算进口小轿车和进口卷烟应缴纳的关税税额。
   (2) 计算小轿车在进口环节应缴纳的消费税税额。
   (3) 计算卷烟在进口环节应缴纳的消费税税额。

项目八　其他税种

知识目标
1. 熟悉相关税种的征收管理规定
2. 掌握土地增值税、房产税、契税、车辆购置税、印花税、车船税、城镇土地使用税、资源税、烟叶税应纳税额的计算

技能目标
1. 能够根据不同税目涉及的内容合理报税
2. 能够独立办理各项税种的纳税申报手续

素质目标
1. 培养刻苦钻研的学习精神
2. 培养敬业精神、团队合作能力和良好的职业道德修养
3. 树立"税收连你我，强国靠大家"的观念

思维导图

1. 北京万里房地产开发有限公司自行开发了瑞华商业地产项目，建筑工程施工许可证中注明开工日期为2024年3月15日，2024年8月开始预售，所属期为8月的预缴土地增值税已申报，2024年9月取得未完工开发产品预售收入20 500 000元（不含税）。该项目为普通住宅且以银行转账方式结算，根据当地税务局规定，土地增值税预征率为2%。

要求：申报预缴土地增值税。

2. 北京万和制造有限公司（纳税人识别号：9111010605121568 26）有一栋5层办公楼原值5 000万元和一处仓库原值200万元。

（1）2022年1月购入的仓库，占地面积500平方米，2023年4月对仓库进行扩建，改扩建过程中，发生直接材料和人工成本45万元，另外对仓库安装了价值15万元的排水设备，2023年8月底完工并办理验收手续。

（2）2023年5月购入办公楼，占地面积300平方米，总建筑面积1 500平方米，2023年7月1日出租其中一层办公楼（出租面积为300平方米），按照合同约定，月租金10万元（不含增值税),当地房产原值减除比例为30%(承租方纳税人识别号:91110107106428894K,租赁期2023年7月1日至2025年6月30日)。

要求:2024年1月修改出租税源,按半年申报方式申报2023年下半年房产税(时间变更为2023年6月30日)。

 项目知识准备

任务一　认知土地增值税

一、土地增值税的纳税义务人

土地增值税是对国有土地使用权、地上的建筑物及其附着物并取得收入的行为征收的一种税。

土地增值税的纳税义务人是转让国有土地使用权、地上的建筑物及其附着物,并取得收入的单位和个人。不论法人还是自然人、不论经济性质如何、不论内资还是外资,只要有偿转让房地产,都是土地增值税的纳税义务人。

二、土地增值税的特点

(1) 属于财产转移税。
(2) 以"转让"国有土地使用权、地上建筑物及其附着物取得的增值额为计税依据。
(3) 以转让方为纳税人。

三、土地增值税的征收范围

土地增值税的征收范围包括以下三类。

1. 转让国有土地使用权

国有土地是指按国家法律规定属于国家所有的土地。

2. 地上的建筑物及其附着物连同国有土地一并转让

地上的建筑物是指建于地上的一切建筑物及地上、地下的各种附属设施。附着物是指附着于土地上的不能移动或一经移动即遭损坏的物品。

3. 土地增值税只对有偿转让的房地产征税

对以继承、赠与等方式无偿转让的房地产,不予征税,但并非所有名为"赠与"的行为均不征税。

四、土地增值税的税率

土地增值税实行四级超率累进税率,具体如下:

(1)增值额未超过扣除项目金额的50%的部分,税率为30%。

(2)增值额超过扣除项目金额的50%、未超过扣除项目金额100%的部分,税率为40%。

(3)增值额超过扣除项目金额的100%、未超过扣除项目金额200%的部分,税率为50%。

(4)增值额超过扣除项目金额的200%的部分,税率为60%。

上述四级超率累进税率,每级增值额未超过扣除项目金额的比例,均包括本比例数。土地增值税四级超率累进税率表,如表8-1所示。

【知识拓展8-1】土地增值税的开征目的

表8-1 土地增值税四级超率累进税率表

级数	增值额与扣除项目金额的比率	税率	速算扣除系数
1	不超过50%的部分	30%	0
2	超过50%~100%的部分	40%	5%
3	超过100%~200%的部分	50%	15%
4	超过200%的部分	60%	35%

五、土地增值税的税收优惠

(1)纳税人建造普通标准住宅(按照当地一般民用住宅标准建造的居住用住宅)并出售,增值额未超过各项规定扣除项目金额20%的,免征土地增值税;增值额超过扣除项目金额之和20%的,应就其全部增值税按规定计税。高级公寓、别墅、度假村等不属于普通标准住宅。普通标准住宅和其他住宅的具体划分界限由各省、自治区、直辖市人民政府规定。

【知识拓展8-2】超额累进税率和超率累进税率

(2)因城市实施规划、国家建设需要依法征用、收回的房地产,免征土地增值税。

(3)因城市实施规划、国家建设需要而搬迁由纳税人自行转让原房地产的,免征土地增值税。符合上述免税规定的单位和个人,须向房地产所在地税务机关提出申请,经税务机关审核后,免征土地增值税。

(4)2008年11月1日起,个人销售住房暂免征收土地增值税。

(5)个人因工作调动或者改善居住条件而转让原自用住房,经向主管税务机关申报核准,在原住房居住满5年或5年以上的,免征土地增值税;居住满3年不满5年的,减半征收土地增值税;居住不满3年的,按规定计征土地增值税。

【知识拓展8-3】土地增值税应税行为的标准

六、土地增值税的计算

土地增值税的计税依据为纳税人转让土地所取得的增值额，即纳税人转让土地取得的收入减除规定扣除项目金额后的余额。

（一）应税收入的确定

纳税人转让房地产所取得的全部价款及有关的经济利益，包括货币收入、实物收入以及其他收入在内的全部收入。"营改增"后，转让房地产取得的应税收入为不含增值税收入。

（二）扣除项目的确定

转让房地产所取得的收入，允许从中扣除的项目，可以概括为以下几项。

1. 取得土地使用权所支付的金额

取得土地使用权所支付的金额包括以下两方面的内容：

（1）纳税人为取得土地使用权所支付的地价款。

（2）纳税人在取得土地使用权时按国家统一规定缴纳的有关费用。

2. 房地产开发成本

房地产开发成本是指纳税人房地产开发项目实际发生的成本，主要包括以下内容：

（1）土地征用及拆迁补偿费，包括土地征用费、耕地占用税，劳动力安置费及有关地上、地下附着物拆迁补偿的净支出、安置动迁用房支出等。

（2）前期工程费，包括规划、设计、项目可行性研究和水文、地质、勘察、测绘、"三通一平"等支出。

（3）建筑安装工程费是指以出包方式支付给承包单位的建筑安装工程费、以自营方式发生的建筑安装工程费。

（4）基础设施费，包括开发小区内道路、供水、供电、供气、排污、排洪、通信、照明、环卫、绿化等工程发生的支出。

（5）公共配套设施费，包括不能有偿转让的开发小区内公共配套设施发生的支出。

（6）开发间接费用是指直接组织、管理开发项目发生的费用，包括工资、职工福利费、折旧费、修理费、办公费、水电费、劳动保护费、周转房摊销等。

3. 房地产开发费用

房地产开发费用是指与房地产开发项目有关的销售费用、管理费用和财务费用。

根据现行财务会计制度的规定，这三项费用作为期间费用，直接计入当期损益，不按成本对象进行摊销。因此，作为土地增值税扣除项目的房地产开发费用，不按纳税人房地产开发项目实际发生的费用进行扣除，而按税法规定标准进行扣除。其中，财务费用中的利息支出，在最高不超过按商业银行同类同期贷款利息计算的金额的前提下，允许据实扣除；如果纳税人不能按转让房地产项目计算分摊利息支出或不能提供金融机构贷款证明

的,其允许扣除的房地产开发费用计算公式为:

允许扣除的房地产开发费用＝(取得土地使用权所支付的金额＋房地产开发成本)×10％

4. 与转让房地产有关的税金

与转让房地产有关的税金是指在转让房地产时缴纳的城市维护建设税、教育费附加等。

【小贴士】

房地产开发企业在转让时缴纳的印花税已经列入"管理费用"账户中,故在此不允许单独再扣除。"营改增"后,土地增值税扣除项目涉及的增值税进项税额,允许在销项税额中计算抵扣的,不计入扣除项目;不允许在销项税额中计算抵扣的,可以计入扣除项目。其他扣除项目,对从事房地产开发的企业,可按上述第1项、第2项规定计算的金额之和,加计20％扣除。

七、土地增值税的计算公式

土地增值税按照纳税人转让房地产所取得的增值额和规定的税率计算征收,其计算公式为:

$$应纳税额 = \sum(每级距的土地增值额 \times 适用税率)$$

在实际工作中,一般采取速算扣除法计算,其计算公式为:

$$应纳税额 = 增值额 \times 适用税率 - 允许扣除项目金额 \times 速算扣除系数$$

[**工作实例8-1**] 2024年6月,某房地产开发企业转让一块2014年已开发土地的使用权,对外开具增值税专用发票,注明价款1 000万元,采用9％税率。为取得土地使用权,支付价款400万元,开发土地成本70万元,开发土地费用18万元,应纳有关税费65万元,均允许扣除。

[**工作要求**] 计算该房地产开发企业应纳土地增值税税额。

[**工作实施**] 速算扣除系数＝18÷(400＋70)＝3.83％,未超过10％,允许据实扣除。

允许扣除项目金额＝(400＋70)×(1＋20％)＋18＋65＝647(万元)

增值额＝1 000－647＝353(万元)

增值额占允许扣除项目的比率＝353÷647×100％＝55％

适用40％的税率和5％的速算扣除系数。

应纳土地增值税税额＝353×40％－647×5％＝108.85(万元)

[**工作实例8-2**] 某商业企业在转让其自用的行政办公楼时产生的下列税费中,计算土地增值税时可以扣除的有(   )。

A. 教育费附加　　　　　　　　B. 印花税
C. 增值税　　　　　　　　　　D. 城市维护建设税

[工作实施] 答案：ABD。与转让房地产有关的税金，是指在转让房地产时缴纳的城市维护建设税、印花税。因转让房地产缴纳的教育费附加，也可视同税金予以扣除。

1. 主营房地产业务企业应纳土地增值税的核算

[工作实例8-3] 2024年10月，某公司转让一块2014年已开发的房地产项目，取得含税转让收入1 585.50万元，当时为取得土地使用权支付金额410万元，开发土地成本80万元，开发土地费用23万元，另外还发生7%的城市维护建设税、3%的教育费附加和2%的地方教育附加。

[工作要求] 计算该公司需要缴纳的土地增值税税额。

[工作实施] "营改增"后，转让2014年已开发的房地产项目，应适用5%简易征收计税，该公司取得转让收入应为含增值税收入。

不含税价款 = 15 855 000 ÷ (1 + 5%) = 15 100 000(元)

应纳增值税税额 = 15 100 000 × 5% = 755 000(元)

应交城市维护建设税税额、教育费附加和地方教育附加金额 = 755 000 × (7% + 3% + 2%) = 90 600(元)

本项目发生开发土地费用23万元。

速算扣除系数 = 23 ÷ (410 + 80) = 4.69%，未超过10%，允许据实扣除。

转让2014年已开发的房地产项目，应按5%征收率简易计算增值税，此项税额不可以抵扣增值税销项税额。

允许扣除项目金额 = 4 100 000 + 800 000 + 230 000 + 90 600 = 5 220 600(元)

增值额 = 15 855 000 − 5 220 600 = 10 634 400(元)

增值额占允许扣除项目金额比率 = 10 634 400 ÷ 5 220 600 = 204%

适用60%的税率和35%的速算扣除系数。

应交土地增值税税额 = 10 634 400 × 60% − 5 220 600 × 35% = 4 553 430(元)

2. 企业转让土地使用权的情况

[工作实例8-4] 某企业将一自有房产连同土地使用权一并转让，并取得含税转让收入630万元。假设该自有房产连同土地使用权取得成本为400万元，转让过程中按5%征收率简易计算增值税、按7%的税率计算城市维护建设税、按3%的税率计算教育费附加，转让时已计提折旧50万元。

[工作要求] 作出相应的计算及账务处理。

[工作实施] 该自有房产不含税售价 = 630 ÷ (1 + 5%) = 600(万元)

应纳增值税税额 = 600 × 5% = 30(万元)

应交城市维护建设税税额 = 30 × 7% = 2.10(万元)

应交教育费附加金额 = 30 × 3% = 0.90(万元)

允许扣除项目金额 = 400 + 2.10 + 0.90 = 403(万元)

增值额 = 600 − 403 = 197(万元)

【知识拓展8-4】营改增后适用于增值税简易计税的18种情形

增值额占允许扣除金额的比率＝197÷403＝48.88%

小于50%,适用30%的税率。

应交土地增值税税额＝197×30%＝59.10(万元)

八、土地增值税的征收管理

1. 纳税义务发生时间与纳税地点

土地增值税由房地产所在地税务机关负责征收。纳税人应当自转让房地产合同签订之日起7日内,向房地产所在地主管税务机关办理纳税申报。因经常发生房地产转让行为难以在每次转让后纳税申报的纳税人,经税务机关审核同意后,可以定期进行纳税申报,具体情况由税务机关根据情况确定。

纳税人转让的房地产坐落在两个或两个以上地区的,应按房地产所在地分别申报缴纳土地增值税。

[**工作实例8-5**] 出租土地使用权需要缴纳土地增值税。

[**工作实施**] 答案:×。出租土地使用权未发生土地使用权的转让,不属于土地增值税的征收范围。

2. 土地增值税的缴纳

土地增值税的纳税义务人需按下列法定程序进行纳税手续的办理:

(1) 纳税人在转让房地产合同签订后7日内,到房产所在地主管税务机关办理纳税申报手续,并向税务机关提交有关规定的资料。

(2) 纳税人按照税务机关核定的税额及规定的期限缴纳土地增值税。

(3) 纳税人按规定办理纳税申报手续后,持纳税凭证到房产、土地管理部门办理产权变更手续。

九、土地增值税的智能纳税申报

土地增值税的纳税人主要分为两大类:一类是其他纳税人;另一类是从事房地产开发的纳税人,即房地产开发公司。

1) 其他纳税人

其他纳税人应从签订房地产合同之日起7日内,到房地产所在地主管税务机关进行纳税申报,并同时提供以下资料:

(1) 房屋及建筑物产权、土地使用权证书。

(2) 土地使用权转让、房产买卖合同。

(3) 房地产评估报告。

(4) 与房地产转让有关的税金的完税凭证。

(5) 其他与转让房地产有关的资料。

2) 房地产开发公司

（1）报告备案。房地产开发公司应持具有法律效力的合同（或批件文本），向房地产所在地税务机关按下列内容报告备案：①签订房地产转让合同、房地产开发合同或立项的具体日期和签订土地受让合同的具体日期，以及按合同规定注入开发资金的到位情况；②房地产开发项目的类型。

（2）纳税申报资料：①土地增值税项目登记表；②土地增值税纳税申报表；③房屋产权证、土地使用权证书；④土地使用权转让、房产买卖合同；⑤与转让房地产有关的资料。

（3）土地增值税纳税申报表。不同情况下的土地增值税纳税申报适用不同的纳税申报表，具体包括从事房地产开发的纳税人预征适用、从事房地产开发的纳税人清算适用、非从事房地产开发的纳税人适用、从事房地产开发的纳税人清算后尾盘销售适用、清算后尾盘销售土地增值税扣除项目明细表、从事房地产开发的纳税人清算方式为核定征收适用、纳税人整体转让在建工程适用、非从事房地产开发的纳税人核定征收适用的申报表。表 8-2 展示的是从事房地产开发的纳税人预征适用的土地增值税纳税申报表。

表 8-2 土地增值税纳税申报表

（从事房地产开发的纳税人预征适用）

税款所属时间： 年 月 日至 年 月 日 填表日期： 年 月 日
项目名称： 项目编号： 金额单位：元（列至角分）；面积单位：平方米
纳税人识别号 □□□□□□□□□□□□□□□□□□□□

房产类型	房产类型子目	收入				预征率（%）	应纳税额	税款缴纳	
		应税收入	货币收入	实物收入及其他收入	视同销售收入			本期已缴税额	本期应缴税额计算
	1	2=3+4+5	3	4	5	6	7=2×6	8	9=7-8
普通住宅									
非普通住宅									
其他类型房地产									
合计	—					—			
以下由纳税人填写：									
纳税人声明	此纳税申报表是根据《中华人民共和国土地增值税暂行条例》及其实施细则和国家有关税收规定填报的，是真实的、可靠的、完整的。								
纳税人签章			代理人签章				代理人身份证号		
以下由税务机关填写：									
受理人			受理日期			年 月 日	受理税务机关签章		

本表一式两份，一份纳税人留存，一份税务机关留存。

任务二　认知房产税

一、房产税的纳税义务人

房产税是以房产为对象,依据房产价格或房产租金收入向房产所有人或经营人征收的一种税。房产税的征收,有利于加强对房产的管理,提高房产使用效益,有利于调节房产所有人和经营人的收入。此外,房产税是地方财政收入的重要来源之一。

房产税的纳税义务人是房屋的产权所有人,具体包括产权所有人、经营管理单位、承典人、房产代管人或者使用人。

产权所有人,简称产权人,或称房东,是指拥有房产的使用、收益、出售、赠送等权利的单位和个人。承典人,是指以押金形式付出一定费用,在一定的期限内享有房产的使用、收益权利的人。代管人,是指接受产权的个人、承典人的委托代为管理房产或者虽然未受委托而事实上已代管房产的人。使用人,是指直接在使用房产的人。房产税征收对象具体如表 8-3 所示。

表 8-3　房产税的征收对象

具体情形	纳税人
产权属于集体和个人所有	集体单位和个人
产权出典	承典人
产权所有人、承典人均不在房产所在地	房产代管人或者使用人
产权未确定、租典纠纷未解决	房产代管人或者使用人
产权出租	出租人,纳税人"无租使用"房产管理部门、免税单位及其他纳税单位的房产,由使用人代缴房产税

[**工作实例 8-6**] 下列关于房产税纳税人的表述中,不符合法律制度规定的是(　　)。
A. 房屋出租的,承租人为纳税人
B. 房屋产权所有人不在房产所在地的,房产代管人或使用人为纳税人
C. 房屋产权属于国家的,其经营管理单位为纳税人
D. 房屋产权未确定的,房产代管人或使用人为纳税人

[**工作实施**] 答案:A。房屋出租的出租人为房产税的纳税人。

二、房产税的特点

与其他税种相比较,房产税具有以下特点:

(1) 房产税属于财产税体系中的个别财产税。
(2) 征收范围限于城镇范围内的经营性房屋。
(3) 区别不同经营使用方式规定不同的征税办法。

三、房产税的征收范围

房产税在城市、县城、建制镇和工矿区征收。房产税征收范围不包括农村,主要是为了减轻农民负担,发展农村经济。

四、房产税的计税依据及税率

房产税的计税依据是房产的计税价值或租金收入。按照房产计税价值征税的,称为从价计征;按照房产租金的收入计征的,称为从租计征。

1. 从价计征

从价计征,是指房产税依据房产原值一次扣除10%~30%后的余值计算缴纳。房产原值,是指纳税人按照会计制度规定,在会计账簿的"固定资产"科目中记载的房屋原价。房产原值应包括与房屋不可分割的各种附属设备、纳税人对原有房屋的改建、扩建后相应增加的房屋原值。

实行从价计征房产税,还应注意以下几个问题:

(1) 以房产投资联营,只收取固定收入,不承担经营风险,实际上只以联营名义取得房屋产权,并获取租金收入的,应由出租方按租金收入计缴房产税。

(2) 融资租赁房屋,实质是一种变相的分期付款购买固定资产的方式,以房产余值为计税依据计征房产税,租赁期内房产税的纳税人由当地税务机关根据实际情况确定。

(3) 新建房屋交付使用时,如中央空调设备已计入房产原值之中,则房产原值应包括中央空调设备;如中央空调设备作为固定资产单独入账,则房产原值不包括中央空调设备。旧房安装空调设备,一般作为固定资产单独入账,不应计入房产原值。

从价计征房产税的适用税率为1.2%。

2. 从租计征

从租计征,是指房产税依据房产的不含增值税的租金收入计算缴纳。房产的租金收入,是房屋产权所有人出租房产使用权所得的权利,包括货币收入和实物收入。

从租计征房产税的适用税率为12%。对个人按市场价格出租的居民住房,暂按4%的税率征收房产税。

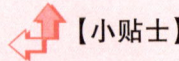【小贴士】

"营改增"后,租金收入应为不含增值税的收入,计算公式为:

$$不含税收入 = 含税收入 \div (1+11\%)$$

五、房产税的税收优惠

（1）国家机关、人民团体、军队的自用房产免征房产税。上述免税单位出租、出借房产、生产营业用房，不属于免税范围。

（2）由国家财政部门拨付事业经费的单位自用房产免征房产税。上述单位出租、出借房屋、生产营业用房，以及附属工厂、商店、招待所用房，应缴纳房产税。

（3）宗教寺庙、公园、名胜古迹的自用房产免征房产税，但其附属的营业单位（如影剧院、饮食部、照相馆等）使用的房产及出租的房产，应缴纳房产税。

（4）个人所有非营业用的房产免征房产税；个人拥有的出租或营业用的房产应缴纳房产税。

（5）经财政部批准免税的其他房产。

六、房产税的计算

房产税的计税依据有两种，应纳税额的计算也有两种：一种是从价计征，另一种是从租计征。

1. 从价计征的计算

从价计征是按房产原值一次扣除10%~30%的余值计征，其计算公式为：

$$年应纳房产税税额 = 应税房产原值 \times (1 - 扣除比例) \times 1.2\%$$

[**工作实例8-7**] 某药业股份有限公司拥有房产原值5 200万元，按照当地政府规定允许按原值一次扣除20%后的余值计税，适用税率为1.2%。房产税按年计算，分季缴纳。

[**工作要求**] 计算该公司当年应纳房产税税额。

[**工作实施**] 当年应纳房产税税额 = $5\,200 \times (1 - 20\%) \times 1.2\% = 49.92$（万元）

2. 从租计征的计算

从租计征是按房产的租金收入计征，其计算公式为：

$$年应纳房产税税额 = 年租金收入 \times 12\%$$

[**工作实例8-8**] 某企业出租房屋8间，年租金收入价税合计88 800元，适用税率为12%。

[**工作要求**] 计算该企业当年应纳房产税税额。

[**工作实施**] 不含税租金收入 = $88\,800 \div (1 + 11\%) = 80\,000$（元）

当年应纳房产税税额 = $80\,000 \times 12\% = 9\,600$（元）

七、房产税的征收管理

（一）纳税地点

房产税应向房产所在地的税务机关缴纳。房产不在同一地方的纳税人，应按房产的坐落地点分别向房产所在地的税务机关纳税。

（二）纳税义务发生时间

（1）纳税人自建的房屋，自建成次月起征收房产税。

（2）纳税人委托施工企业建设的房屋，从办理验收手续的次日起征收房产税。纳税人在办理验收手续前已经使用或出租、出借的新建房屋，应从使用或出租、出借的当日起，缴纳房产税。

（3）纳税人将原有房产用于生产经营的，从生产经营之日起缴纳房产税。

（三）纳税期限

房产税实行按年计算、分期（半年或季度）缴纳的征收办法，具体纳税期限由省、自治区、直辖市人民政府确定。

八、房产税的智能申报

房产税的纳税人应按照《中华人民共和国房产税暂行条例》的有关规定，如实填写房产税纳税申报表，及时向税务机关办理纳税申报，如表8-4所示。

表8-4　城镇土地使用税　房产税纳税申报表

税款所属期：自　　年　月　日至　　年　月　日

纳税人识别号（统一社会信用代码）：□□□□□□□□□□□□□□□□□□□□

纳税人名称：　　　　　　　　　金额单位：人民币元（列至角分）；面积单位：平方米

一、城镇土地使用税				
本期是否适用增值税小规模纳税人减征政策（减免性质代码10049901）	□是 □否	本期适用增值税小规模纳税人减征政策起始时间	年　月	减征比例（%）
		本期适用增值税小规模纳税人减征政策终止时间	年　月	

(续表)

序号	土地编号	宗地号	土地等级	税额标准	土地总面积	所属期起	所属期止	本期应纳税额	本期减免税额	本期增值税小规模纳税人减征额	本期已缴税额	本期应补（退）税额
1	×											
2	×											
3	×											
合计	×	×	×	×		×						

二、房产税					
本期是否适用增值税小规模纳税人减征政策（减免性质代码 08049901）	□是 □否	本期适用增值税小规模纳税人减征政策起始时间	年　月	减征比例（%）	
		本期适用增值税小规模纳税人减征政策终止时间	年　月		

（一）从价计征房产税

序号	房产编号	房产原值	其中：出租房产原值	计税比例	税率	所属期起	所属期止	本期应纳税额	本期减免税额	本期增值税小规模纳税人减征额	本期已缴税额	本期应补（退）税额
1	×											
2	×											
3	×											
合计	×	×	×	×	×	×	×					

（二）从租计征房产税

序号	本期申报租金收入	税率	本期应纳税额	本期减免税额	本期增值税小规模纳税人减征额	本期已缴税额	本期应补（退）税额
1							
2							
3							
合计	×	×					

声明：此表是根据国家税收法律法规及相关规定填写的，本人（单位）对填报内容（及附带资料）的真实性、可靠性、完整性负责。

　　　　　　　　　　　　　　　　　　　　　　　　纳税人（签章）：　　　　　年　月　日

经办人： 经办人身份证号： 代理机构签章： 代理机构统一社会信用代码：	受理人： 受理税务机关（章）： 受理日期：　　年　月　日

任务三　认知契税

一、契税的纳税义务人

在中华人民共和国境内转移土地、房屋权属过程中,承受土地使用权或房屋所有权的单位和个人均为契税的纳税义务人。契税纳税义务人是指在我国境内转移土地、房屋权属,承受的单位和个人。

二、契税的特点

（1）属于财产转移税,在土地、房屋权属转移时征收。
（2）以当事人双方签订的合同（契约）中所确定的价格为计税依据。
（3）以权属承受人为纳税人。

三、契税的征收范围

（1）属于契税征收范围的有:①国有土地使用权出让;②土地使用权转让（包括出售、赠与、交换）;③房屋买卖、赠与、交换。

【小贴士】
　　以作价投资（入股）、偿还债务、划转、奖励等方式转移土地、房屋权属的,应当征收契税。

（2）不属于契税征收范围的有:①土地承包经营权的转移、土地经营权的转移;②土地、房屋权属的典当、继承、分拆（分割）、出租、抵押。

[工作实例8-9] 根据契税法律制度的规定,下列行为中,应征收契税的是（　　）。
A. 甲公司出租地下停车场　　　　　　B. 丁公司购买办公楼
C. 乙公司将房屋抵押给银行　　　　　D. 丙公司承租仓库
[工作实施] 答案:B。契税以在我国境内转移土地、房屋权属的行为作为征税对象;土地、房屋权属未发生转移的,不征收契税。在本题中:选项A、D均属租赁行为,不发生土地、房屋权属转移;选项C,抵押时房屋权属不发生变动,如果乙公司无力清偿银行欠款,银行实现其抵押权（乙公司的房屋）。

四、契税的税率

契税实行3%~5%的幅度比例税率。具体执行税率,由各省、自治区、直辖市人民政府在规定的幅度内,根据本地区实际情况确定。

五、契税的税收优惠

1. 免税规定

(1) 公共部门非营业用土地、房屋,国家机关、事业单位、社会团体、军事单位承受土地、房屋用于办公、教学、医疗、科研和军事设施的,免征契税。

(2) 承受农林牧渔业用荒地使用权并用于农、林、牧、渔业生产的,免征契税。

(3) 城市职工规定第一购买公用住房的,免征契税。此项优惠仅限于第一次,并且是经县以上人民政府批准,在国家规定标准面积以内购买的公有住房。

(4) 依照我国有关法律规定以及我国缔结或参加的双边和多边条约或协定,应予免税的外国驻华使馆、领事馆、联合国驻华机构及其外交代表、领事官员和其他外交人员承受土地、房屋权属的,经外交部确认,免征契税。

(5) 作股投入本人独资经营企业的自有房产,免征契税。

2. 酌情减免税

(1) 因不可抗力灭失住房而重新购买住房的,酌情减免。

(2) 土地、房屋被县级以上人民政府征用、占用,重新承受土地、房屋权属的,由省级人民政府确定是否减免。

以上经批准减免税的纳税人改变有关土地、房屋的用途,不在减免税之列的,应当补缴已经减免的税款。

符合减免规定的纳税人,要在签订转移产权合同后10日内向土地、房屋所在地的征收机关办理减免税手续。

(3) 2016年2月22日,对个人购买家庭唯一住房面积为90平方米及以下的,减按1%的税率征收契税;面积为90平方米以上的,减按1.5%的税率征契税。对个人购买家庭第二套改善性住房,面积为90平方米及以下的,减按1%的税率征收契税;面积为90平方米以上的,减按2%的税率征收契税。

六、契税的计算

契税的计税依据是土地、房屋交易的价格。具体规定如下:
(1) 土地使用权出证、出售、房屋买卖的计税依据为成交价格。
(2) 土地使用权赠与、房屋赠与的计税依据由征收机关参照土地使用权出让、出售、房屋买卖的市场价格核定。

(3) 土地使用权交换、房屋交换，其计税依据是所交换土地使用权、房屋价格的差额。对于成交价格明显不合理且无正当理由的，由征收机关参照市场价格核定。

(4) 国家出让土地使用权的，其契税计税价格为承受人为取得该土地使用权而支付的全部经济利益。

没有成交价格或者成交价格明显偏低的，征收机关可依次按下列两种方法确定计税依据：①评估价格，由政府批准设立的房地产评估机构根据相同地段、同类房地产进行综合评定，并经当地税务机关确认价格；②土地基准价格，由县以上人民政府公示的土地基准价格。

契税应纳税额的基本计算公式为：

$$应纳税额 = 计税依据 \times 税率$$

【小贴士】

契税的计税依据应为不含增值税的成交价格，计算公式为：

$$不含增值税成交价格 = 含税成交价格 \div (1+9\%)$$

适用简易计税项目的，计算公式为：

$$不含增值税成交价格 = 含税成交价格 \div (1+5\%)$$

[工作实例8-10] 居民小王有两套住宅，将其中一套出售给居民小李，不含税成交价格为200 000元；将另一套与居民小张换成两处一室住宅，并支付不含税交换差价40 000元。假设当地政府规定的契税税率为4%。

[工作要求] 计算小王、小李、小张相关行为应缴纳的契税税额。

[工作实施] 小王出售住宅给小李的过程中，小李是不动产的承受人，小李应缴纳契税；小王与小张交换住宅过程中，如果等值交换，双方均不缴纳契税，否则由支付差价一方按照差价金额计算缴纳契税，故此过程中各自应缴纳的契税如下：

小王应缴纳契税税额 = 40 000 × 4% = 1 600(元)

小李应缴纳契税税额 = 200 000 × 4% = 8 000(元)

小张不需要缴纳契税。

[工作实例8-11] 2025年2月周某以150万元价格出售自有住房一套，购进价格为200万元的住房一套。已知契税适用税率为5%，计算周某上述行为应缴纳契税税额的下列算式中，正确的是(　　)。

A. 150×5%=7.5(万元)　　　　　　B. 200×5%=10(万元)
C. 150×5%+200×5%=17.5(万元)　D. 200×5%−150×5%=2.5(万元)

[工作实施] 答案：B。契税由房屋、土地权属的承受人缴纳。在本题中，周某出售住房应由承受方缴纳契税，周某不必缴纳；周某购进住房应缴纳的契税税额为10万元(200×5%)。

[工作实例8-12] 某企业从当地政府手中购买一块土地的使用权，支付土地出让金200万元，当地政府规定契税适用税率为4%。

[**工作要求**] 计算该企业应缴纳的契税税额。

[**工作实施**] 本例属于国家出让土地使用权,受让人应按照支付的土地出让金全额计算缴纳契税。

企业应纳契税税额＝2 000 000×4％＝80 000(元)

[**工作实例8-13**] 2024年6月,某企业购入办公大楼一幢,支付价税合计买价545万元,取得增值税专用发票,注明适用9％税率,当地政府规定的契税税率为3％。

[**工作要求**] 计算该企业应缴纳的契税税额。

[**工作实施**] 本例中该企业购买不动产的所有权。

办公大楼不含税价＝545÷(1＋9％)＝500(万元)

应缴纳契税金额＝500×3％＝15(万元)

七、契税的征收管理

(一) 纳税地点

契税在土地、房屋所在地的征收机关缴纳。

(二) 纳税义务发生时间

契税的纳税义务发生时间是纳税人签订土地、房屋权属转移合同的当天,或者纳税人取得其他具有土地、房屋权属转移合同性质凭证的当天。

(三) 纳税期限

纳税人应当自纳税义务发生之日起10日内,向土地、房屋所在地的契税征收机关办理纳税申报,并在契税征收机关核定的期限内缴纳税款。

八、契税的智能申报

在报税系统中填写申报表进行契税申报,如表8-5所示。

表8-5 契税纳税申报表

填表日期：　年　月　日　　　　　　　金额单位:人民币元(列至角分);面积单位:平方米

纳税人识别号 □□□□□□□□□□□□□□□□□□

承受方信息	名　称		□单位　□个人	
	登记注册类型		所属行业	
	身份证件类型	身份证□　护照□ 其他□_____	身份证件号码	
	联系人		联系方式	

(续表)

转让方信息	名　称			□单位　　□个人		
	纳税人识别号		登记注册类型		所属行业	
	身份证件类型		身份证件号码		联系方式	
土地房屋权属转移信息	合同签订日期		土地房屋坐落地址		权属转移对象	
	权属转移方式		用途		家庭唯一普通住房	□90平米以上　□90平米及以下
	权属转移面积		成交价格		成交单价	
税款征收信息	评估价格		计税价格		税率	
	计征税额		减免性质代码		减免税额	应纳税额
以下由纳税人填写：						
纳税人声明	此纳税申报表是根据《中华人民共和国契税暂行条例》和国家有关税收规定填报的，是真实的、可靠的、完整的。					
纳税人签章		代理人签章			代理人身份证号	
以下由税务机关填写：						
受理人		受理日期		年　月　日	受理税务机关签章	

本表一式两份，一份纳税人留存，一份税务机关留存。
注：权属转移对象、方式、用途逻辑关系对照表（契税纳税申报表的附表）可扫描二维码查看。

附表8-1

任务四　认知车辆购置税

一、车辆购置税的纳税义务人

车辆购置税是对购置车辆的单位和个人征收的一种税。车辆购置税于2001年1月1日在我国实施，是在原交通部门收取的车辆购置附加费的基础上，通过"费改税"方式演变而来的，基本保留了原车辆购置附加费的特点。2019年7月1日起，《中华人民共和国车辆购置税法》开始实施。在中华人民共和国境内，车辆、船舶（以下简称车船）的所有人或者管理人均为车船税的纳税义务人。

车辆购置税的纳税义务人是指在中华人民共和国境内购买、进口、自产、受赠以及获奖等方式取得并自用应税车辆的单位和个人。

二、车辆购置税的征收范围

车辆购置税的征收范围包括汽车、有轨电车、汽车挂车,排气量超过 150 毫升的摩托车。

三、车辆购置税的税率

车辆购置税实行统一的比例税率,税率为 10%。

四、车辆购置税的税收优惠

我国车辆购置税实行法定减免,减免税范围的具体规定如下:
（1）外国驻华馆、领事馆和国际组织驻华机构及外交人员自用的车辆免税。
（2）中国人民解放军和中国人民武装警察部队列入装备订货计划的车辆免税。
（3）设有固定装置的非运输专用作业车辆免税。
（4）悬挂应急救援专用号牌的国家综合性消防救援车辆。
（5）城市公交企业购置的公共汽电车辆。

纳税人已经缴纳车辆购置税但在办理车辆登记注册手续前,因下列原因需要办理退还车辆购置税的,由纳税人申请、征收机关审查后办理退还车辆购置税手续。

（1）公安机关车辆管理机构不予办理车辆登记注册手续的,凭公安机关车辆管理机构出具的证明办理退税手续。

（2）因质量等原因发生退回购车辆的,凭经销商的退货证明办理退税手续。另外,为鼓励节能减排,我国对新能源汽车和小排量汽车给予一定的减免税优惠。

五、车辆购置税的计算

（一）车辆购置税的计税依据

1. 纳税人自用应税车辆计税依据的确定

纳税人购买自用的应税车辆以纳税人购买应税车辆而支付给销售者的全部价款和价外费用(不含增值税)为计税依据。

价外费用是指销售方价格以外向购买方收取的基金、集资费、返还利润、补贴、违约金(延期付款利息)和手续费、包装费、储存费、优质费、运输装卸费、代收款项、代垫款项以及其他各种性质的价外收费。

由于纳税人购买自用应税车辆是按不含增值税的价格征收车辆购置税的,应以纳税人支付的全部价款和价外费用扣除增值税后的金额作为计税依据。其计算公式为:

$$计税价格 = 含增值税的销售价格 \div (1 + 增值税税率或征收率)$$

2. 进口自用应税车辆计税依据的确定

纳税人进口自用的应税车辆以组成计税价格为计税依据。组成计税价格的计算公式为：

$$组成计税价格 = 关税完税价格 + 关税 + 消费税$$

或

$$组成计税价格 = 关税完税价格 \times (1 + 关税税率) \div (1 - 消费税税率)$$

3. 其他自用应税车辆计税依据的确定

纳税人自产、受赠、获奖和其他方式取得并自用的应税车辆的计税价格，按该型号车辆的市场购置价格确定计税依据；不能取得市场购置价格的，则由主管税务机关参照国家税务总局规定相同类型应税车辆的最低计税价格核定。

4. 以最低计税价格为计税依据的确定

纳税人购买自用或者是进口自用应税车辆，申报的计税价格低于同类型应税车辆的最低计税价格，又无正当理由的，按照最低计税价格征收车辆购置税。

根据纳税人购置应税车辆的不同情况，国家税务总局对几种特殊情形下应税车辆最低计税的规定：

(1) 底盘(车架)发生更换的车辆计税依据为最新核发的同类型车辆最低计税价格的70%。

(2) 免税条件消失的车辆，自初次办理纳税申报之日起，使用年限未满10年的，计税依据为最新核发的同类型车辆最低计税价格按每满1年扣减10%；使用10年(含)以上的计税依据为零。

(3) 对于国家税务总局未核定最低计税价格的车辆，计税依据为已核定的同类型车辆最低计税价格。

(二) 车辆购置税的计算公式

车辆购置税实行从价定率的办法计算应纳税额。其应纳税额的计算公式为：

$$应纳税额 = 计税价格 \times 税率$$

1. 购买自用国产应税车辆应纳税额的计算

[**工作实例 8-14**] 2024年5月，小王从上海大众汽车公司购买一辆轿车自用，支付含税价款106 000元，另支付车辆装饰费1 000元，购买随车工具和零件2 000元。

[**工作要求**] 计算小王应缴纳的车辆购置税税额。

[**工作实施**] 小王支付的车辆装饰费、随车购买工具和零件费应一并计入计税价格。此价格为含税价格，应换算为不含税价格计算缴纳车辆购置税。

组成计税价格 = (106 000 + 1 000 + 2 000) ÷ (1 + 13%) = 96 460.18(元)

应税车辆应纳税额＝96 460.18×10％＝9 646.02(元)

2. 进口自用应税车辆应纳税额的计算

[**工作实例8-15**] 某外贸进出口公司于2024年9月从国外进口2辆轿车自用。海关核定关税完税价格为198 000元/辆,关税税率为28％,消费税税率为5％,增值税税率为13％。

[**工作要求**] 计算自用2辆轿车应缴纳的车辆购置税。

[**工作实施**] 纳税人进口自用小轿车,按组成计税价格计算缴纳车辆购置税。

每辆轿车应纳关税＝198 000×28％＝55 440(元)

每辆轿车应纳消费税＝(198 000＋55 440)÷(1－5％)×5％＝13 338.95(元)

每辆轿车组成计税价格＝198 000＋55 440＋13 338.95＝266 778.95(元)

应纳车辆购置税＝266 778.95×10％×2＝53 355.79(元)

3. 其他自用应税车辆应纳税额的计算

纳税人自产、受赠、获奖和以其他方式取得并自用应税车辆的,凡不能取得该车辆的购置价格,或者低于最低计税价格的,以国家税务总局核定的最低计税价格为计税依据计算征收车辆购置税。

[**工作实例8-16**] 小李在某公司举办的有奖销售活动中,中奖一辆微型汽车,举办公司开具的销售发票金额为68 700元。小李申报纳税时,经主管税务机关审核,核定该车型的最低计税价格为73 500元。

[**工作要求**] 计算小李应缴纳的车辆购置税税额。

[**工作实施**] 纳税人从各种奖励中获得并自用的应税车辆,其价格低于计税价格,应按国家税务总局确定的最低价格核定征税。

应纳税额＝73 500×10％＝7 350(元)

[**工作实例8-17**] 某公司2024年8月进口自用小汽车一辆,海关审定关税完税价格为120万元,缴纳关税30万元、消费税50万元。已知车辆购置税税率为10％。

[**工作要求**] 计算该公司进口自用小汽车应缴纳的车辆购置税税额。

[**工作实施**] 应纳税额＝(120＋30＋50)×10％＝20(万元)

六、车辆购置税的征收管理

车辆购置税由税务机关负责征收,纳税人应当在公安机关等车辆管理机构办理车辆登记注册手续前,缴纳车辆购置税。车辆购置税选择单一环节、一次课征制度。

(一) 纳税地点

纳税人购置应税车辆,应当向车辆登记地的主管税务机关申报纳税;购置不需要办理车辆登记手续的应税车辆,应当向纳税人所在地的主管税务机关申报纳税。

(二)纳税义务发生时间

纳税人购买自用的应税车辆,自购买之日起60日内申报纳税;进口自用的应税车辆,应当自进口之日起60日内申报纳税;自产、受赠、获奖以及其他方式取得并自用的应税车辆,应当自取得之日起60日内申报纳税。

(三)税款缴纳方法

车辆购置税的缴纳方法主要有以下几种:
(1)自核自缴。
(2)集中征收缴纳。
(3)代征、代扣、代收。目前,我国税务机关委托交通运输部门代征车辆购置税就属于这种类型。

七、车辆购置税的智能申报

在报税系统中填报车辆购置税退税申报表,如表8-6所示。

表8-6 车辆购置税退税申请表

填表日期: 年 月 日 金额单位:元

纳税人名称		申报类型	□征税 □免税 □减税	
证件名称		证件号码		
联系电话		地址		
合格证编号(货物进口证明书号)		车辆识别代号/车架号		
厂牌型号				
排量(cc)		机动车销售统一发票代码		
机动车销售统一发票号码		不含税价		
海关进口关税专用缴款书(进出口货物征免税证明)号码				
关税完税价格		关税		消费税	
其他有效凭证名称		其他有效凭证号码		其他有效凭证价格	
购置日期		申报计税价格		申报免(减)税条件或者代码	
是否办理车辆登记				

(续表)

纳税人声明：
本纳税申报表是根据国家税收法律法规及相关规定填报的,我确定它是真实的、可靠的、完整的。 纳税人(签名或盖章)：
委托声明： 现委托(姓名)_____(证件号码)_____办理车辆购置税涉税事宜,提供的凭证、资料是真实、可靠、完整的。任何与本申报表有关的往来文件,都可交予此人。 委托人(签名或盖章)：　　　　　　　　　　　　　　　被委托人(签名或盖章)：
以下由税务机关填写
免(减)税条件代码

计税价格	税率	应纳税额	免(减)税额	实纳税额	滞纳金金额

受理人： 年　月　日	复核人(适用于免、减税申报)： 主管税务机关(章) 年　月　日

任务五　认知车船税

一、车船税的纳税义务人

车船税的纳税义务人是在中华人民共和国境内拥有或管理车辆、船舶的单位和个人。具体来说,车辆的所有人或者管理人以及船舶的管理人均需履行车船税的纳税义务。车辆的所有人是指在我国境内拥有车船的单位和个人;管理人是指对车船具有管理权或者使用权,但不具有所有权的单位。此外,车船的使用人应代为缴纳车船税,尤其是在车辆所有人或管理人不履行纳税义务的情况下。

二、车船税的征收范围

车船税的征收范围包括：
(1) 依法应当在车船登记管理部门登记的机动车辆和船舶。
(2) 依法不需要在车船登记管理部门登记的在单位内部场所行驶或者作业的机动车辆和船舶。

三、车船税的税率

车船税实行定额税率。车辆的具体适用税额由省、自治区、直辖市人民政府依照车船税税目税额表规定的子税目税额幅度内确定,如表8-7所示。

表8-7 车船税税目税额表

税目		计税单位	年基准税额(元)	备注
商用车[按发动机汽缸容量(排气量)分档]	1.0升(含)以下的	每辆	60~360	核定载客人数9人(含)以下
	1.0升以上至1.6升(含)的		300~540	
	1.6升以上至2.0升(含)的		360~660	
	2.0升以上至2.5升(含)的		660~1 200	
	2.5升以上至3.0升(含)的		1 200~2 400	
	3.0升以上至4.0升(含)的		2 400~3 600	
	4.0升以上的		3 600~5 400	
商用车	客车	每辆	480~1 440	核定载客人数9人以上,包括电车
	货车	整备质量每吨	16~120	包括半挂牵引车、三轮汽车和低速载货汽车等
挂车		整备质量每吨	按照货车税额的50%计算	
其他车辆	专用作业车	整备质量每吨	16~120	不包括拖拉机
	轮式专用机械车	整备质量每吨	16~120	
摩托车		每辆	36~180	
船舶	机动船舶	净吨位每吨	3~6	拖船、非机动驳船分别按照机动船舶税额的50%计算
	游艇	艇身长度每米	600~2 000	

省、自治区、直辖市人民政府根据车船税税目税额表确定车辆具体适用税额时,应当遵循以下原则:

(1) 综合考虑本地区车辆保有情况和税负状况。

(2) 乘用车应当依排气量从小到大递增税额。

(3) 客车应当依照大型(核定载客人数大于或者等于20人)、中型(核定载客人数大于9人且小于20人)分别确定适用税额。

(4) 根据本地区情况变化适时调整。

省、自治区、直辖市人民政府确定的车辆具体适用税额,应当报国务院备案。

其中,车辆整备质量尾数不超过0.5吨的,按照0.5吨计算;超过0.5吨的按照1吨计算;整备质量不超过1吨的车辆,按照1吨计算。

机动船舶的具体适用税额为:净吨位小于或者等于200吨的,每吨3元;净吨位201吨至2 000吨的,每吨4元;净吨位2 001吨至10 000吨的,每吨5元;净吨位10 001以上的,每吨6元。

拖船按照发动机功率每2马力折合净吨位1吨计算征收车船税。

船舶净吨位尾数不超过0.5吨的不予计算;超过0.5吨的,按照1吨计算。净吨位不超过1吨的船舶,按照1吨计算。

游艇的具体适用税额为:艇身长不超10米的游艇,每米600元;艇身长度超过10米但不超过18米的游艇,每米900元;艇身长度超过18米但不超过30米的游艇,每米1 300元;艇身长度超过30米的游艇,每米2 000元;辅助动力帆艇,每米600元。游艇艇身长度是指游艇的总长。

车辆自重尾数在0.5吨以下(含0.5吨)的,按照0.5吨计算;超过0.5吨的,按照1吨计算。船舶净吨位尾数在0.5吨以下(含0.5吨)的,不予计算,超过0.5吨的按照1吨计算。

1吨以下的小型车船,一律按照1吨计算。

依法不需要办理登记未办理或者不提供车船登记证书行驶证的,船出厂合格证或者进口凭证相应项目标注的技术参数所载数据为准;不能提供车船出厂合格证明或者进口凭证的,由主管税务机关参照国家相关标准核定,没有国家相关标准的参照同类车船核定。

四、车船税的税收优惠

车船税的税收优惠政策包括法定减免和特定减免两种。法定减免的对象包括:捕捞、养殖渔船,军队、武装警察部队专用车船,警用车船,依照我国有关法律和我国缔结或者参加的国际条约的规定应当予以免税的外国驻华使领馆和国际组织驻华机构及其有关人员的车船。

对节约能源、使用新能源的车船可以减征或者免征车船税;对受严重自然灾害影响,纳税困难以及有其他特殊原因确需减税、免税的,可以减征或者免征车船税。具体办法由国务院规定,并报全国人民代表大会常务委员会备案。

省、自治区、直辖市人民政府根据当地实际情况,可以对公共交通车船,农村居民拥有并主要在农村地区使用的摩托车、三轮汽车和低速载货汽车定期减征或者免征车船税。

五、车船税的计算

载客汽车和摩托车以"辆"为计税依据;载货汽车、三轮汽车和低速货车以"自重每吨"

为计税依据;船舶以"净吨位每吨"为计税依据。购置车船当年的应纳税额自纳税义务发生的当月起按月计算。其计算公式为:

$$应纳税额 = (年应纳税额 \div 12) \times 应纳税月份数$$

[**工作实例8-18**] 某企业拥有载货汽车10辆(每辆整车质量均为5吨)、大型客车4辆、中型客车2辆、小型客车8辆、摩托车5辆、净吨位为100吨的机动船一艘。当地政府规定载货汽车每吨年应纳税额为80元,大型客车每辆年应纳税额为1 000元,中型客车年应纳税额为800元,小型客车年应纳税额为600元,摩托车每辆年应纳税额为60元,船舶净重每吨年应纳税额为4元。

[**工作要求**] 计算该企业应缴纳的车船税税额。

[**工作实施**] 载货汽车应纳车船税=80×5×10=4 000(元)

大型客车应纳车船税=1 000×4=4 000(元)

中型客车应纳车船税=800×2=1 600(元)

小型客车应纳车船税=600×8=4 800(元)

摩托车应纳车船税=60×5=300(元)

机动船应纳车船税=4×100=400(元)

该企业全年应纳车船税=4 000+4 000+1 600+4 800+300+400=15 100(元)

六、车船税的征收管理

(一) 纳税义务发生时间

车船税的纳税义务发生时间,为车船管理部门核发的车船登记证书或者行驶证书所记载的当月,具体如下:

(1) 纳税人使用应税车船,从使用之日起征税。

(2) 纳税人新购置车船,从购置使用的当日起征税。

(3) 当地交通航运管理机关上报全年停运或报废的车辆,当年不征税,但停运后又重新使用的,从重新使用的当日起征税。

在一个纳税年度内已完税的车船被盗抢、报废、灭失的,纳税人可以凭有关管理机关出具的证明和完税证明,向纳税所在地的主管税务机关申请退还自被盗抢、报废、灭失月份起至该纳税年度终了期间的税款。

已办理退税的被盗抢车船失而复得的,纳税人应当从公安机关出具相关证明的当月起计算缴纳车船税。

(二) 纳税地点

扣缴义务人代收、代缴车船税的,纳税地点为扣缴义务人所在地。

纳税人自行申报缴纳车船税的,纳税地点为车船登记地的主管税务机关所在地。

依法不需要办理登记的车船,纳税地点为车船所有人或者管理人主管税务机关所在地。

纳税人按照纳税地点所在的省、自治区、直辖市人民政府确定的具体适用税额缴纳车船税。

(三) 纳税期限

车船税按年申报,分月计算,一次性缴纳,纳税年度为公历1月1日至12月31日,具体的纳税期限由省、自治区、直辖市人民政府确定。

七、车船税的智能申报

在报税系统中进行车船税退(抵)税申报,如表8-8所示。

表8-8 车船税退(抵)税申报表

纳税人识别号(统一社会信用代码):□□□□□□□□□□□□□□□□□□
纳税人名称: 　　　　　　　　　　　　　　　金额单位:人民币元(列至角分)

序号	税种	税目	税款所属期起	税款所属期止	计税依据	税率	应纳税额	减免税额	已缴税额	应补(退)税额
1										
2										
3										
4										
5										
6										
7										
8										
9										
10										
11	合计	—	—	—	—	—				

声明:此表是根据国家税收法律法规及相关规定填写的,本人(单位)对填报内容(及附带资料)的真实性、可靠性、完整性负责。

　　　　　　　　　　　　　　　　　　　　纳税人(签章): 　　年 月 日

经办人: 经办人身份证号: 代理机构签章: 代理机构统一社会信用代码:	受理人: 受理税务机关(章): 受理日期: 　　年 月 日

任务六　认知印花税

一、印花税的纳税义务人

印花税的纳税义务人,是指中国境内书立、使用、领受印花税法所列举的凭证并应依法履行纳税义务的单位和个人。按照领受应税凭证的不同,纳税义务人包括立合同人、立据人、立账簿人、领受人和使用人等,如表 8-9 所示。

表 8-9　印花税纳税义务人

纳税人	解释	特别说明
立合同人	书立合同的当事人,不包括合同担保人、证人、鉴定人	
立据人	土地、房屋权属转移过程中买卖双方的当事人	
立账簿人	设立并使用营业账簿的单位和个人	
领受人	领取或接受并持有该项凭证的单位和个人	印花税对外商投资企业和外国企业也适用,凡由两方或两方以上当事人共同书立的,当事人各方都是印花税的纳税人
使用人	在国外书立、领受,但在国内使用的应税凭证,其纳税人是使用人	
电子应税凭证的签订人	以电子形式签订的各类应税凭证的当事人	

二、印花税的特点

1. 覆盖面广

印花税的应税凭证涉及营业账单、购销合同等 13 个税目,涉及的征收范围广泛。

2. 税率低、税负轻

与其他税率相比,印花税的税率较低,纳税人的税收负担较轻。

3. 纳税人自行完税

自行完税即纳税人在书立、领用、领受应税凭证,发生纳税义务时,首先依据凭证所示计税金额和适用的税目、税率,自行计算其应纳税额;其次由纳税人自行购买印花税,并一次足额粘贴在应税凭证上;最后由纳税人按照《中华人民共和国印花税法》(以下简称《印花税法》)的规定对已粘贴的印花税自行注销或者划销。

三、印花税的征收范围

在中华人民共和国境内书立、使用、领受印花税所列举的凭证并应依法履行纳税义务的单位和个人都是印花税的纳税义务人。

四、印花税的税率

印花税税目、税率如表 8-10 所示。

表 8-10 印花税税目、税率表

税目		税率	备注
合同（指书面合同）	借款合同	借款金额的万分之零点五	指银行业金融机构、经国务院银行业监督管理机构批准设立的其他金融机构与借款人（不包括同业拆借）的借款合同
	融资租赁合同	租金的万分之零点五	
	买卖合同	价款的万分之三	指动产买卖合同（不包括个人书立的动产买卖合同）
	承揽合同	报酬的万分之三	
	建设工程合同	价款的万分之三	
	运输合同	运输费用的万分之三	指货运合同和多式联运合同（不包括管道运输合同）
	技术合同	价款、报酬或者使用费的万分之三	不包括专利权、专有技术使用权转让书据
	租赁合同	租金的千分之一	
	保管合同	保管费的千分之一	
	仓储合同	仓储费的千分之一	
	财产保险合同	保险费的千分之一	不包括再保险合同
产权转移书据	土地使用权出让书据	价款的万分之五	转让包括买卖（出售）、继承、赠与、互换、分割
	土地使用权、房屋等建筑物和构筑物所有权转让书据（不包括土地承包经营权和土地经营权转移）	价款的万分之五	
	股权转让书据（不包括应缴纳证券交易印花税的）	价款的万分之五	
	商标专用权、著作权、专利权、专有技术使用权转让书据	价款的万分之三	

(续表)

税目	税率	备注
营业账簿	实收资本(股本)、资本公积合计金额的万分之二点五	
证券交易	成交金额的千分之一	

五、印花税的税收优惠

印花税的税收优惠政策主要包括如下几条：
(1) 对已税凭证的副本或抄本免税。
(2) 对财产所有人将财产赠给政府、社会单位、学校所立的书据免税。
(3) 对国家指定的收购部门与村民委员会、农民个人书立的农副产品收购合同免税。
(4) 对无息、贴息贷款合同免税。
(5) 外国政府或国际金融组织向我国政府及国家金融机构提供优惠贷款所书立的合同免税。
(6) 房地产管理部门与个人签订的用于生活居住的租赁合同免税。
(7) 农牧业保险合同免税；军事、救灾、新铁路施工运料等特殊运输合同免税。
(8) 自2008年11月1日起，对个人销售或购买住房暂免征收印花税。

六、印花税的计算

(1) 适用比例税率的应税凭证，以凭证上所记载的金额为计税依据，计算公式为：
$$应纳税额 = 计税金额 \times 比例税率$$
(2) 适用定额税率的应税凭证，以凭证件数为计税依据，计算公式为：
$$应纳税额 = 凭证件数 \times 固定税额$$

[**工作实例8-19**] 某厂与某运输公司签订了两份运输保管合同：第一份合同载明的金额合计50万元（运费和保管费并未分别记载）；第二份合同注明运费30万元、保管费10万元。

[**工作要求**] 分别计算该厂第一份、第二份合同应缴纳的印花税税额。

[**工作实施**] 第一份合同应缴纳印花税税额 $= 500\,000 \times 1‰ = 500$（元）
第二份合同应缴纳印花税税额 $= 300\,000 \times 0.3‰ + 100\,000 \times 1‰ = 190$（元）

素养小园地

诚实守信，廉洁自律

王某某，原是北京市东城区某离退休干部休养所的出纳员。她通过假的银行对账单,模仿单位领导签字,用现金支票把49.4万元公款提现到自己的账户。后来,她发现单位没有会计只有出纳,而且日常财务监管严重缺失,审核也是敷衍了事。于是,她伪造了离退休干部的医疗报销费用申请,从单位拨款里一次性给自己转了670.65万元。在一年零三个月的时间内,王某某轻轻松松贪了720.05万元,而单位对她的违法犯罪行为毫无察觉。最后,该案件涉及的分管领导、相关负责人等6人已被立案追责。

总结:会计人员作为单位财务的监督员,在工作中需要有高度的职业道德,但是,在诱惑面前,一些会计人员深陷其中,从而发生了违法行为。在这里,我们呼吁会计人员更加注意坚守道德规范,避免涉足贪污及其他违反职业道德的行为。会计职业道德贯穿会计工作的所有领域和整个过程,体现了社会要求与个人发展的统一。在校学生和会计从业人员应充分认识到自己所承担的社会责任和历史担当,始终坚持准则、诚实守信、廉洁自律、服务社会。

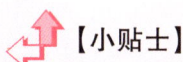

【小贴士】

印花税计算中应注意的问题

(1) 应税凭证以金额、收入、费用为计税依据的,应当全额计税,不得作任何扣除。

(2) 同一凭证,载有两个或两个以上经济事项而适用不同税目税率,如分别记载金额的,应分别计算应纳税额,按相加后的合计税额贴花;如未分别记载金额,按税率高的计税贴花。

(3) 应税凭证所载金额为外国货币的,按凭证书立当日的国家外汇管理局公布的外汇牌价折合人民币,计算应纳税额。

(4) 有些合同在签订时无法确定计税金额,如技术转让合同中的转让收入,是按销售收入的一定比例收取或是按实现利润分成的,财产租赁合同只是规定了月(天)租金标准而无期限的。对于这类合同,可在签订时先按定额5元贴花,结算时再按实际金额计税,补贴印花。

(5) 应税合同不论是否兑现或是否按期兑现,均应贴花。已粘贴印花不能揭下重用,已纳印花税税额不能退税,也不能作任何抵扣。

(6) 已贴花的凭证,修改后所载金额增加的,其增加部分应补贴印花税税率。

(7) 记载资金的账簿,应以"实收资本"和"资本公积"两项账面余额合计金额计税贴花。次年凡"实收资本"和"资本公积"两项账面金额没有增加的,不再计算贴花;次年金额有增加的,仅就增加部分计算贴花。

七、印花税的征收管理

(一) 纳税义务发生时间

《印花税法》第15条规定,印花税的纳税义务发生时间为纳税人书立应税凭证的当日。

（二）纳税地点

《印花税法》较原《中华人民共和国印花税暂行条例》对纳税地点进一步予以了明确：一是纳税人为单位的，应当向其机构所在地的主管税务机关申报缴纳印花税；二是纳税人为个人的，应当向应税凭证书立地或者纳税人居住地的主管税务机关申报缴纳印花税；三是不动产产权发生转移的，纳税人应当向不动产所在地的主管税务机关申报缴纳印花税。

（三）纳税期限

《印花税法》第16条规定，印花税按季、按年或者按次计征：一是按季、按年计征的纳税人应当自季度、年度终了之日起15日内申报缴纳税款；二是按次计征的纳税人应当自纳税义务发生之日起15日内申报缴纳税款。

八、印花税的智能申报

在报税系统中进行印花税申报，如表8-11所示。

表8-11 印花税纳税申报表

税款所属期限：自　年　月　日至　年　月　日
纳税人识别号（统一社会信用代码）：□□□□□□□□□□□□□□□□□□
纳税人名称：　　　　　　　　　　　　　　　　　　金额单位：人民币元（列至角分）

本期是否适用增值税小规模纳税人减征政策（减免性质代码：09049901）			□是 □否			减征比例（%）				
应税凭证	计税金额或件数	核定征收		适用税率	本期应纳税额	本期已缴纳税额	本期减免税额		本期增值税小规模纳税人减征额	本期应补(退)税额
		核定依据	核定比例				减免性质代码	减免税额		
	1	2	3	4	5=1×4+2×3×4	6	7	8	9	10=5-6-8-9
购销合同				0.3‰						
加工承揽合同				0.5‰						
建设工程勘察设计合同				0.5‰						
建筑安装工程承包合同				0.3‰						

(续表)

应税凭证	计税金额或件数	核定征收		适用税率	本期应纳税额	本期已缴纳税额	本期减免税额		本期增值税小规模纳税人减征额	本期应补(退)税额
		核定依据	核定比例				减免性质代码	减免税额		
	1	2	3	4	5＝1×4＋2×3×4	6	7	8	9	10＝5－6－8－9
财产租赁合同				1‰						
货物运输合同				0.5‰						
仓储保管合同				1‰						
借款合同				0.05‰						
财产保险合同				1‰						
技术合同				0.3‰						
产权转移书据				0.5‰						
营业账簿(记载资金的账簿)		—		0.5‰						
营业账簿(其他账簿)		—		5				—		
权利、许可证照		—		5						
合计		—	—	—						

谨声明:本纳税申报表是根据国家税收法律法规及相关规定填报的,是真实的、可靠的、完整的。

纳税人(签章):　　　　　年　月　日

经办人: 经办人身份证号: 代理机构签章: 代理机构统一社会信用代码:	受理人: 受理税务机关(章): 受理日期:　年　月　日

任务七　认知资源税

一、资源税的纳税义务人

资源税是为了促进合理开发利用资源,调节资源级差收入,而对从事资源开发的单位和个人征收的一种税。2016年5月9日,财政部和国家税务总局联合发布《关于全面推进资源税改革的通知》(财税〔2016〕53号),扩大资源税征收范围,实施矿产资源税从价计征,全面清费立税,合理确定资源税税率。新修订的资源税新政于2016年7月1日起实施。

资源税的纳税义务人是指在中华人民共和国领域及管辖海域开采应税资源的单位和个人。

二、资源税的特点

2016年7月1日开始实施的资源税新政较之前有较大的变化,主要特点如下:

(1) 征收范围扩大。传统资源税的范围限于原油、天然气、煤炭、其他非金属矿原矿、黑色金属矿原矿、有色金属矿原矿、盐七种产品。《财政部国家税务总局关于全面推进资源税改革的通知》首次将水资源纳入资源税征收范围,并逐步将其他自然资源纳入征收范围。

(2) 实施矿产资源从价计征。对资源税税目、税率幅度表中列举名称的资源税目和未列举名称的其他金属矿实行从价计征,计税依据由原矿销售量调整为原矿、精矿(或原矿加工品)、氯化钠初级产品或金锭的销售额。对经营分散、多为现金交易且难以控管黏土、砂石,按照便利征管原则,仍实行从量定额计征。

(3) 全面清理涉及矿产资源的收费基金。将原矿产资源补偿费费率降为零,停止征收价格调节基金,取缔地方针对矿产资源违规设立的各种收费基金项目。

(4) 合理确定资源税税率水平。各省级人民政府结合当前矿产企业实际生产经营情况,遵循改革前后税费平移原则,充分考虑企业负担能力,在规定的税率幅度内提出具体的适用税率建议,报财政部、国家税务总局确定核准或备案。

三、资源税的税率

纳税人具体适用的税率,在资源税税目、税率幅度表规定的税率幅度内,由省级人民政府根据实际情况确定,报财政部和国家税务总局核准或备案,资源税税目、税率幅度表如表8-12所示。

表 8-12 资源税税目、税率表

税目		征税对象	税率
能源矿产	原油	原矿	6%
	天然气、页岩气、天然气水合物	原矿	6%
	煤	原矿或者选矿	2%～10%
	煤成(层)气	原矿	1%～2%
	铀、钍	原矿	4%
	油页岩、油砂、天然沥青、石煤	原矿或者选矿	1%～4%
	地热	原矿	1%～20%或者每立方米1～30元
金属矿产	黑色金属 铁、锰、铬、钒、钛	原矿或者选矿	1%～9%
	有色金属 铜、铅、锌、锡、镍、锑、镁、钴、铋、汞	原矿或者选矿	2%～10%
	有色金属 铝土矿	原矿或者选矿	2%～9%
	有色金属 钨	选矿	6.5%
	有色金属 钼	选矿	8%
	有色金属 金、银	原矿或者选矿	2%～6%
	有色金属 铂、钯、钌、锇、铱、铑	原矿或者选矿	5%～10%
	有色金属 轻稀土	选矿	7%～12%
	有色金属 中重稀土	选矿	20%
	有色金属 铍、锂、锆、锶、铷、铯、铌、钽、锗、镓、铟、铊、铪、铼、镉、硒、碲	原矿或者选矿	2%～10%

四、资源税的税收优惠

纳税人开采或者生产不同税目应税产品的,应当分别核算不同税目应税产品的销售额或者销售数量;未分别核算或者不能准确提供不同税目应税产品的销售额或者销售数量的,从高适用税率。

纳税人开采或者生产应税产品,自用于连续生产应税产品的,不缴纳资源税;自用于其他方面的,视同销售,按规定缴纳资源税。

有下列情形之一的,减征或者免征资源税:

(1) 对依法在建筑物下铁路下、水体下通过充填开采方式采出的矿产资源,资源税减征 50%。充填开采是指随着回采工作面的推进,向采空区或离层带等空间充填废石、尾矿、废建筑废料以及专用充填合格材料等采出矿产品的开采方法。

(2) 对实际开采年限在 15 年(含)以上的衰竭期矿山开采的矿产资源,资源税减征 30%。衰竭期矿山是指剩余可采储量下降到原设计可采储量的 20%（含）以下或剩余服务年限不超过 5 年的矿山。衰竭期矿山以开采企业下属的单个矿山为单位确定。

（3）对鼓励利用的低品位矿、废石、尾矿、废渣、废水、废气等提取的矿产品，由省级人民政府根据实际情况确定是否给予减税或免税。

（4）为促进共伴生矿的综合利用，纳税人开采销售共伴生矿，共伴生矿与主矿产品销售额分开核算的，对共伴生矿暂不计征资源税；没有分开核算的，共伴生矿按主矿产品的税目和适用税率计征资源税。财政部、国家税务总局另有规定的，从其规定。

（5）纳税人用已纳资源税的应税产品进一步加工应税产品销售的，不再缴纳资源税。纳税人以未税产品和已税产品混合销售或者混合加工为应税产品销售的，应当准确核算已税产品的购进金额，在计算加工后的应税产品销售额时，准予扣减已税产品的购进金额；未分别核算的，一并计算缴纳资源税。

（6）对在 2016 年 7 月 1 日前已按原矿销量缴纳过资源税的尾矿、废渣、废水、废石、废气等实行再利用，从中提取的矿产品，不再缴纳资源税。

五、资源税的计算

1. 从价定率

财政部　国家税务总局《关于全面推进资源税改革的通知》规定，对资源税税目、税率幅度表中列举名称的资源品目和未列举名称的其他金属矿实行从价计征，计税依据由原矿销售量调整为原矿精矿（或原矿加工品）、氯化钠初级产品或金锭的销售额。

（1）关于销售额的认定。销售额是指纳税人销售应税产品向购买方收取的全部价款和价外费用，不包括增值税销项税额和运杂费用。

运杂费用是指应税产品从坑口或洗选（加工）地到车站、码头或购买方指定地点的运输费用。运杂费用应与销售额分别核算，未取得相应凭据或不能与销售额分别核算的，应当一并计征资源税。

纳税人申报的应税产品销售额明显偏低并且无正当理由的、有视同销售应税产品行为而无销售额的，除财政部、国家税务总局另有规定外，按下列顺序确定销售额：①按纳税人最近时期同类产品的平均销售价格确定；②按其他纳税人最近时期同类产品的平均销售价格确定；③按组成计税价格确定。

组成计税价格计算公式为：

$$组成计税价格 = 成本 \times (1 + 成本利润率) \div (1 - 税率)$$

（2）关于原销售额与精矿销售额的换算或折算。为公平原矿与精矿之间的税负，对同一种应税产品，征税对象为精矿的，纳税人销售原矿时，应将原矿销售额换算为精矿销售额缴纳资源税；征税对象为原矿的，纳税人销售自采原矿加工的精矿，应将精矿销售额折为原矿销售额缴纳资源税。换算比或折算率原则上应通过原矿售价、精矿售价和选矿比算,也可通过原矿销售额、加工环节平均成本和利润计算。

金矿以标准金锭为征税对象,纳税人销售金原矿、金精矿的,应比照上述规定将其销售额换算为金锭销售额缴纳资源税。

换算比或折算率应按简便可行、公平合理的原则,由省级财税部门确定,并报财政部、国家税务总局备案。

(3) 关于稀土、钨、钼资源的销售额确定。纳税人将其开采的原矿加工为精矿销售的,按精矿销售额(不含增值税)和适用税率计算缴纳资源税。纳税人开采并销售原矿的,将含增值税的原矿销售额换算为精矿销售额计算缴纳资源税。应纳税额的计算公式为:

$$应纳税额 = 精矿销售额 \times 适用税率$$
$$精矿销售额 = 精矿销售量 \times 单位价格$$
$$精矿销售额 = 原矿销售额 + 原矿加工为精矿的成本 \times (1 + 成本利润率)$$

或

$$精矿销售额 = 原矿销售额 \times 换算比$$
$$换算比 = 同类精矿单位价格 \div (原矿单位价格 \times 选矿比)$$
$$选矿比 = 加工精矿耗用的原矿数量 \div 精矿数量$$

2. 从量定额

现行资源税对经营分散、多为现金交易且难以管控的黏土、砂石,按照便利征管原则,仍实行从量定额计征。其计算公式如下:

$$应纳税额 = 销售数量 \times 单位税额$$

销售数量包括纳税人开采或者生产应税产品的实际销售数量和视同销售的自用数量。纳税人不能准确提供应税产品销售数量的,以应税产品的产量或者主管税务机关确定的折算比换算成的数量为计征资源税的销售数量。

纳税人在资源税纳税申报时,除财政部、国家税务总局另有规定外,应当将其应税和减免税项目分别计算和报送。

[**工作实例8-20**] 某油田2024年6月份共开采原油16万吨,其中已销售8万吨,不含税售价2 500元/吨;自用1万吨,尚待销售5万吨。当地规定原油适用10%的资源税税率。

[**工作要求**] 计算该油田应缴纳的资源税税额。

[**工作实施**] 该油田6月应对已销售的8万吨和自用的1万吨原油的销售额纳税。

应纳资源税税额 = 2 500 × (8 + 1) × 10% = 2 250(万元)

[**工作实例8-21**] 某企业开采稀土原矿销售。2024年8月,该企业共销售稀土原矿30吨,每吨售价20万元。已知精矿原矿换算比为3,稀土适用27%的资源税税率。

[**工作要求**] 计算该企业当月应缴纳的资源税税额。

[工作实施] 应纳资源税税额 = (30 × 20 000) × 3 × 27% = 486 000(元)

六、资源税的征收管理

(一)纳税义务发生时间

(1)纳税人销售应税产品,其纳税义务发生时间为:①纳税人采取分期付款方式结算的,其纳税义务发生时间为销售合同规定的收款日期的当天;②纳税人采取预收货款规定方式结算的,其纳税义务发生时间为发出应税产品的当天;③纳税人采取其他方式结算的,其纳税义务发生时间为收讫销售款或者取得索取销售款凭据的当天。

(2)扣缴义务人代扣、代缴税款义务的发生时间为支付货款的当天。

(3)纳税人自产自用应税产品的纳税义务发生时间为移送使用应税产品的当天。

(二)纳税地点

(1)纳税人应当向应税产品的开采或者生产所在地主管税务机关缴纳。

(2)扣缴义务人代扣代缴资源税,应当向收购地主管税务机关缴纳。

(3)纳税人在本省、自治区、直辖市范围内开采或者生产应税产品,纳税地点的调整由省、自治区、直辖市税务机关确立。

(三)纳税期限

纳税期限是纳税人发生纳税义务的缴纳税款的期限。资源税的纳税期限为1日、3日、5日、10日、15日或者1个月,由主管税务机关根据实际情况具体核定。不能按固定期限计算纳税的,可以按次计算纳税。

纳税人以1个月为一期纳税的,自期满之日起10日内申报纳税;以1日、3日、5日、10日或者15日为一期纳税的,自期满之日起5日内预缴税款,于次月1日起的10日内申报纳税并结清上月税款。

七、资源税的智能申报

在报税系统中进行资源税申报,如表8-13所示。

表 8-13　资源税纳税申报表

纳税人识别号(统一社会信用代码)：□□□□□□□□□□□□□□□□□□

纳税人名称：　　　　　　　　　　　　　　　　　　金额单位：人民币元(列至角分)

序号	税种	税目	税款所属期起	税款所属期止	计税依据	税率	应纳税额	减免税额	已缴税额	应补(退)税额
1										
2										
3										
4										
5										
6										
7										
8										
9										
10										
11	合计	—	—	—	—	—				

声明：此表是根据国家税收法律法规及相关规定填写的，本人(单位)对填报内容(及附带资料)的真实性、可靠性、完整性负责。

　　　　　　　　　　　　　　　　　　　　　　　纳税人(签章)：　　　　　年　月　日

经办人： 经办人身份证号： 代理机构签章： 代理机构统一社会信用代码：	受理人： 受理税务机关(章)： 受理日期：　　年　月　日

任务八　认知城镇土地使用税

一、城镇土地使用税的纳税义务人

　　城镇土地使用税是以城镇土地为征税对象，对在城镇范围内拥有土地使用权的单位和个人征收的一种税。现行城镇土地使用税政策是在1988年颁布的《中华人民共和国城镇土地使用税暂行条例》的基础上，于2006年、2011年、2013年、2019年多次修订。

　　在城市、县城、建制镇、工矿区范围内使用土地的单位(含外商投资企业)和个人，均为城镇土地使用税的纳税义务人。

二、城镇土地使用税的征收范围

城镇土地使用税的征收范围，包括在城市、县城、建制镇和工矿区内的国家所有和集体所有的土地。

三、城镇土地使用税的税率

城镇土地使用税实行分级幅度税额，每平方米土地年应纳税额规定如下：①大城市 1.5~30 元；②中等城市 1.2~24 元；③小城市 0.9~18 元；④县城、建制镇、工矿区 0.6~12 元。经省、自治区、直辖市人民政府批准，经济落后地区的城镇土地使用税的适用税额标准可以适当降低，但降低额不得超过规定的最低税额的 30%。经济发达地区城镇土地使用税的适用税额标准可以适当提高，但须报经财政部批准。

四、城镇土地使用税的税收优惠

法定免缴城镇土地使用税的税收优惠政策如下：
(1) 国家机关、人民团体、军队自用的土地。
(2) 由国家财政部门拨付事业经费的单位自用的土地。

由国家财政部门拨付事业经费的单位，是指由国家财政部门拨付经费，实行全额预算管理或差额预算管理的事业单位，不包括实行自收自支、自负盈亏的事业单位。

企业办的学校、医院、托儿所、幼儿园等，其用地能与企业其他用地明确划分的，可以比照由国家拨付事业经费的单位自用的土地，免征城镇土地使用税。

(3) 宗教寺庙、公园、名胜古迹自用的土地。
(4) 市政街道、广场、绿化地带等公共用地。
(5) 直接用于农、林、牧、渔业的生产用地。
(6) 经批准开山填海整治的土地和改造的废弃土地，从使用的月份起免缴城镇土地使用税 5~10 年。
(7) 由财政部另行规定免税的能源、交通、水利设施用地和其他用地。

此外，个人所有的居住房屋及院落用地，房产管理部门在房租调整改革前经租的居住房用地，免税单位职工家属的宿舍用地，集体和个人举办的各类学校、医院、托儿所和幼儿园用地等的征免税，由各省、自治区、直辖市税务局确定。

除此之外，纳税人缴纳城镇土地使用税确有困难需要定期减免的，由省、自治区、直辖市税务机关审核后，报税务局批准。

五、城镇土地使用税的计算

城镇土地使用税的应纳税额依据纳税人实际占用的土地面积和适用单位税额计算。其计算公式如下：

$$应纳税额 = 计税土地面积(平方米) \times 适用税额$$

[**工作实例 8-22**] 某市一商场坐落在繁华地段，其土地使用证书记载占用土地的面积为 6 000 平方米，经确认属一等地段。该商场另有两个统一核算的分店共占地 4 000 平方米，均坐落在三等地段；另有一座仓库位于郊区，占地面积 1 000 平方米，属五等地段；办有托儿所位于二等地段，占地 2 000 平方米。该市一等地段年税额 4 元/平方米；二等地段年税额 3 元/平方米；三等地段年税额 2 元/平方米；五等地段年税额 1 元/平方米。

[**工作要求**] 计算该商场全年应纳城镇土地使用税税额。

[**工作实施**] 商场占地应纳城镇土地使用税税额 = 6 000 × 4 = 24 000(元)

分店占地应纳城镇土地使用税税额 = 4 000 × 2 = 8 000(元)

仓库占地应纳城镇土地使用税税额 = 1 000 × 1 = 1 000(元)

按规定托儿所占地免征城镇土地使用税。

该商场全年应纳城镇土地使用税税额 = 24 000 + 8 000 + 1 000 = 33 000(元)

六、城镇土地使用税的征收管理

(一) 纳税义务发生时间

(1) 纳税人新建商品房，自房屋交付使用之次月起计征城镇土地使用税。

(2) 纳税人购置存量房，自办理房屋权属转移变更登记手续，房地产权属登记机关多发房屋权属证书之次月起计征城镇土地使用税。

(3) 纳税人出租出借房产，自交付出租房产之次月起计征城镇土地使用税。

(4) 房地产开发企业自用、出租、出借本企业建造的商品房，自房屋使用或交付之次月起计征城镇土地使用税。

(5) 纳税人新征用的耕地，自批准征用之日起满 1 年时开始缴纳城镇土地使用税。

(6) 纳税人新征用的非耕地，自批准征用之日起缴纳城镇土地使用税。

(二) 纳税地点

城镇土地使用税的纳税地点为土地所在地，由土地所在地的税务机关负责征收。纳税人使用的土地不属于同一市(县)管辖范围内的，由纳税人分别向土地所在地的税务机关申报缴纳。在同一省(自治区、直辖市)管辖范围内，纳税人跨地区使用土地，由各省、自治区、直辖市税务机关确定纳税地点。

（三）纳税期限

城镇土地使用税按年计算，分期缴纳。具体纳税期限由省自治区直辖市人民政府确定，一般分别按月、季、半年或一年等不同的期限缴纳。

七、城镇土地使用税的智能申报

在报税系统中进行城镇土地使用税申报，如表 8-14 所示。

表 8-14　城镇土地使用税纳税申报表

纳税人识别号(统一社会信用代码)：□□□□□□□□□□□□□□□□□□

纳税人名称：　　　　　　　　　　　　　　　　　　　金额单位：人民币元(列至角分)

序号	税种	税目	税款所属期起	税款所属期止	计税依据	税率	应纳税额	减免税额	已缴税额	应补(退)税额
1										
2										
3										
4										
5										
6										
7										
8										
9										
10										
11	合计	—	—	—	—	—				

声明：此表是根据国家税收法律法规及相关规定填写的，本人(单位)对填报内容(及附带资料)的真实性、可靠性、完整性负责。

　　　　　　　　　　　　　　　　　　　　纳税人(签章)：　　　　　年　月　日

经办人： 经办人身份证号： 代理机构签章： 代理机构统一社会信用代码：	受理人： 受理税务机关(章)： 受理日期：　　年　月　日

任务九　认知烟叶税

一、烟叶税的纳税义务人

在中华人民共和国境内收购烟叶的单位（而非烟农）为烟叶税的纳税义务人，具体如下：

(1) 包括接受委托收购烟叶的单位。
(2) 对依法查处没收的违法收购的烟叶，由收购罚没烟叶的单位缴纳烟叶税。

二、烟叶税的征收范围

烟叶税的征收范围包括晾晒烟叶和烤烟叶。

三、烟叶税的税率

烟叶税的税率为20%，税率的调整由国务院决定。

[**工作实例8-23**] 烟叶税的纳税人是烟叶农户。

[**工作实施**] 答案：×。烟叶税的纳税人为在中华人民共和国境内收购烟叶的单位。

四、烟叶税的计算

1. 烟叶税的计税依据

烟叶收购金额包括纳税人支付给烟叶销售者的收购价款和价外补贴，价外补贴统一暂按烟叶收购价款的10%计算。

$$收购金额 = 收购价款 \times (1 + 10\%)$$

2. 烟叶税的计算公式

$$应纳税额 = 收购金额 \times 税率(20\%)$$

[**工作实例8-24**] 某卷烟厂是增值税一般纳税人，5月份收购烟叶一批，合法收购凭证上注明烟叶收购价格为50万元。该卷烟厂按照规定的方式向烟叶生产者支付了价外补贴，并与烟叶收购价款在同一收购凭证上分别注明。

[**工作要求**] 计算该卷烟厂收购该批烟叶应缴纳的烟叶税税额。

[工作实施]

该卷烟厂收购该批烟叶应缴纳的烟叶税税额 = 50×(1+10%)×20% = 11(万元)

五、烟叶税的征收管理

(一) 纳税义务发生时间

烟叶税的纳税义务发生时间为纳税人收购烟叶的当天,也就是纳税人向烟叶销售者付讫收购烟叶款项或者开具收购烟叶凭据的当天。

(二) 纳税地点

烟叶税的纳税地点为向烟叶收购地的主管地税机关,这里的主管税务机关是指烟叶收购地的县级税务局或者其指定的税务分局、所。

(三) 纳税期限

纳税人应当自纳税义务发生之日起 30 日内申报纳税,具体纳税期限由主管税务机关核定。

六、烟叶税的智能申报

在报税系统中进行烟叶税申报,如表 8-15 所示。

表 8-15 烟叶税纳税申报表

纳税人识别号(统一社会信用代码):□□□□□□□□□□□□□□□□□□□

纳税人名称: 　　　　　　　　　　　　　　　　　金额单位:人民币元(列至角分)

序号	税种	税目	税款所属期起	税款所属期止	计税依据	税率	应纳税额	减免税额	已缴税额	应补(退)税额
1										
2										
3										
4										
5										
6										
7										
8										
9										

(续表)

序号	税种	税目	税款所属期起	税款所属期止	计税依据	税率	应纳税额	减免税额	已缴税额	应补(退)税额
10										
11	合计	—	—	—	—	—				

声明:此表是根据国家税收法律法规及相关规定填写的,本人(单位)对填报内容(及附带资料)的真实性、可靠性、完整性负责。

　　　　　　　　　　　　　　　　　　　　纳税人(签章):　　　　　　　年　月　日

经办人: 经办人身份证号: 代理机构签章: 代理机构统一社会信用代码:	受理人: 受理税务机关(章): 受理日期:　　年　月　日

项目引入解析及实操

一、土地增值税智能申报流程

步骤一:点击"我要办税"—"税费申报及缴纳",如图8-1所示。

图8-1　进入办税系统

步骤二:观察税款所属期、申报月份等信息,点击右侧"填写申报表",如图8-2所示。

步骤三:进入申报表界面,点击"背景资料",点击隐藏箭头隐藏左侧题目栏,如图8-3所示。

图 8-2　点击填写申报表

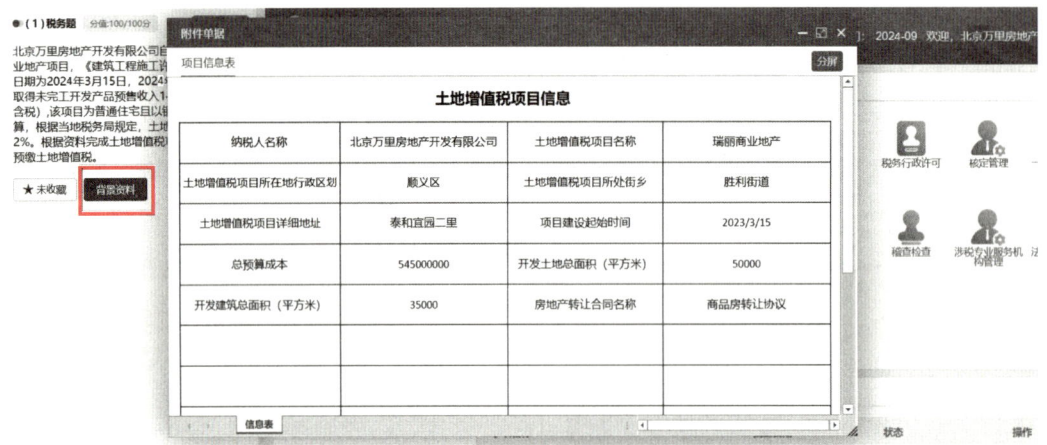

图 8-3　打开背景资料

步骤四：打开"土地增值税税源采集"界面，选择"新增项目"，如图 8-4 所示。

步骤五：填写相关信息，如图 8-5 所示。

步骤六：打开"新增税源"界面，填写税源信息，如图 8-6 所示。

步骤七：填写完整的数据表格，如图 8-7 所示。

步骤八：返回主页，点击"财产和行为税合并纳税申报"，如图 8-8 所示。

步骤九：选择需要申报的内容，点击"下一步"，如图 8-9 所示。

步骤十：点击"申报"，确认详细内容无误，点击"缴款"，如图 8-10 所示。

步骤十一：勾选待清缴的税款，点击"立即缴款"完成缴款，如图 8-11 所示。

图 8-4 新增项目

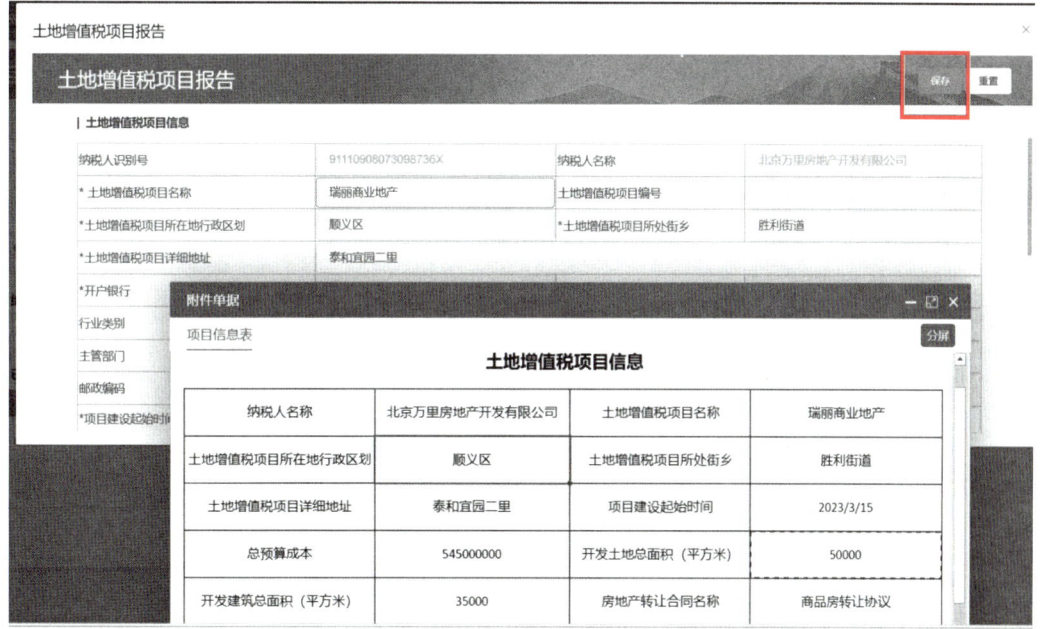

图 8-5 填写相关信息

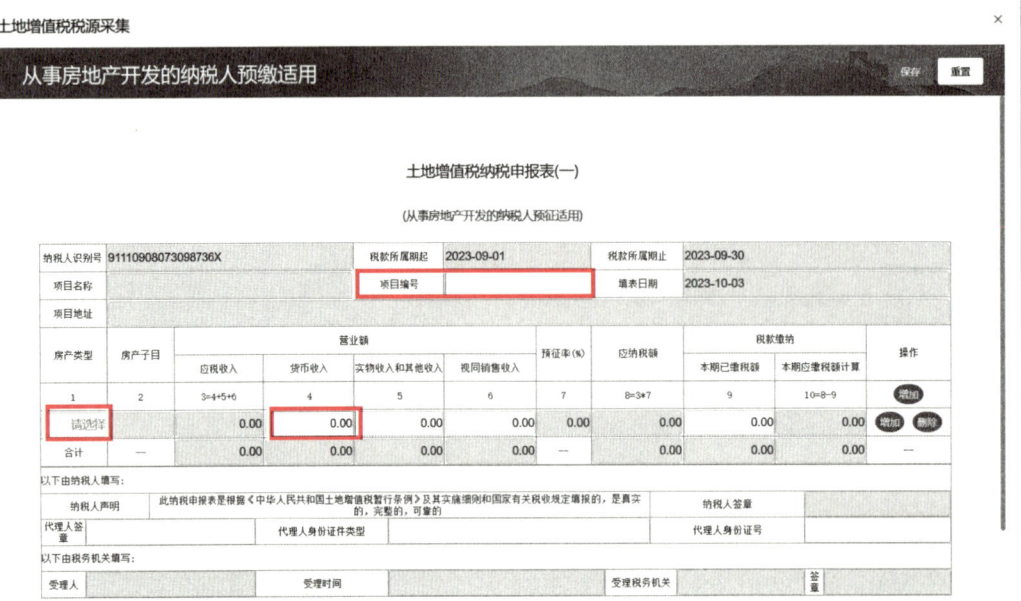

图 8-6 填写税源信息

图 8-7 填写数据表格

财产和行为税税源信息报告

财产和行为税合并纳税申报

纳税人基本信息

纳税人名称	北京万里房地产开发有限公司	纳税人识别号	91110908073098736X

明细表信息

序号	税种	操作
1	土地增值税	税源采集

温馨提示

1、纳税申报前，需先维护税源信息；

2、无纳税义务发生的税源信息，无需采集。若需采集，您可自由选择维护税源信息的时间，既可在申报期之前，也可在申报期内；

3、城镇土地使用税、房产税、车船税等稳定税源，均是“一次采集，长期有效”，在税源不发生纳税义务终止前，可一直使用；

4、耕地占用税、印花税、资源税（不含水资源税）等一次性税源，您可于发生纳税义务后立即填写税源明细表，也可在申报时填报所有税源信息；

5、若您发现错填、漏填税源信息时，可直接修改已填写的税源明细表。如印花税税源明细表，申报前遗漏了应税合同信息，则可直接修改已填写的税源明细表，然后在对应属期申报或更正申报；

图 8-8　财产和行为税合并纳税申报

财产和行为税合并纳税申报

财产和行为税税源信息报告　下一步

纳税人基本信息

纳税人名称	北京万里房地产开发有限公司	纳税人识别号	91110908073098736X
纳税期限	按月申报		
税款所属期起	2023 年 09 月 01 日	税款所属期止	2023 年 09 月 30 日

申报表信息

序号	是否申报	税种	操作
1	☑	土地增值税	税源选择

温馨提示

1、纳税申报前，需先维护税源信息；

2、您可自由选择一次性或分别申报当期税种，不强制要求一次性申报，在申报期内完成申报即可，无需更正前期申报；

3、选择纳税期限，勾选申报后，系统自动带出该税种“未申报”状态的税源明细表，您可点击【税源选择】，对特定税源明细进行选择，也可全选或不选，即申报该税种所有税源明细；

4、按期申报但纳税期限不同的税种可以合并申报。例如，某企业按半年缴纳城镇土地使用税，按月汇总缴纳印花税，则在7月征期内，该企业可以合并申报上半年城镇土地使用税和6月份印花税；

5、参考操作步骤一（申报前已采集税源）：1.选择纳税期限→2.勾选申报税种→3.点击【税源选择】→4.勾选申报税源→5.点击【下一步】→6.进入申报表进行数据确认→7.确认无误提交申报；

6、参考操作步骤二（申报前未采集税源）：1.选择纳税期限→2.勾选申报税种→3.提示：所选申报表当前属期无可申报的税源信息→4.点击【税源采集】→5.税源采集完成→6.再次勾选申报税种→7.进行步骤一点击【税源

图 8-9　申报内容

申报成功

尊敬的北京万里房地产开发有限公司(91110908073098736X):
您的税款所属期为2023-09-01至2023-09-30的《财产和行为税合并纳税申报表-土地增值税》(应征凭证序号为:034106435005711909)已申报成功。税款金额：410000元，
请您尽快完成清缴税款，以免产生滞纳金

请及时缴纳税款，以免产生滞纳金！超过法律,行政法规规定或者税务机关依照法律,行政法规的规定确定的缴纳期限缴款的，将从税款滞纳次日按日加收滞纳税款万分之五的滞纳金

税种	凭证序号	申报金额	缴款状态
土地增值税	034106435005711909	410000	待缴款

打印申报表　缴款　关闭本页

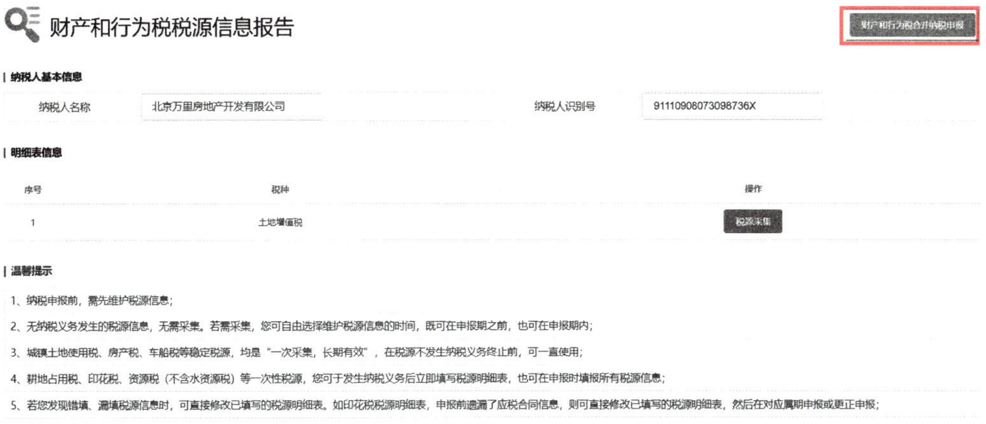

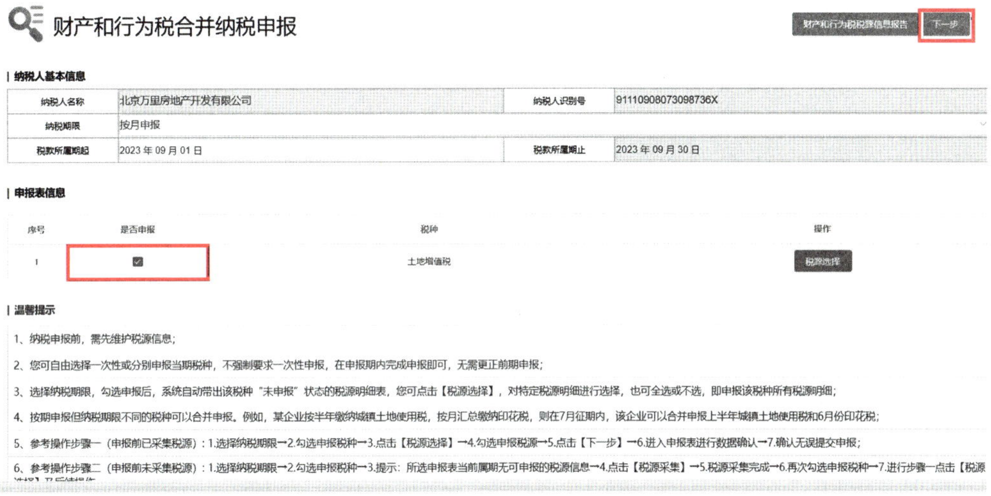

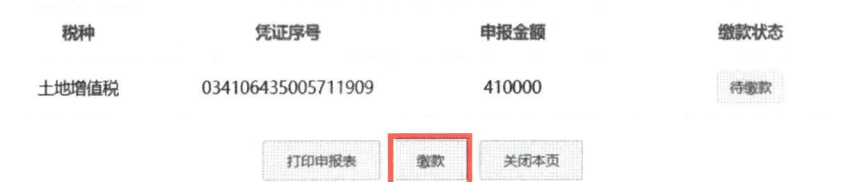

图 8-10　完成申报

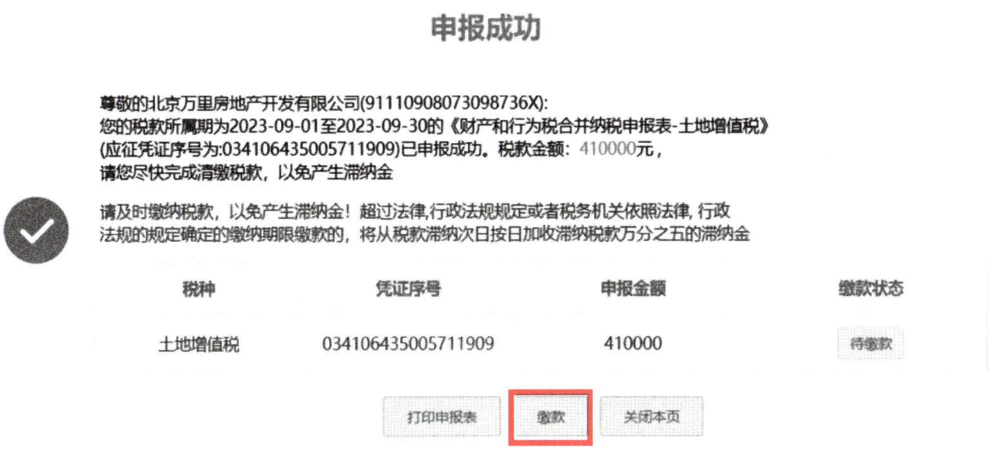

图 8-11　缴款完成

二、房产税智能申报流程

步骤一：点击"我要办税"—"税费申报及缴纳"，如图 8-12 所示。

图 8-12　进入办税系统

步骤二：观察税款所属期、申报月份等信息，点击右侧"填写申报表"，如图 8-13

所示。

图 8-13 点击填写申报表

步骤三：打开"房产税税税源采集"界面，选择"新增项目"，如图 8-14 所示。

图 8-14 新增项目(仓库)

步骤四：打开"房产税税税源采集"界面，选择"新增项目"，如图 8-15 所示。

步骤五：返回主页，点击"财产和行为税合并纳税申报"，选择申报项目，检查资料数据，如图 8-16 所示。

步骤六：点击"申报"，确认详细内容无误，点击"缴款"，如图 8-17 所示。

土地使用证信息

纳税人类型:	01|产权所有人	所有权人纳税人识别号(统一社会信用代码):		所有权人名称:	
不动产权证号:	TF660235	房产名称:	办公室	房产用途:	02|商业及办公
房产取得时间:	2020-05-01	建筑面积(m²):	1500	不动产单元代码:	TF66
房屋坐落地址(行政区划):	房山区	房屋坐落地址(所处街道):	房山区-城关街道办事处	房屋坐落详细地址:	连家湾连云巷09号

房屋应税信息(从价)

房产原值(元)	计税比例	其中:出租房产原值(元)	其中:出租房产面积(m²)	有效期起	有效期止	减免性质代码	月减免税额合计(元)
50000000	0.7	0	0	2020-06-01	2022-06-30		0
50000000	0.7	10000000	300	2022-07-01	2101-12-31		0

房屋应税信息(从租)

出租面积(m²)	申报租金所属租赁期起	申报租金所属租赁期止	承租方纳税人识别号(统一社会信用代码)	承租方名称	申报租金收入(元)	减免性质代码	月减免税额合计(元)
300	2023-07-01	2025-06-30	91110107106428894K		2400000		0

图 8-15 新增项目(办公室)

财产和行为税合并纳税申报　　申报　预览申报明细　上一步

报表列表

财产和行为税合并纳税申报表

《财产和行为税纳税申报表》

《财产和行为税减免税明细申报附表》

财产和行为税纳税申报表

纳税人识别号(统一社会信用代码)	911101060512156826	纳税人名称	北京万和制造有限公司	申报类型	正常申报
申报日期	2024-01-01	税款所属期起	2023-07-01	税款所属期止	2023-12-31
本期是否适用增值税小规模纳税人减征政策	否	本期适用增值税小规模纳税人减征政策起始时间		本期适用增值税小规模纳税人减征政策终止时间	
双击主表每一行，可查看单行税源（申报）明细					

序号	税种	税目	税款所属期起	税款所属期止	计税依据	税率	应纳
1	房产税	从价计征	2023-07-01	2023-12-31	17500000.00	1.200%	2100
2	房产税	从价计征	2023-07-01	2023-12-31	466666.66	1.200%	560
3	房产税	从价计征	2023-07-01	2023-12-31	466666.66	1.200%	560
4	房产税	从价计征	2023-07-01	2023-12-31	233333.33	1.200%	280
合计	--	--	--	--	37031666.64	--	44708

图 8-16 财产和行为税合并纳税申报

申报成功

尊敬的北京万和制造有限公司(911101060512156826):
您的税款所属期为2023-07-01至2023-12-31的《财产和行为税合并纳税申报表-房产税》(应征凭证序号为:862893318548188331)已申报成功。税款金额：447080元，
请您尽快完成清缴税款，以免产生滞纳金

请及时缴纳税款，以免产生滞纳金！超过法律,行政法规规定或者税务机关依照法律，行政法规的规定确定的缴纳期限缴款的，将从税款滞纳次日按日加收滞纳税款万分之五的滞纳金

税种	凭证序号	申报金额	缴款状态
房产税	862893318548188331	447080	待缴款

打印申报表　缴款　关闭本页

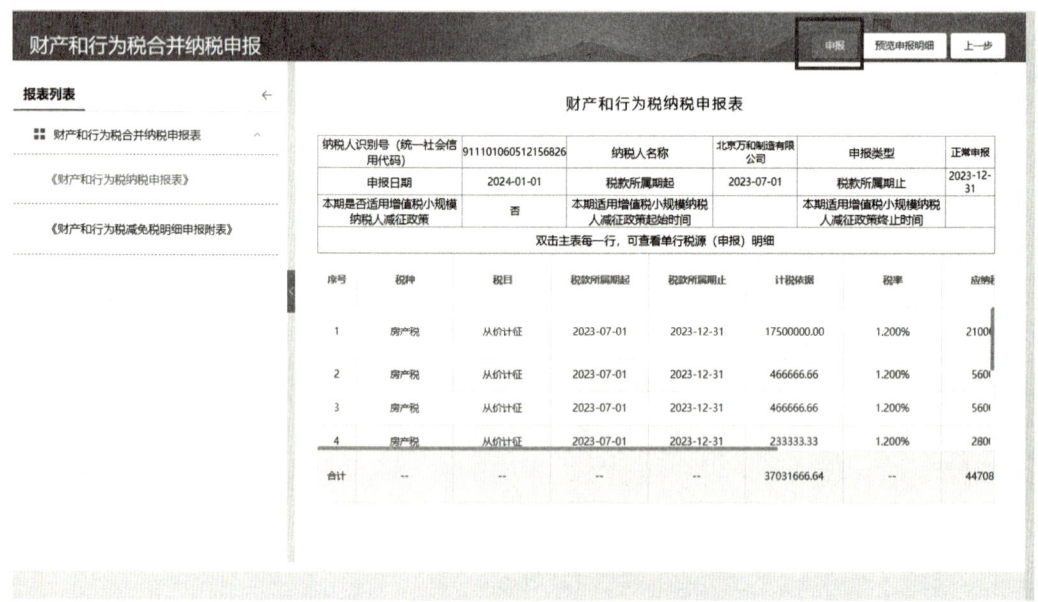

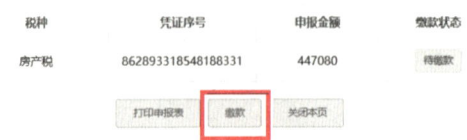

图 8-17 完成申报

步骤七：勾选待清缴的税款，点击"立即缴款"完成缴款，如图 8-18 所示。

图 8-18　缴款完成

项目技能训练

一、单选题

1. 土地增值税的纳税人转让的房地产坐落在两个或两个以上的地区的,应向税务机关申报纳税( )。
   A. 分别向各房产所在地 B. 向房地产所在地
   C. 任选一处房产所在地 D. 向纳税人居住地

2. 个人转让原自有居住用房,下列说法中,正确的是( )。
   A. 满8年以上暂免征土地增值税 B. 满5年暂免征土地增值税
   C. 满3年暂免征土地增值税 D. 免征土地增值税

3. 土地增值税纳税人应在房地产转让合同签订( )日内,到税务机关办理纳税申报。
   A. 3 B. 5 C. 7 D. 10

4. 如果纳税人不能按转让房地产项目计算分摊利息支出,其房地产开发费用应按地价款和开发成本之和的( )计算扣除。
   A. 5%以内 B. 10% C. 12% D. 20%

5. 下列各项中,房地产开发企业不能以"税金"项目扣除的是( )。
   A. 增值税 B. 城市维护建设税
   C. 印花税 D. 教育费附加

6. 下列各项中,不属于土地增值税纳税义务人的是( )。
   A. 合作建房后出售的合作单位 B. 出租办公楼的企业
   C. 转让办公楼的事业单位 D. 转让自住4年的私有住宅的个人

7. 某房地产公司转让商品房收入5 000万元,允许扣除项目金额为4 200万元,则适用的土地增值税税率为( )。
   A. 30% B. 40% C. 50% D. 60%

8. 某企业2024年自建两栋完全一样的办公楼,6月1日建成并办理固定资产入账手续,入账金额共为800万元。2024年7月1日将一栋办公楼用于出租,根据合同,收取三年租金不含税金额7.2万元。已知当地政府规定的计算房产余值的扣除比例为30%。该企业2024年度应缴纳的房产税税额为( )元。
   A. 23 360 B. 33 600 C. 18 240 D. 19 680

9. 甲用市场价70万元(不含税)的两套两室住房与乙换一套四室住房,另取得乙赠送价值12万元(不含税)的小轿车一辆,下列说法正确的是( )(当地契税税率为3%)。
   A. 甲不交契税,乙交3.6万元契税 B. 甲、乙均不交契税
   C. 乙不交契税,甲交3.6万元契税 D. 甲、乙均交2.1万元契税

10. 市民王某花18万元买了一辆小汽车,王某负担了( )元增值税,需要缴纳

（　　）元车辆购置税。

A. 20 707.96　15 929.20　　　　　　B. 20 707.96　18 000.00

C. 23 400.15　929.20　　　　　　　D. 23 400.00　18 000.00

11. 我国的车辆购置税由(　　)负责征收管理。

A. 税务部门　　　　　　　　　　　B. 交通运输部门

C. 财政部门　　　　　　　　　　　D. 海关

12. 企业负担的车辆购置税应通过(　　)账户列支。

A. "管理费用"　　　　　　　　　　B. "固定资产"

C. "税金及附加"　　　　　　　　　D. "库存商品"

13. 某运输公司拥有净吨位为4.2的船5辆，每年应交车船税税额为(　　)元(船舶每年税额为6元/吨)。

A. 120　　　　B. 60　　　　C. 126　　　　D. 63

14. 某运输公司拥有载货汽车15辆(货车自重全部为10)、载人大客车20辆、1.8升排气量小客车10辆。载货汽车按整车质量每吨年税额80元,载人大客车每辆年税额1 000元,小客车每辆年税额400元。该公司应缴纳的车船税税额为(　　)元。

A. 36 000　　　　B. 25 520　　　　C. 25 400　　　　D. 24 800

15. 我国现行资源税的课税范围不包括(　　)。

A. 原油　　　　　　　　　　　　　B. 天然气

C. 盐　　　　　　　　　　　　　　D. 森林

16. 2024年某企业土地使用证标明实际占地50 000平方米。其中,厂区内部职工医院占地600平方米,托儿所占地300平方米,厂区内还有600平方米绿地。该企业所在地区城镇土地使用税年税额为5元/平方米,则该企业应缴纳的城镇土地使用税税额为(　　)元。

A. 250 000　　　　B. 247 000　　　　C. 245 500　　　　D. 242 500

17. 城镇土地使用税征税方式是(　　)。

A. 按年计算,分期缴纳　　　　　　B. 按次计算,分期纳税

C. 按月计算,分期纳税　　　　　　D. 按季计算,分期缴纳

18. 下列各项中,属于土地增值税纳税人的是(　　)。

A. 转让国有土地使用权的企业　　　B. 合作建房后分房自用的企业

C. 出租厂房的企业　　　　　　　　D. 将办公楼用于抵押的企业

19. 应征收土地增值税的行为是(　　)。

A. 房地产出租　　　　　　　　　　B. 交换房地产

C. 房地产评估增值　　　　　　　　D. 企业兼并转让房地产

20. 土地增值税实行(　　)。

A. 比例税率　　　　　　　　　　　B. 定额税率

C. 超额累进税率　　　　　　　　　D. 超率累进税率

二、多选题

1. 下列行为中,属于土地增值税应税行为的有( )。
   A. 房地产的继承行为
   B. 房地产的出租行为
   C. 房地产的赠与行为
   D. 房地产的抵押行为
   E. 房地产的交换行为

2. 关于房产税的税率,下列表述正确的有( )。
   A. 企业自用房屋适用1.2%的比例税率
   B. 企业出租房屋适用12%的比例税率
   C. 个人出租居住用房适用4%的比例税率
   D. 个人出租商用房适用12%的比例税率

3. 下列各项中,属于契税征税对象的有( )。
   A. 土地使用权转让
   B. 国有土地使用权出让
   C. 房屋赠与
   D. 以房产作抵债

4. 企业负担的契税,根据实际情况应该在( )账户列支。
   A. "固定资产"
   B. "无形资产"
   C. "管理费用"
   D. "待处理财产损溢"

5. 下列各项中,属于车辆购置税征收范围的有( )。
   A. 王某新购一辆电动摩托车
   B. 某企业新购一辆小轿车
   C. 小王买彩票中奖得到一辆家用轿车
   D. 小陈买了一辆农用运输车

6. 车辆购置税的计税依据包括( )。
   A. 应税车辆的买价
   B. 购买应税车辆负担的增值税
   C. 车辆的办理牌照费
   D. 支付的相关手续费

7. 车船税的纳税人包括( )。
   A. 国有独资企业
   B. 股份有限公司
   C. 外商独资企业
   D. 个体户

8. 下列各项中,属于车船税免税项目的有( )。
   A. 军队、武警专用车船
   B. 拖拉机
   C. 养殖渔船
   D. 政府机关办公用车

9. 下列各项中,属于印花税纳税义务人的有( )。
   A. 立据人
   B. 立合同人
   C. 凭证领受人
   D. 合同受益人

10. 下列各项中,属于印花税免税项目的有( )。
    A. 财产所有人将财产赠给政府、社会单位、学校所立的书据
    B. 无息贷款合同
    C. 贴息贷款合同
    D. 农牧业保险合同

11. 大连市民张某将自有的居住房于2024年1月1日对外出租,涉及的税种和税率,下列表述正确的有(　　)。

A. 1‰的印花税

B. 城镇土地使用税(按张某户口所在地确定单位税额)

C. 土地增值税30%

D. 房产税4%

12. 通过"税金及附加"账户列支的税种有(　　)。

A. 房产税　　　　　　　　　　B. 城镇土地使用税

C. 印花税　　　　　　　　　　D. 车船税

13. 印花税的缴纳方法有(　　)。

A. 自行贴花　　　　　　　　　B. 汇贴或汇缴

C. 委托代征　　　　　　　　　D. 代扣代缴

14. 城镇土地使用税的征收范围有(　　)。

A. 城市　　　B. 县城　　　C. 建制镇　　　D. 工矿区

15. 下列各项中,属于城镇土地使用税免税范围的有(　　)。

A. 国家机关办公用地　　　　　B. 宗教寺庙、公园、名胜古迹自用的土地

C. 企业厂区绿化用地　　　　　D. 直接用于农、林、牧、渔业的生产用地

16. 下列各项中,免征城镇土地使用税的有(　　)。

A. 某县城军事仓库用地　　　　B. 某渔业生产单位生产用地

C. 某名胜古迹附设的影剧院用地　D. 某市市政街道用地

17. 符合城镇土地使用税中应税土地面积计量标准的有(　　)。

A. 省级人民政府确定单位组织测定的面积

B. 政府部门核发土地使用证上确认的面积

C. 纳税人自行测量的土地面积

D. 纳税人地下土地使用权证上确认的地下建筑用地的面积

18. 关于城镇土地使用税纳税义务发生时间的表述,正确的有(　　)。

A. 纳税人购置新建商品房,应自房屋交付使用之次月起缴纳城镇土地使用税

B. 纳税人新征用的耕地,应自批准征用之次月起缴纳城镇土地使用税。

C. 纳税人出借房产,应自出借房产之次月起缴纳城镇土地使用税

D. 纳税人以转让方式有偿取得土地使用权,应从合同约定交付土地时间的次月起缴纳城镇土地使用税

19. 关于城镇土地使用税的说法,正确的有(　　)。

A. 按年计算,分期缴纳

B. 征税范围是城市、县城、建制镇和工矿区内

C. 采用的税率形式是有幅度差别的比例税率

D. 土地使用权共有的,由共有各方分别纳税

三、判断题

1. 纳税人转让的房地产坐落在两个或两个以上地区的,应征求主管税务机关意见,选择一地申报缴纳土地增值税。（　）
2. 国家机关的附属招待所用房应当征收房产税。（　）
3. 企事业单位、社会团体以及其他组织按市场价格向个人出租用于居住的住房,减按4%税率征收房产税。（　）
4. 纳税人自建的自用房屋不交税。（　）
5. 房产税在房产所在地缴纳。不在同一地方的纳税人,应按房产的坐落地点分别向房产所在地的税务机关纳税。（　）
6. 以房产抵债或实物交换房屋视同房屋买卖,应缴纳契税。（　）
7. 契税在土地、房屋所在地的征收机关缴纳。（　）
8. 纳税人获奖取得并自用的小汽车免征车辆购置税。（　）
9. 纳税人购买或是进口自用应税车辆,申报的计税价格低于同类型应税车辆的最低计税价格,又无正当理由的,按税务机关核定价格征收车辆购置税。（　）
10. 应税合同没有兑现,已粘贴印花可以揭下重用。（　）
11. 同一凭证,记载有两个或两个以上经济事项而适用不同税目税率,如分别记载金额的,应分别计算应纳税额,按相加后的合计税额贴花;如未分别记载金额,按税率高的计税贴花。（　）
12. 记载资金的账簿,应以"实收资本"和"资本公积"两项账面余额合计金额计税贴花。次年凡"实收资本"和"资本公积"两项账面金额没有增加的,不再计算贴花;次年金额有增加的,仅就增加部分计算贴花。（　）
13. 资源税一定从量定额征税。（　）
14. 资源税一律从价定率征税。（　）

四、计算题

1. 市民王某自有一栋楼房,共20间,其中6间用于生活居住,5间用于开设餐馆(经核实房屋原55 000元),另9间出租给营销商每月收取租金价税合计3 330元(该地区规定按房产原值一次扣除余值计税)。

   要求:计算市民王某当年应缴纳的房产税。

2. 市民小李最近购买了一辆新车,并购置若干配件0.5万元,发票价格合计14.2万元。

   要求:计算市民小李应缴纳的车辆购置税。

3. 某企业与建设单位签订了总金额为3 000万元的建筑安装工程承包合同,该企业将所承包的建设项目的一个单项工程转包给另一家施工企业,并且签订转包合同,注明价款为200万元。

   要求:计算该企业应缴纳的印花税。

4. A的土地使用权属于甲企业,面积10 000平方米,其中幼儿园占地1 000平方米,厂区绿化占地 2 000 平方米;B 的土地使用权属于甲企业与乙企业共同使用,面积 5 000 平方米,实际使用面积甲企业与乙企业各半;C 的面积为 3 000 平方米,甲企业一直使用,但土地使用权未明确。

要求:假设 A、B、C 的城镇土地使用税税额为 5 元/平方米,计算甲企业全年应缴纳的城镇土地使用税。

5. 居民甲某有四套住房,甲某将一套价值 120 万元(含税)的别墅折价给乙某以偿还 100 万元的债务;甲某用市场价值 70 万元(不含税)的第二、第三套室房与丙某交换一套四室住房,另取得丙某赠与的价值 12 万元(不含税)的小轿车一辆;甲某将第四套市场价值 50 万元(不含税)的公寓折成股份投入本人独资经营的企业。

要求:假设当地的契税税率为 3%,分别计算甲、乙、丙应缴纳的契税。

6. 某企业 2024 年度实际占地面积共为 25 000 平方米,其中,5 000 平方米为厂区以外的绿化区,企业内学校和医院共占地 1 000 平方米,对外出租 2 000 平方米,无偿出借给当地部队作训练场地 1 000 平方米。已知该企业所在地城镇土地使用税年税额为每平方米 2 元。

要求:计算该企业 2024 年度应缴纳的城镇土地使用税。

五、项目实操演练

2024 年 5 月,北京和溪日用品有限公司(查账征收纳税人)转让位于北京市朝阳区城建路的 56 号仓库,相关信息如下:

(1) 本次转让不动产,北京和溪日用品有限公司未能提供房产评估价格,但有购房发票(购买总价 2 398 000 元,含增值税 198 000 元),该房产于 2023 年 5 月 12 日购入,购房支付契税 66 000 元。

(2) 2024 年 5 月 13 日,出售该仓库,开具增值税专用发票,价税合计 4 523 500 元(含增值税 373 500 元)。

(3) 印花税按产权转移书据所载金额 0.5‰贴花。

(4) 2024 年 5 月 15 日,银行账户收到售房款(合同签订金额)4 523 500 元。

(5) 城市维护建设税、教育费附加、地方教育附加税率分别为 7%、3%、2%。要求终止房产税税源,按次申报土地增值税(房产终止时间为 2024 年 5 月 13 日)。

(6) 表 8-16 所示内容为土地增值税超率累进税率。

表 8-16 土地增值税超率累进税率

级数	增值额与扣除项目金额的比率	税率	速算扣除系数
1	未超过 50% 的部分	30%	0
2	超过 50% 未超过 100% 的部分	40%	5%
3	超过 100% 未超过 200% 的部分	50%	15%
4	超过 200% 的部分	60%	35%

要求:按要求申报预缴土地增值税。

实操网址:https://cloud.acctedu.com/#/login?edu=kysoft23。